Zugangswege zum freiwilligen
Engagement und Engagementpotenzial
in den neuen und alten Bundesländern

Freiwilliges Engagement in Deutschland
– Freiwilligensurvey 1999 –

Ergebnisse der Repräsentativerhebung zu Ehrenamt, Freiwilligenarbeit und bürgerschaftlichem Engagement

Band 2: Zugangswege zum freiwilligen Engagement und Engagementpotenzial in den neuen und alten Bundesländern

Joachim Braun, Helmut Klages

Band 194.2
Schriftenreihe des Bundesministeriums
für Familie, Senioren, Frauen und Jugend

Verlag W. Kohlhammer

In der Schriftenreihe des Bundesministeriums für Familie, Senioren, Frauen und Jugend werden Forschungsergebnisse, Untersuchungen, Umfragen usw. als Diskussionsgrundlage veröffentlicht. Die Verantwortung für den Inhalt obliegt der jeweiligen Autorin bzw. dem jeweiligen Autor.

Alle Rechte vorbehalten. Auch fotomechanische Vervielfältigung des Werkes (Fotokopie/Mikrokopie) oder von Teilen daraus bedarf der vorherigen Zustimmung des Bundesministeriums für Familie, Senioren, Frauen und Jugend.

Die Deutsche Bibliothek – CIP-Einheitsaufnahme

Ergebnisse der Repräsentativerhebung 1999 zu Ehrenamt, Freiwilligenarbeit und bürgerschaftlichem Engagement. – Stuttgart; Berlin; Köln : Kohlhammer 2000

(Schriftenreihe des Bundesministeriums für Familie, Senioren, Frauen und Jugend; Bd. 194.2)
ISBN 3-17-016937-8

Bd. 2 Zugangswege zum freiwilligen Engagement und Engagementpotenzial in den neuen und alten Bundesländern: Joachim Braun; Helmut Klages [Hrsg.: Bundesministerium für Familie, Senioren, Frauen und Jugend]

Herausgeber:	Bundesministerium für Familie, Senioren, Frauen und Jugend 11018 Berlin
Titelgestaltung:	4 D Design Agentur, 51427 Bergisch-Gladbach
Gesamtherstellung:	DCM • Druckcenter Meckenheim, 53340 Meckenheim
Verlag:	W. Kohlhammer GmbH 2000
Verlagsort:	Stuttgart Printed in Germany

Gedruckt auf chlorfrei holzfrei weiß Offset

Vorwort

Erstmals liegen mit dieser Untersuchung wissenschaftlich gesicherte Zahlen über die Bereitschaft zum freiwilligen Engagement in Deutschland vor. Diese erste bundesweite Studie, die in drei Bänden vorgelegt wird, stellt die notwendigen Diskussionen um eine Weiterentwicklung des freiwilligen Engagements und seiner politischen und gesellschaftlichen Rahmenbedingungen auf eine gesicherte Grundlage. Das Bundesministerium für Familie, Senioren, Frauen und Jugend, das diese Untersuchung in Auftrag gegeben hat, leistet damit einen Beitrag, der eine Lücke in der deutschen Sozialforschung schließt.

34 Prozent aller Bürgerinnen und Bürger engagieren sich in ihrer Freizeit ehrenamtlich in Verbänden, Initiativen und Projekten. Ein weiteres Drittel ist aktiv in einem Verein oder einer Gruppe tätig, ohne jedoch ehrenamtliche Aufgaben zu übernehmen. Damit sind insgesamt zwei Drittel der Bevölkerung ab 14 Jahren in gesellschaftliche Gruppierungen eingebunden und aktiv beteiligt. Das freiwillige Engagement ist damit erheblich größer als bisher angenommen. Bislang wurde es auf 18 Prozent geschätzt und hätte damit erheblich unter dem Mobilisierungsgrad vergleichbarer Länder in Europa und Amerika gelegen. Die Untersuchung zeigt: Die Bereitschaft zu freiwilligem Engagement in Deutschland ist groß und durchaus mit anderen Ländern vergleichbar.

Dieses Engagement ist in den verschiedenen gesellschaftlichen Bereichen unterschiedlich verteilt. Sport und Bewegung, Engagement in Schule, Kindergarten und Kirche sind die attraktivsten Betätigungsfelder, während das soziale und politische Ehrenamt weit weniger gefragt ist. Aber gerade auch hier braucht unsere Gesellschaft freiwilliges Engagement. Die Studie zeigt auch, dass eine Vielzahl von Männern und Frauen, Mädchen und Jungen bereit wären, sich bei entsprechender Motivation ehrenamtlich zu engagieren. Bei der Debatte um eine Stärkung der Zivilgesellschaft werden wir uns vor allem auch um diese Menschen kümmern.

Ich danke den am Projektverbund beteiligten Instituten für die geleistete Arbeit und wünsche den Ergebnisberichten eine weite Verbreitung sowie Einfluß auf die Diskussionen, die im Internationalen Jahr der Freiwilligen 2001 intensiv geführt werden.

Dr. Christine Bergmann
Bundesministerin für Familie, Senioren, Frauen und Jugend

Inhaltsverzeichnis

1	Vorbemerkung	15
2	Einführung der Autoren	17

Teil 1 Freiwilliges Engagement in den neuen und alten Ländern – Thomas Gensicke 22

1	Umfang des freiwilligen Engagements	22
1.1	Erste Diskussion der Unterschiede zwischen neuen und alten Ländern	26
1.2	Engagement- und Aktivitätsbereiche	27
1.3	Ehemaliges freiwilliges Engagement	32
2	Erklärung des freiwilligen Engagements in den neuen Ländern	40
2.1	Geschlecht, Alter, Haushaltsgröße	40
2.2	Sozioökonomische Effekte	43
2.3	Berufs- und Bildungsstruktur	46
2.4	Lokales Milieu und soziale Integration	49
2.5	Politisches Interesse, Kirchenbindung	52
2.6	Wertorientierungen und Engagement	54
2.7	Ein Erklärungsmodell für freiwilliges Engagement	59
3	Realität des freiwilligen Engagements in den neuen Ländern	65
3.1	Engagementbereiche und Selbstverständnis der freiwilligen Tätigkeiten	68
3.2	Personenkreise und organisatorischer Rahmen	72
3.3	Inhalte und Anforderungen	74
3.4	Erwartungen an das freiwillige Engagement und deren Erfüllung	76
3.5	Problemwahrnehmungen von Engagierten	85

4	Potenziale des freiwilligen Engagements in den neuen Ländern..................	89
4.1	Größe des Engagementpotenzials..................	89
4.2	Präferierte Engagementbereiche und Erwartungen an das freiwillige Engagement..................	91
4.3	Gründe, sich nicht freiwillig zu engagieren..................	96
4.4	Hinderungsgründe bei Interessierten, nicht Interessierten und ehemals Engagierten..................	98
4.5	Hinderungsgründe in verschiedenen Bevölkerungsgruppen..................	101
5	Zusammenfassung..................	105

Teil 2 Engagementpotenzial in Deutschland
Helmut Klages.................. 114

1	Freiwilliges Engagement – in Deutschland eine knappe Ressource?..................	114
2	Bisherige Erkenntnisse der Forschung über das Engagementpotenzial..................	116
2.1	Die Entdeckung eines verborgenen Sozialkapitals..................	116
2.2	Eine optimistische Perspektive des gesellschaftlichen Wandels..................	118
3	Das Potenzialerfassungskonzept des Freiwilligensurvey 1999..................	122
4	Der Gesamtumfang und die Zusammensetzung des Engagementpotenzials..................	127
5	Einstieg in die Untersuchung des Engagementpotenzials: Die „Ehemaligen"..................	132
5.1	Das Profil der „Ehemaligen" mit Rückkehrinteresse: weiblicher, jünger, besser ausgebildet..................	132
5.2	Garantiert ein früheres Engagement den nachfolgenden Wiedereintritt?..................	134

5.3	Der Einfluss des Faktors „Zeit" auf die Rückkehrmotivation...	137
5.4	Direkte Einflüsse des früheren Engagements	142
5.5	Warum haben sich die „Ehemaligen" nicht bereits wieder engagiert?	145

6 Engagementpotenzial bei den interessierten Nichtengagierten ohne Engagementerfahrung bei den „Neuen" 147

6.1	Das Profil: Die „Neuen" als Kontrastgruppe	147
6.2	Engagementhemmnisse bei den „Neuen"	152

7 Das Engagementpotenzial bei den Engagierten 154

7.1	Das Profil der „Expansiven": Ungeduldige Jüngere im Wartestand	156
7.2	Engagementmotive und –hemmnisse bei den „Expansiven"	158
7.3	Die Zielrichtung der Ausweitungswünsche	159
7.4	Organisatorische und ehrenamtspolitische Engagementhemmnisse im Blickfeld der „Expansiven"	165

8 Zwischenbilanz 169

9 Leitziel für die zukünftige Engagementförderung 174

10 Erfolgverbürgende Ansätze der Engagementförderung... 178

10.1	Identifizierung von Maßnahmekomplexen anhand der Defizitwahrnehmungen der Engagierten: Allgemeine Leitsätze	178
10.2	Gewinnung junger Menschen, Frauen und Einkommensschwacher als Aufgabe der Engagement-förderung	183
10.3	Notwendigkeiten „aktiver" Interessenweckung und -verstärkung	186

11 Zusammenfassung 188

Teil 3 Zugangswege zu Bereichen und Formen des freiwilligen Engagements
Hans Günter Abt, Joachim Braun 199

1 Aktuelle Situation der Förderung des freiwilligen Engagements in den Kommunen 199

2 Ehrenamt, Freiwilligenarbeit, Selbsthilfe und Bürgerengagement im Verständnis der Bürgerinnen und Bürger 202

3 Zeitliche Kontinuität und Flexibilität im freiwilligen Engagement 212

4 Zugang zum freiwilligen Engagement 219

4.1 Besondere Zugänge zum freiwilligen Engagement durch Wahl und Berufung 223
4.2 Einstieg über berufliche Nähe zum freiwilligen Engagement .. 228

5 Zugangswege in verschiedene Bereiche des freiwilligen Engagements 232

5.1 Wahl der Engagementbereiche durch verschiedene Bevölkerungsgruppen 235
5.2 Zugangswege zu den Engagementbereichen 249

6 Zugangswege zu verschiedenen Organisationsformen des freiwilligen Engagements 258

7 Verbesserung der Zugangschancen durch Informations- und Kontaktstellen für freiwilliges Engagement und Selbsthilfe 267

7.1 Kenntnis von Informations- und Kontaktstellen für freiwilliges Engagement und Selbsthilfe 268
7.2 Kenntnisse der Bürgerinnen und Bürger in den verschiedenen Bundesländern 276
7.3 Konsequenzen für die Förderung des freiwilligen Engagements 279

8 Zusammenfassung 283

Teil 4 Anhang 288

1 Methodische Anlage der repräsentativen Befragung zum Freiwilligensurvey 288

2 Das Fragenprogramm der Erhebung 294

3 Mitglieder des Projektbeirats 298

4 Literatur 299

Abbildungen

Teil 1: Freiwilliges Engagement in den neuen Ländern

1.1	Umfang des freiwilligen Engagements	23
1.2	Umfang des freiwilligen Engagements: Einzelne neue Länder	24
1.3	Freiwilliges Engagement nach Altersgruppen (Alte Länder)...	25
1.4	Freiwilliges Engagement nach Altersgruppen (Neue Länder)	25
1.5	Freiwilliges Engagement in verschiedenen Bereich	28
1.6	„Aktivität" in Engagementbereichen	29
1.7	Ehemaliges Engagement nach Altersgruppen (Alte Länder)..	33
1.8	Ehemaliges Engagement nach Altersgruppen (Neue Länder)	33
1.9	Aktuelles und ehemaliges Engagement	34
1.10	Ehemaliges Engagement in Engagementbereichen	36
1.11	Gründe für die Beendigung des Engagements	38
2.1	Geschlecht, Alter, Haushaltsgröße und Engagement	41
2.2	Sozioökonomische Merkmale und Engagement	44
2.3	Berufs- und Bildungsstruktur und Engagement	47
2.4	Lokales Milieu, soziale Integration und Engagement	50
2.5	Politisches Interesse, Kirchenbindung und Engagement	53
2.6	Wertetypen und Engagement	55
3.1	Zeitaufwand für das freiwillige Engagement: pro Woche	66
3.2	Wichtigkeit des freiwilligen Engagements im Leben der Befragten	67
3.3	Alter bei Aufnahme des freiwilligen Engagements	68
3.4	Beschriebene zeitaufwändigste Tätigkeiten	69

3.5	Bezeichnung der Tätigkeit	70
3.6	Bezeichnung der Tätigkeit nach Tätigkeitsdauer	71
3.7	Personenkreis, auf den sich das Engagement bezieht	72
3.8	Organisatorischer Rahmen der Tätigkeit	73
3.9	Hauptinhalte der Tätigkeit	74
3.10	Anforderungen in der Tätigkeit	75
3.11	Erwartungen an die freiwillige Tätigkeit	78
3.12	Erfüllung der Erwartungen	79
3.13	Erwartungen an die Tätigkeit	80
3.14	Erfüllung der Erwartungen an die Tätigkeit	81
3.15	Erwartungs- und Erfüllungsdimensionen bei Männern und Frauen	83
3.16	Gewünschte Verbesserungen für das freiwillige Engagement durch die Organisationen	86
3.17	Gewünschte Verbesserungen für das freiwillige Engagement durch Staat und Arbeitgeber	87
4.1	Potenzielles Engagement nach Altersgruppen (Alte Länder)	90
4.2	Potenzielles Engagement nach Altersgruppen (Neue Länder)	90
4.3	Aktuelles und potenzielles Engagement	91
4.4	Interessenbereiche interessierter Nicht-Engagierter	92
4.5	Erwartungen an ein „potenzielles" Engagement	93
4.6	Erwartungen an ein „potenzielles" Engagement	95
4.7	Warum man sich nicht freiwillig engagiert	97
4.8	Warum man sich nicht freiwillig engagiert (2)	99
4.9	Wirtschaftliche Lage der Vergleichsgruppen	100

Teil 2: Engagementpozential in Deutschland

2.1	Selbstentfaltungswerte und Verhältnis zum freiwilligen Engagement in alten und neuen Ländern	121
4.1	Engagementpotenzial in Deutschland	127
4.2	Die Richtung des Engagementinteresses	131
5.1	Sozio-demografische Merkmals der „Ehemaligen" mit und ohne Interesse am Engagement	133
5.2	Die Engagementbereitschaft bei den „Ehemaligen" und den Interessierten ohne Engagementerfahrung	135

5.3	Engagementbezogene Bewertungen und Informationen bei „Ehemaligen" und bei bisher nicht Engagierten	136
5.4	Zeitlicher Abstand vom früheren Engagement	139
5.5	Rückkehrabsicht und zeitlicher Abstand vom früheren Engagement	140
5.6	Interesse an einer Rückkehr in den früheren Engagementbereich (nach Bereichen)	144
6.1	Strukturvergleich zwischen den Nichtengagierten ohne früheres Engagement (den „Neuen") und den Engagierten	149
6.2	Engagementmotive bei den „Ehemaligen" und den „Neuen"	151
7.1	Wichtigkeit des Engagments und Zeitaufwand (Engagierte insgesamt)	158
7.2	Wichtigkeits-Zufriedenheitsdifferenziale bei den „Expansiven" und den übrigen Engagierten	161
7.3	Defizit- und Unterfforderungsefahrungen im Engagement	163
7.4	Allgemeine Problemerfahrungen im Engagement	166

Teil 3: Zugangswege zu Bereichen und Formen des freiwilligen Engagements

2.1	Selbstverständnis freiwillig Engagierter in verschiedenen Bereichen	204
2.2	Leistungen freiwillig Engagierter	206
2.3	Selbstverständnis verschiedener Gruppen freiwillig Engagierter	210
3.1	Beginn des freiwilligen Engagements	214
3.2	Dauer des freiwilligen Engagements	216
3.3	Veränderungstendenzen und -möglichkeiten im freiwilligen Engagement	218
4.1	Eigeninitiative und Anstöße für freiwilliges Engagement	221
4.2	Anstöße für freiwilliges Engagement verschiedener Bevölkerungsgruppen	224
4.3	Wahl und Leitungsaufgaben bei verschiedenen Bevölkerungsgruppen	226
4.4	Zusammenhang zwischen beruflicher Tätigkeit und Engagement	230
5.1	Freiwillig Engagierte und aktiv Beteiligte in verschiedenen Bereichen	236

5.2	Relation der aktiv Beteiligten zu den freiwillig Engagierten....	238
5.3	Alter bei Aufnahme der freiwilligen Tätigkeit in verschiedenen Bereichen...	242
5.4	Individueller Umfang des freiwilligen Engagements in verschiedenen Bereichen...	243
5.5	Häufige Kombinationen freiwilliger Tätigkeiten.....................	245
5.6	Zeitliche Begrenzung der Tätigkeit in verschiedenen Engagementbereichen...	247
5.7	Eigeninitiative und Ansprache durch Dritte bei Aufnahme der freiwilligen Tätigkeit in verschiedenen Bereichen..................	248
5.8	Anstöße zum freiwilligen Engagement in verschiedenen Bereichen...	250
5.9	Wahl und Leitungsaufgaben in verschiedenen Bereichen......	252
5.10	Zusammenhang zwischen freiwilligem Engagement und beruflicher Tätigkeit in verschiedenen Bereichen..................	256
6.1	Organisationsformen für freiwilliges Engagement...............	259
6.2	Organisationsformen für freiwilliges Engagement in verschiedenen Bereichen...	261
6.3	Organisationsformen für freiwilliges Engagement bei verschiedenen Bevölkerungsgruppen................................	263
6.4	Anstöße zum freiwilligen Engagement in verschiedenen Organisationen...	265
7.1	Wunsch nach Information und Beratung über freiwilliges Engagement in verschiedenen Bereichen............................	269
7.2	Informations- und Kontaktstellen und Informationsinteresse der Bürgerinnen und Bürger...	271
7.3	Informationsinteresse bei verschiedenen Bevölkerungsgruppen..	273
7.4	Kenntnis von Informations- und Kontaktstellen...................	275
7.5	Kenntnis von Informations- und Kontaktstellen nach Bundesländern...	278

1 Vorbemerkung

Der Bericht entstand im Rahmen des Forschungsprojekts „Repräsentative Erhebung zum Ehrenamt", das durch das Bundesministerium für Familie, Senioren, Frauen und Jugend (BMFSFJ) im Herbst 1998 vergeben wurde. Die Untersuchung sollte sich auf alle Formen ehrenamtlichen Engagements erstrecken, unter Einschluss bürgerschaftlichen Engagements in Initiativen und Projekten und Selbsthilfe. Dieser reite Ansatz hat dann, gestützt durch die Untersuchungsergebnisse, zu der terminologischen Weiterentwicklung geführt, nach der nun das „freiwillige Engagement" als Oberbegriff für Ehrenamt, Freiwilligenarbeit und bürgerschaftliches Engagement verwendet wird. Die Kurzbezeichnung für die Erhebung lautet nun „Freiwilligensurvey 1999".

Für die Durchführung der Untersuchung wurde ein Projektverbund gebildet, dem vier Institute und folgende Personen angehören:

- Infratest Burke Sozialforschung, München
  Bernhard von Rosenbladt, Sibylle Picot, Karen Blanke
- Forschungsinstitut für öffentliche Verwaltung, Speyer
  Professor Dr. Helmut Klages, Dr. Thomas Gensicke
- Institut für Entwicklungsplanung und Strukturforschung (IES), Hannover, Johanna Zierau, Anne Glade
- Institut für Sozialwissenschaftliche Analysen und Beratung (ISAB), Köln, Joachim Braun, Hans Günter Abt, Ulrich Brendgens

Untersuchungskonzeption und Fragenprogramm für die Erhebung wurden gemeinsam im Projektverbund erarbeitet. Die Durchführung der Befragung und die Aufbereitung der Befragungsdaten lagen in der Verantwortung von Infratest Burke. Befragt wurden fast 15.000 Bundesbürger/innen in der Zeit von Mai bis Juli 1999.[1] Eine erste Runde der Berichterstattung erfolgte noch im gleichen Jahr durch Infratest Burke mit einem Überblick über die Ergebnisse und zwei Materialbänden.[2]

---

1 Der Untersuchungsauftrag des BMFSFJ erstreckte sich zunächst auf eine repräsentative Befragung von 10.000 Personen. Dank einer finanziellen Zuwendung der Robert Bosch Stiftung konnte der Stichprobenumfang auf fast 15.000 Personen erweitert werden. Ziel der Aufstockung war es, auch Analysen auf Länderebene möglich zu machen.
2 Infratest Burke Sozialforschung: Freiwilligenarbeit, ehrenamtliche Tätigkeit und bürgerschaftliches Engagement. Repräsentative Erhebung 1999.
Überblick über die Ergebnisse. „Schnellbericht", München, Oktober 1999
Materialband: Untersuchungsanlage und Methoden, tabellarische Darstellung der Ergebnisse. München, Dezember 1999.
Bundesländer im Vergleich. Tabellenband, München, Dezember 1999.
Alle drei Bände wurden vom BMFSFJ als Projektbericht vervielfältigt und der interessierten Öffentlichkeit zur Verfügung gestellt.

Es folgten eine Reihe vertiefender Auswertungen zu ausgewählten Themenschwerpunkten, die arbeitsteilig von den einzelnen Mitgliedern des Projektverbunds vorgenommen wurden. Die Ergebnisberichte werden in der Schriftenreihe des BMFSFJ in drei Bänden veröffentlicht:

Bd. 1: Bernhard von Rosenbladt:
Freiwilliges Engagement in Deutschland.
Ergebnisse der Repräsentativerhebung 1999 zu Ehrenamt, Freiwilligenarbeit und bürgerschaftlichem Engagement.

Bd. 2: Joachim Braun und Helmut Klages:
Zugangswege zum freiwilligen Engagement und Engagementpotenzial in den neuen und alten Bundesländern.
Ergebnisse der Repräsentativerhebung 1999 zu Ehrenamt, Freiwilligenarbeit und bürgerschaftlichem Engagement.

Bd. 3: Sibylle Picot:
Freiwilliges Engagement in Deutschland: Frauen und Männer, Jugend, Senioren, Sport.
Ergebnisse der Repräsentativerhebung 1999 zu Ehrenamt, Freiwilligenarbeit und bürgerschaftlichem Engagement.

Band 1 ist der abschließende Gesamtbericht des Projektverbunds. Er stellt im ersten Teil Anlage und Ergebnisse der Untersuchung im Überblick dar und enthält im zweiten Teil Kurzfassungen der sieben Einzelberichte. Deren ausführliche Fassung ist in den Bänden 2 und 3 wiedergegeben.

2 Einführung der Autoren

Das freiwillige Engagement in der Bundesrepublik Deutschland wird in den nunmehr insgesamt vorliegenden Veröffentlichungen des Projektverbundes Ehrenamt in einer bisher unerreichten Weise auf der Grundlage aktueller Forschungsergebnisse dokumentiert und analysiert.

Hierbei kommt es sowohl zu Bestätigungen bisheriger Erkenntnisse, wie auch zu deren Vertiefung und zu Erkenntnissen weiterführender Art.

Rund 22 Mio. Bundesbürger ab 14 Jahre engagieren sich freiwillig in rund 35 Mio. ausgeübten Aufgaben oder Funktionen. Dies sind 34% der Bevölkerung, die in irgendeiner Form ehrenamtlich bzw. freiwillig engagiert sind, also in Vereinen, Initiativen, Projekten, Selbsthilfegruppen und Einrichtungen unbezahlt oder gegen geringe Aufwandsentschädigungen freiwillig übernommene Aufgaben oder Arbeiten ausüben. Im Freiwilligensurvey 1999 wurde der gesamte Freiwilligenbereich in den Blick genommen: das freiwillige Engagement in 14 Engagementbereichen.

Die vielfältigen *Erkenntnisse weiterführender Art*, welche die Untersuchung erbracht hat, haben ihr eigentliches Zentrum in der erstmaligen Erschließung der „dynamischen Seite" des Engagements. Diese Erkenntnisse sind einerseits von eminenter theoretischer Bedeutung, indem sie es erlauben, die Frage nach den gesellschaftlichen, individualpsychologischen, organisatorischen und ökonomischen Entstehungs-, Erhaltungs- und Wachstumsbedingungen des freiwilligen Engagements in einen übergreifenden analytischen Zusammenhang zu stellen und von einer weiterentwickelten Wissensbasis her zu beantworten. Sie sind gleichzeitig aber auch von höchster praktischer Bedeutung, denn die entscheidende Frage nach erfolgversprechenden Strategien der Engagementförderung kann jenseits vordergründiger Plausibilitätsargumente erst von hier aus mit der Aussicht auf ausreichende Fundierung und Treffsicherheit gestellt werden.

Die **Beiträge des vorliegenden Bandes** liefern dem „eiligen Leser", der nicht genug Zeit hat, um sämtliche Teilveröffentlichungen des Projektverbundes Ehrenamt in einem Zuge durchzuarbeiten, kurzgefaßte Überblicke allgemeiner Art über die Ergebnisse der Untersuchung. So ermöglicht insbesondere der umfassend und faktenreich angelegte *Beitrag von Thomas Gensicke* über „Freiwilliges Engagement in den neuen

Ländern" die Gewinnung kompakter Informationen über den aktuellen Umfang des Engagements, die sozio-demografische Struktur der Engagierten, die inhaltliche Ausrichtung des Engagements, die sich mit ihm verbindenden Erwartungen, Anforderungen und Problemwahrnehmungen, wie auch über das verfügbare Engagementpotenzial. Die konsequent durchgehaltene Leitfrage nach den Gegebenheiten in den neuen und alten Bundesländern, mit der auf systematische Weise Unterschiede und Übereinstimmungen herausgearbeitet werden, erschließt hierbei eine zusätzliche Dimension, die in dieser Form bisher noch nicht zur Verfügung stand.

Die Beiträge des vorliegenden Bandes finden einen Schwerpunkt darin, dass sie den Zutritt zu den neuartigen Erkenntnissen über die dynamische Seite des Engagements und zu den praktischen Folgerungen vermitteln, die aus ihnen ableitbar sind.

Dies kommt zunächst in dem *Beitrag von Helmut Klages* zum Ausdruck, der die Frage nach dem Umfang, der Beschaffenheit, den Standorten und der Nutzbarkeit des „Engagementpotenzials" einer näheren Untersuchung unterzieht.

Ungenutztes und gewissermaßen „brachliegendes" Engagementpotenzial findet sich in großem Umfang sowohl außerhalb, wie auch innerhalb der Gruppe der Engagierten. Von besonderem Interesse ist hierbei, dass fast ein Drittel der Nichtengagierten früher engagiert war. Dieses Ergebnis wird auf dem Hintergrund der bislang kaum beachteten Tatsache verständlich, dass das Engagement, in das viele Menschen bereits in jungen Jahren eintreten, in einem großen Teil der Fälle zu einem nachfolgenden Zeitpunkt aus persönlichen oder in der Sache selbst liegenden Gründen zunächst wieder aufgegeben werden muß. Auf den ersten Blick erscheint erfreulich, dass 47% der „Ehemaligen", die in der Studie erfaßt werden konnten, daran interessiert sind, sich wieder zu engagieren. Sie treten somit als umfangreiches Engagementpotenzial in Erscheinung. Auf den zweiten Blick muß aber auffallen, dass die Zahl der Rückkehrwilligen eigentlich viel höher sein müßte, wenn ein vorangegangenes Engagement die Menschen im wünschenswerten Maße dazu befähigen und motivieren würde, nach einem Ausscheiden zügig ins Engagement zurückzukehren. Es ließe sich dann von einem dynamischen Gesamtbild des Engagements ausgehen, das durch ständig sich wiederholende Prozesse des Eintritts ins Engagement, wie auch des anschließenden Austretens und eines nachfolgenden Wiedereintretens charakterisiert wird. Dass sich eine Rückkehrabsicht nur bei knapp der Hälfte der Ehemaligen feststellen läßt, die überdies mehrheitlich schon mehrere Jahre lang kein Engagement mehr ausgeübt haben, läßt aber erkennen, dass dieses dynamische Gesamtbild in der Realität nur sehr unvollkommen ausgebildet ist, und das Engagementsystem bisher noch mit viel zu hohen Verlustquoten funktioniert. Diese müssen intolerabel erscheinen, wenn man davon ausgeht, dass freiwilliges Engagement *die* wesentliche Ressource der Bürgergesellschaft der Zukunft darstellt, mit der somit haushälterisch umgegangen werden muß und deren nachhaltige Verfügbarkeit und Vermehrung unter allen Umständen sicherzustellen ist.

Der Blick richtet sich von hier aus mit einer gewissen Zwangsläufigkeit auf die Frage nach den „Zugangswegen zum Engagement", die im *Beitrag von Hans Günter Abt und Joachim* Braun zum Gegenstand einer intensiven Untersuchung erhoben werden. Wie die Daten zeigen, gelangen sehr viele Menschen aufgrund von Anstößen ins Engagement, die von bereits Engagierten im unmittelbaren sozialen Umfeld ausgingen. Eine beträchtliche Rolle spielen auch formelle Regelungen der Wahl und der Berufung ins Amt. Zahlreiche Einstiege ins Engagement erfolgen weiterhin unter Nutzung von berufsbedingten Verbindungswegen. Die „soziale Integration der Person" im informellen gesellschaftlichen Beziehungs- und Bindungsgefüge, die Selektionsmechanismen in den Handlungsfeldern des Engagements und beruflich bedingte Verknüpfungen allein vermögen allerdings, wie die Untersuchung der dynamischen Bestands- und Wachstumsbedingungen des Engagementsystems erweist, den Zugang zum Engagement und die Wiedereinmündung der Menschen ins Engagement nicht in einem ausreichenden Maße zu garantieren. Es bedarf vielmehr zusätzlicher institutionalisierter Vorkehrungen und Sicherungen, um eine ausreichend intensive, flüssige und hemmungsfreie Bewegung der Menschen ins Engagement, aus dem Engagement heraus und ins Engagement zurück zu gewährleisten.

Die in allen drei Beiträgen auftauchende Feststellung, dass solche zusätzlichen Vorkehrungen und Sicherungen bisher nicht in einem ausreichenden Maße zur Verfügung stehen, liefert eine entscheidende analytische Grundlage für die inhaltliche Ausrichtung der Antworten auf die **Frage nach den praktischen Möglichkeiten einer zukünftigen Engagementförderung**.

Einen ersten wesentlichen Hinweis über die hierbei einzuschlagenden Wege liefert die von einer Mehrheit der befragten Engagierten getragene Auffassung, dass eine intensivere öffentliche Aufklärung über die

Möglichkeiten zum freiwilligen Engagement eine sehr wichtige Unterstützung darstellen würde.

Von besonderer Bedeutung sind aber auch die bisher bereits in Ansätzen praktizierten Bemühungen um die Schaffung einer organisatorischen Infrastruktur, die einer direkten einzelfallbezogenen Information über Engagementmöglichkeiten und der Vermittlung von Personen in konkrete Engagements dienen kann. Das dringende Erfordernis einer solchen Infrastruktur ist, wie Thomas Gensicke hervorhebt, insbesondere in den neuen Bundesländern erkennbar, wo die früheren organisatorischen Grundlagen des freiwilligen Engagements vor allem mit dem Zusammenbruch der DDR-Industrie in Wegfall kamen. Dieses Erfordernis ist aber nicht auf die neuen Bundesländer beschränkt. Hans Günter Abt und Joachim Braun können in diesem Zusammenhang auf die Erfolge vor allem derjenigen Informations- und Kontaktstellen, Freiwilligenagenturen und -börsen etc. in den alten Bundesländern verweisen, die mit einem breiten Aktivitätenprofil arbeiten und die für alle Altersgruppen und für die Engagementinteressen verschiedenster Zielgruppen geöffnet sind. Helmut Klages weist zusätzlich auf das Erfordernis hin, das Engagement für Menschen mit Selbstentfaltungswerten attraktiver werden zu lassen, die unter den Engagierten eine zunehmende Rolle spielen. Das Angebot von „Verantwortungsrollen", die erweiterte Möglichkeiten für eine selbständige und eigenverantwortliche Mitwirkung anbieten, und von Qualifizierungschancen für Freiwillige spielt hierbei eine herausragende Rolle.

Von zusätzlicher Bedeutung für die Verbesserung der Zugangschancen zum freiwilligen Engagement und der Mitwirkungs- und Beteiligungschancen der Bürgerinnen und Bürger ist eine Politik, die Engagement hemmende Rahmenbedingungen abbaut und Engagement unterstützende Verhältnisse befördert. Die gesellschaftliche Wertschätzung und Anerkennung des freiwilligen Engagements, die verfügbaren Informationen über Gelegenheiten zum Engagement sowie tatsächliche, nicht nur symbolische Unterstützung sind entscheidend dafür, ob Bereitschaft in konkretes Tun und Engagement umgesetzt wird. Die bewußte Gestaltung engagementfreundlicher- und fördernder Rahmenbedingungen auf verschiedenen Ebenen durch Politik und Verwaltung in Bund, Ländern und Gemeinden kann dazu beitragen, dass

– das im freiwilligen Engagement manifestierte Sozialkapital der Menschen erhalten wird und weiter zur Entfaltung kommt,

- Eigeninitiative und die selbstorganisierte Gestaltung persönlicher und sozialer Anliegen in verschiedenen gesellschaftlichen Bereichen zunehmen,
- ein neues Verhältnis von Staat und BürgerInnen in der zivilen Bürgergesellschaft verwirklicht werden kann.

Das Internationale Jahr der Freiwilligen 2001 sowie die Enquete-Kommission des Deutschen Bundestages „Zur Zukunft des bürgerschaftlichen Engagements" bieten gute Chancen für nachhaltige Impulse zur gesellschaftlichen Aufwertung des Freiwilligenbereichs und zur Stärkung der zivilgesellschaftlichen Ressourcen.

Die Autoren
Joachim Braun, ISAB-Institut
Prof. Dr. Helmut Klages

Teil 1: Freiwilliges Engagement in den neuen und alten Ländern - Dr. Thomas Gensicke

1 Umfang des freiwilligen Engagements

Diese vertiefende Studie kann und will nicht alle Informationen dokumentieren, die für einen Vergleich zwischen den neuen und alten Ländern aus dem reichhaltigen Material der repräsentativen Befragung „Freiwilligenarbeit, ehrenamtliche Tätigkeit und bürgerschaftliches Engagement" des „Projektverbundes Ehrenamt" (im Folgenden Freiwilligensurvey 1999) gewinnbar sind. Vielmehr konzentriert sie sich auf die Darstellung und Diskussion wesentlicher Dimensionen, die die Bürger/innen der neuen und alten Bundesländer bezüglich des freiwilligen Engagements unterscheiden. Da sie oft nicht unbedingt zu erwarten waren, sind auch eine ganze Reihe von Ähnlichkeiten zwischen den neuen und alten Ländern von Interesse. Die wichtigsten Dimensionen sind:

- eine *geringere Quote* des freiwilligen Engagements in den neuen Bundesländern und die Frage nach einer Erklärung dafür,
- ein im ganzen *ähnliches Bild* des aktuellen freiwilligen Engagements in den neuen und alten Ländern mit interessanten Besonderheiten in den neuen Ländern,
- besondere Umstände für die Erschließung des Engagementpotenzials in den neuen Ländern.

Die Befragung ermöglicht es zunächst mit Hilfe eines einfachen Indikators den Umfang des freiwilligen Engagements in den neuen und alten Ländern vergleichend zu schätzen (vgl. Abb 1.1).

Die in der Abbildung fett gedruckten Prozentquoten der freiwillig Engagierten entstammen einer Ergebnisvariablen, die aus anderen Variablen des Freiwilligensurveys 1999 konstruiert wurde. Im Freiwilligensurvey wurde in Anknüpfung an frühere Studien (etwa an den Speyerer Survey „Wertewandel und bürgerschaftliches Engagement", im Folgenden "Speyerer Survey 97"[1], ein anspruchsvolles Verfahren zur Ermittlung einer Quote des freiwilligen Engagements gewählt. Zunächst wurden die Befragten gebeten anzugeben, ob sie in bestimmten vorgegebenen Be-

---

[1] Vgl. Klages / Gensicke: Wertewandel und bürgerschaftliches Engagement an der Schwelle zum 21. Jahrhundert, Speyer 1998; Gensicke: Die neuen Bundesbürger. Eine Transformation ohne Integration, Opladen und Wiesbaden 1998.

reichen „außerhalb von Familie und Beruf irgendwo mitmachen", ob sie sich „in einem Verein, einer Initiative, einem Projekt oder einer Selbsthilfegruppe ... aktiv beteiligen".

Abb. 1.1: Umfang des freiwilligen Engagements		
	Alte Länder	Neue Länder
Nicht Aktive	32%	45%
Aktive, aber nicht Engagierte	33%	27%
Freiwillig Engagierte davon	35%	28%
- bis 5 Std. die Woche - mehr als 5 Stunden die Woche - keine Zeitangabe	20% 11% 4%	16% 9% 3%
Quelle: Freiwilligensurvey 1999; die ersten drei Zeilen addieren sich senkrecht zu 100%		

Ziel dieser Erfassung war es zum einen, die Befragten auf die Bandbreite möglicher *Engagementbereiche* vorzubereiten (diese Bereiche werden im Folgenden im Vergleich zwischen den neuen und alten Ländern vorgestellt). Zum zweiten sollte ihre Aufmerksamkeit in Richtung eines *Aktivitätsmodus* gelenkt werden, der bereits deutlich über die berufliche und private Sphäre in Richtung öffentlicher Aktivität in Vereinen oder Gruppen hinausweist. Dieser Modus des freiwilligen „Aktivseins", der jedoch nicht den Status einer freiwillig übernommenen konkreten „Aufgabe" bzw. „Arbeit" hat, ist im Vergleich zwischen den neuen und alten Ländern in der zweiten Zeile von Abb. 1.1 ausgewiesen.

Wenn mindestens ein Aktivitätsbereich angegeben wurde, erfolgte die Zuordnung der Befragten zu dieser Gruppe der "Aktiven". Im Freiwilligensurvey wurden die Befragten dann in einem weiteren Schritt aufgefordert, in den von ihnen genannten Aktivitätsbereichen „freiwillig" oder „ehrenamtlich" übernommene Aufgaben und Arbeiten zu nennen. Wenn solche Aufgaben und Arbeiten genannt wurden, konnten die Befragten als „freiwillig Engagierte" klassifiziert werden (vierte Zeile der Abbildung).

In Abb. 1.1 fällt auf, dass in den neuen Ländern der Anteil „freiwillig Engagierter" um 7% geringer ist als in den alten Ländern. Außerdem gibt es in den neuen Ländern viele nach unserem Erfassungsmodus „Nicht-

Aktive". Der Prozentsatz bleibt um 13% hinter dem der alten Länder zurück. Das deutet darauf hin, dass sich die Bevölkerung in den neuen Bundesländern aus in der Folge noch zu untersuchenden Gründen im Moment stärker auf den beruflichen und rein privaten Bereich konzentriert und sich weniger dem öffentlichen Leben in Vereinen, Gruppen etc. widmet. Dies setzt sich bezüglich des engeren Bereiches des freiwilligen und ehrenamtlichen Engagements („Aufgaben" und „Arbeiten") fort.

Relativ gesehen bleiben die neuen Länder hinter den alten in beiden Quoten fast identisch zurück, die „Aktivitäts"-Quote im ganzen beträgt in den neuen Ländern etwa 81% Quote der alten Länder, die Quote des freiwilligen Engagements liegt bei etwa 79%.

Die Abb. 1.2 bis 1.4 zeigen, dass die geringeren Aktivitäts- und Engagementquoten in allen Altersgruppen und in allen neuen Ländern zu beobachten sind. In Berlin-Ost erscheinen diese Effekte noch einmal gesteigert, wobei hier die Besonderheiten der Großstadt gegenüber den Flächenländern zu berücksichtigen sind. Oftmals ist „Aktivität" und freiwilliges Engagement auf dem Lande und in Kleinstädten größer als in Großstädten, wie die Fälle „Berlin-West" und zum Teil „Hamburg" zeigen, die in den alten Ländern mit 41% und 36% die höchsten '"Nichtaktivitäts'-Quoten und im Falle Westberlins mit 26% eine besonders niedrige Engagementquote aufweisen.

Abb. 1.2: Umfang des freiwilligen Engagements: einzelne neue Länder

	Mecklenb. Vorpom.	Brandenb:	Berlin-Ost	Sachsen-Anhalt	Thüringen	Sachsen
Nicht-Aktive	46%	43%	53%	42%	43%	45%
Aktive	25%	29%	28%	30%	28%	25%
Freiwillig Engagierte	**29%**	**28%**	**19%**	**28%**	**29%**	**30%**
Gesamt	100%	100%	100%	100%	100%	100%
Quelle: Freiwilligensurvey 1999; Addition senkrecht zu 100%						

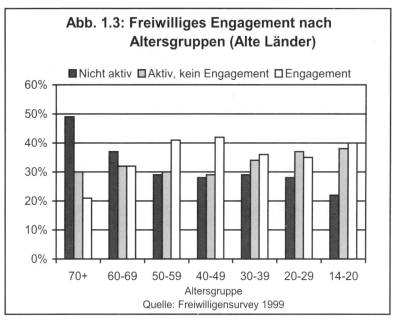

Abb. 1.3: Freiwilliges Engagement nach Altersgruppen (Alte Länder)

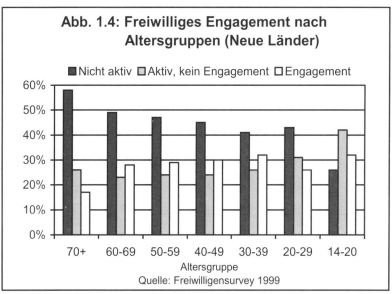

Abb. 1.4: Freiwilliges Engagement nach Altersgruppen (Neue Länder)

Unter den alten Flächenländern geht keines nennenswert über eine "Nicht-Aktiven"-Quote von über 35% hinaus und die Engagementquoten liegen (mit Ausnahme Niedersachsens mit 31%) bei mindestens 34%. Es liegt also ein echter Unterschied zwischen den neuen und alten Ländern vor, der mit spezifischen Besonderheiten zu tun haben muss, die die neuen von den alten Ländern insgesamt unterscheiden. Daher erscheint es durchaus als lohnenswert, im Folgenden nach Erklärungen dafür zu suchen.

1.1 Erste Diskussion der Unterschiede zwischen neuen und alten Ländern

Vorab gesagt, ist es sinnvoll, bei der Erklärung der unterschiedlichen Intensität des freiwilligen Engagements in den neuen und alten Ländern zunächst zwischen zwei erklärenden Dimensionen zu unterscheiden und zwar zwischen *situativen* Faktoren auf der einen Seite und *kulturellen* Faktoren auf den anderen.

Situative Faktoren beziehen sich vor allem auf die *aktuelle Charakteristik* der Situation in den neuen Ländern, die sich z.B. durch eine doppelt so hohe Arbeitslosigkeit und eine ungünstigere makro- und mikroökonomische Lage von den alten unterscheidet (ökonomischer Rückstand, geringere Einkommen und geringerer Kapitalstock etc.). Zum anderen gibt es zwischen neuen und alten Ländern auch kulturelle Faktoren, zumindest insofern, als das kirchliche und religiöse Element durch jüngere und ältere historische Entwicklungen in den neuen Ländern deutlich weniger Bedeutung behalten hat als in den alten. Dort bieten Kirche und Religion vor allem im ländlichen und kleinstädtischen Bereich noch zu einen größeren Teil Infrastruktur und Motivation für öffentliches Leben und freiwilliges Engagement. Auch eine durch kulturelle Eigentümlichkeiten der DDR zu erklärende „Arbeiter- und Angestelltenkultur" eher einfachen Lebenszuschnitts wäre als Besonderheit in Betracht zu ziehen.

Eine Zwischenstellung zwischen diesen zu Analysezwecken getrennten situativen und kulturellen Faktoren nimmt eine Ursachen-Dimension ein, die sich auf Besonderheiten bezieht, die mit der Vorgeschichte und den Folgen des sozialen *Systemumbruchs* von der DDR zu den nunmehr in die Bundesrepublik aufgenommenen „neuen Länder" zu tun hat. Der besondere Vergesellschaftungsmodus der DDR gegenüber der Bundesrepublik bzw. das darin definierte freiwillige Engagement lässt sich unter den neuen Bedingungen der sozialen Systemveränderung (Transformation) nicht so einfach fortschreiben. In diesem Phänomen gehen jüngere kulturelle Faktoren aus der DDR-Geschichte eine Verquickung mit Eigentümlichkeiten der Situation der sozialen Transformation ein, einer Situation, die es in den alten Ländern nicht gibt.

Wer etwa in der DDR eine gehobene soziale Position einnahm und in diesem Zusammenhang freiwillig engagiert war (wie es auch in den alten Ländern typisch ist), findet sich vielleicht nunmehr unfreiwillig frühverrentet bzw. in einer ungünstigeren sozialen Position wieder (zumindest was die sozialen Kontakte und Ressourcen betrifft), ein Effekt, der auf die Systemveränderung durch die Wiedervereinigung zurückführbar ist. Solche Besonderheiten werden wir bei der Analyse des im Freiwilligensurvey ebenfalls erfragten *ehemaligen* freiwilligen Engagements in den neuen Ländern untersuchen, insbesondere in den ehemals „kultur- und systemtragenden" Generationen der DDR.

Vorausgreifend kann festgehalten werden, dass das freiwillige Engagement ab der Altersgruppe der 40- bis 49-Jährigen und insbesondere in der Gruppe der heute 60- bis 69-Jährigen höher war als in den entsprechenden Altersgruppen der alten Länder. Unterstellt man hier eine Tendenz zum (relativen) Statusverlust in diesen Generationen durch die soziale Transformation, wäre auch das auffällige Zurückbleiben des freiwilligen Engagements in diesen Gruppen (sowohl des aktuellen als auch des potenziellen) bereits im Groben erklärlich. Relativer Statusverlust bedeutet, dass die Befragten dieser Altersgruppen ein erhöhtes Risiko hatten, arbeitslos zu werden, eine kaum mehr ausgleichbare Entwertung ihre Ausbildung und Qualifikation zu erleben, Führungspositionen zu verlieren und ihre als mittlere und reife Generationen in der DDR kulturtragende Rolle einzubüßen.

1.2 Engagement- und Aktivitätsbereiche

Abb. 1.5 zeigt das freiwillige Engagement in *Engagementbereichen* im Vergleich zwischen den neuen und alten Ländern.

Insbesondere im Bereich „Kirche und Religion" bleibt das freiwillige Engagement in den neuen Ländern weit hinter den alten zurück, relativ gesehen ist dieses Zurückbleiben in den höher besetzten Bereichen „Kultur und Musik" und „Soziales" ebenfalls auffällig. Quantitativ am stärksten dürfte es sich auswirken, dass freiwilliges Engagement im Großbereich „Sport und Bewegung" in den neuen Ländern nur etwa zu zwei Dritteln des Prozentsatzes der alten Länder angegeben wird.

Abb. 1.5: Freiwilliges Engagement in verschiedenen Bereichen		
Engagementbereich	Alte Länder	Neue Länder
Sport und Bewegung	12%	8%
Schule und Kindergarten	6%	6%
Freizeit und Geselligkeit	6%	5%
Kirche und Religion	6%	2%
Kultur und Musik	5%	3%
Soziales	4%	3%
Politik und Interessenvertretung	3%	3%
berufliche Interessenvertretung	2%	2%
Rettungsdienste/Freiwillige Feuerwehr	2%	3%
Umwelt-, Natur- und Tierschutz	2%	2%
Jugend und Bildung	2%	1%
Gesundheit	1%	1%
Justiz und Kriminalitätsprobleme	1%	0,5%
sonstige bürgerschaftliche Aktivität	1%	1%
mindestens eine Tätigkeit angegeben	**35%**	**28%**
Quelle: Freiwilligensurvey 1999; Mehrfachnennungen, keine Addition zu 100%		

Das in den neuen Ländern stark zurückbleibende kirchliche und religiöse Engagement findet seine Erklärung in der *Entkirchlichung* und *Säkularisierung* der neuen Länder. Diese stellen eine Erbschaft der DDR-Geschichte dar und haben außerdem ältere Wurzeln in der dominant protestantischen und staatskirchlichen Tradition Norddeutschlands und Skandinaviens. Drei Vierteln konfessionsloser neuer Bundesbürger stehen nur etwa ein Fünftel Konfessionslose in den alten Ländern gegenüber.

Abb. 1.6: „Aktivität" in Engagementbereichen

	Alte Länder	Neue Länder
Sport und Bewegung	39%	25%
Schule und Kindergarten	11%	10%
Freizeit und Geselligkeit	27%	19%
Kirche und Religion	11%	5%
Kultur und Musik	17%	10%
Soziales	12%	6%
Politik und Interessenvertretung	7%	5%
berufliche Interessenvertretung	9%	7%
Rettungsdienste/Freiwillige Feuerwehr	5%	4%
Umwelt-, Natur- und Tierschutz	9%	6%
Jugend und Bildung	6%	4%
Gesundheit	5%	3%
Justiz und Kriminalitätsprobleme	1%	1%
sonstige bürgerschaftliche Aktivität	5%	4%
mindestens ein Bereich	**68%**	**55%**

Quelle: Freiwilligensurvey 1999; Mehrfachnennungen, keine Addition zu 100%

Allerdings geben von den Konfessionellen in den alten Ländern zwei Drittel nur eine maximal mittlere Bindung an ihre Kirche an, davon wiederum ein Drittel nur ein geringe. Die Kirchenbindung des konfessionell gebundenen Viertels der neuen Bundesbürger, ist sogar deutlich höher als die der alten. Interessanterweise bleibt die „Aktivität" und das „Mitmachen" im kirchlich-religiösen Bereich in den neuen Ländern relativ gesehen nicht so deutlich hinter den alten zurück wie das freiwillige Engagement in diesem Bereich (vgl. Abb. 1.5).

Der Bereich „Sport und Bewegung" integriert im Sinne des aktiven Mitmachens immerhin fast 40% der ab 14-jährigen Bevölkerung der alten

Länder, in den neuen Ländern ein Viertel. "Freizeit und Geselligkeit" ist in dieser Hinsicht der zweitgrößte Bereich in den neuen und alten Ländern.

In der Bereichsübersicht des „aktiven Mitmachens" wiederholt sich das relative Zurückbleiben der neuen Länder gegenüber den alten in den meisten Bereichen. Im Großbereich „Sport und Bewegung" ist die relative Quote der neuen Länder bei der „Aktivität" mit 65% ähnlich hoch wie bezüglich des freiwilligen Engagements mit 68%. Eine größere Diskrepanz ergibt sich im zweiten Großbereich der „mitmachenden Aktivität" bei „Freizeit und Geselligkeit". Die Quote der neuen Länder beträgt bei der „Aktivität" 71% der alten Länder, aber 80% beim freiwilligen Engagement. Ähnlich ist es im Sozialbereich, die Aktivitätsquote beträgt hier 49% der alten Länder, die Engagementquote jedoch 60%. Im Bereich „Schule und Kindergarten" werden in den neuen Ländern sogar 95% bei der Aktivitätsquote und 93% im freiwilligen Engagement erreicht.

Trotz dieser Differenzierungen in einzelnen Bereichen muss festgehalten werden, dass wir sowohl bezüglich der Gesamtquoten der „Aktivität" und des „freiwilligen Engagements" als auch der Einzelbereiche ein relatives Zurückbleiben der neuen Länder um etwa 20 Prozentpunkte hinter den alten Ländern zu konstatieren haben. Da wir in den neuen und alten Ländern mit dem Modus der „Aktivität" ein sehr breites Spektrum außerberuflicher und außerfamiliärer Betätigung und Beteiligung erfasst haben, kann ausgeschlossen werden, dass unsere Instrumente eine etwaige für die neuen Länder typische „informelle", nicht in das „anspruchsvolle" Raster des „Ehrenamtes" bzw. des „freiwilligen Engagements" passende Aktivitätskultur unterbelichtet haben.

Geht man noch einen Schritt hinter den sozialen Integrations-Modus der „Aktivität" in Vereinen, Gruppen und Initiativen zurück und untersucht die „informelle" Integration in die Verwandtschaft, die Nachbarschaft und in Freundes- und Bekanntenkreise, dann erhält man eher geringe Unterschiede zwischen neuen und alten Ländern. 88% der Befragten können in den alten und neuen Ländern auf Unterstützungsleistungen dieser Personenkreise zurückgreifen und 74% bzw. 73% geben an, selbst solche Unterstützung regelmäßig oder gelegentlich zu geben (etwa bei Besorgungen, kleineren Arbeiten oder der Betreuung von Kindern und Kranken). Allerdings konzentrieren sich solche informellen „Unterstützungsnetzwerke" in den neuen Ländern etwas stärker auf die Verwandtschaft, während sie in den alten Ländern vergleichsweise stärker die Nachbarschaft und vor allem den Freundes- und Bekanntenkreis in sich aufnehmen.

Als Ergebnis des Freiwilligensurveys muss also festgehalten werden, dass Menschen in den neuen Ländern im Moment sowohl was das „Mitmachen" in Vereinen, Initiativen, Projekten und Selbsthilfegruppen als auch was die freiwillige Übernahme von „Aufgaben" und „Arbeiten" betrifft, zurückhaltender als Menschen in den alten Ländern sind. Dieser Befund findet eine gewisse Parallele darin, inwieweit sich neue und alte Bundesbürger im Moment für öffentliche Belange interessieren. Das Interesse für Politik und öffentliches Leben ist in den alten Ländern deutlich höher ausgeprägt als in den neuen. In den alten Ländern bekundet mit 46% eine etwas größere Gruppe „starkes" politischöffentliches Interesse als „mittleres" (44%, Rest mit „wenig Interesse"). In den neuen Ländern ist dagegen die Gruppe mit nur „mittlerem" Interesse mit 48% deutlich die größere und diejenige mit „starkem" Interesse die deutlich kleinere mit 36%. Allerdings ist zu berücksichtigen, dass die Frage des politisch-öffentlichen Interesses nur *einen* (wenn auch nicht unwichtigen) Erklärungsfaktor für die Neigung darstellt, aktiv außerhalb von Beruf und Familie irgendwo „mitzumachen" bzw. sich freiwillig zu engagieren. Es ist zum Beispiel darauf hinzuweisen, dass sich laut der Allensbacher AWA 1998 Menschen aus den neuen und alten Ländern ähnlich stark für „lokale Ereignisse" und das „Geschehen am Ort" interessieren (88% ABL, 87% NBL, davon jeweils 43% bzw. 42% „ganz besonders"). Allerdings besuchen mit 52% mehr Menschen aus den alten Ländern „regelmäßig" bzw. „ab und zu" „Vereinsveranstaltungen" gegenüber 40% in den neuen Ländern. Bei Parteiveranstaltungen ist das Verhältnis 14% zu 9%.[2]

Bezüglich des Besuchs von Vereinsveranstaltungen ist eine Quote in den neuen Ländern zu beobachten, die mit etwa 23% ähnlich wie bei den bisher diskutierten beiden Beteiligungsquoten des Freiwilligensurveys („Aktivität/Mitmachen" und „freiwilliges Engagement") hinter den alten Ländern zurückbleibt.

Wir legen bei der Erklärung der Unterschiede zwischen den neuen und alten Ländern die Leithypothese zugrunde, dass in den neuen Ländern jene längerfristig gewachsene Vereinsstruktur und Vereinskultur, die in den alten Ländern blüht, noch nicht entsprechend entwickelt ist. In der DDR gab es diese Kultur in geringerem Maße, da zum einen ein größerer Teil der nichtfamiliären und nicht direkt beruflichen Aktivitäten an

---

[2] Vgl. AWA 1998: Allensbacher Marktanalyse, Werbeträgeranalyse, Berichtsband 1: Marktstrukturen, Allensbach 1998, S.19 und S.78.

die Betriebe und Institutionen (z.B. Schulen) gebunden war. Diese Struktur hat sich mit der Wende aufgelöst und eine für DDR-Verhältnisse eher neuartige lokale Vereinskultur hatte erst zehn Jahre Zeit sich zu entwickeln. Das gilt natürlich in noch stärkerem Maße für die stärker politisch ausgerichteten Organisationen und Strukturen.

Allerdings muß unbedingt eine zweite Hypothese ergänzt werden. Vermutlich wird die „Infrastruktur" des Freiwilligenbereichs in den neuen Ländern sich nur teilweise an das westdeutsche Vorbild „angleichen". Auch dort expandiert eher das weniger gebundene, „informelle" und „spontane" Engagement als jenes in den herkömmlichen Vereins- und Organisationsstrukturen. Insofern könnten die neuen Länder (abgesehen von ihrer geringeren Beteiligungsquote) den alten Ländern „strukturell" schon ein Stück „voraus" sein.

1.3 Ehemaliges freiwilliges Engagement

Umfang und Bereiche
Der Freiwilligensurvey 1999 (im Unterschied zum Speyerer Survey 97) erlaubt es, nicht nur das aktuelle freiwillige Engagement im Vergleich zwischen den neuen und alten Ländern darzustellen, sondern auch das *ehemalige* freiwillige Engagement der Befragten. Dieser Punkt ist für den Vergleich zwischen den neuen und alten Ländern besonders wertvoll, weil somit rückblickend die Situation des freiwilligen Engagements in der DDR und aktuell die Folgen der sozialen Transformation der neuen Länder in den Blick genommen werden können.

Die Abb. 1.7 bis 1.9 zeigen eine aus anderen Variablen konstruierte Größe, die es erlaubt, drei Gruppen von Befragten zu unterscheiden; zum einen diejenigen, die aktuell zum Zeitpunkt der Befragung freiwillig engagiert waren, zum zweiten diejenigen, die ehemals freiwillig engagiert waren und schließlich diejenigen, die weder zum Zeitpunkt der Befragung noch davor freiwillig engagiert waren. Da außerdem die Altersvariable wegen der unterschiedlichen Rolle der Zugehörigkeit zu Generationen gerade bezüglich der DDR und der BRD ganz besonders von Interesse ist, werden die Ergebnisse in den Abb. 1.7 und 1.8 detailliert ausgewiesen.

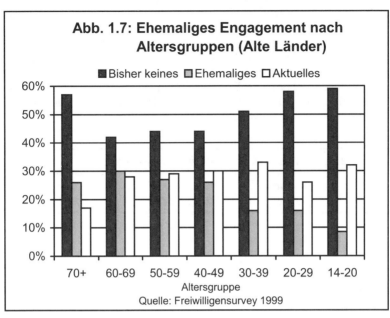

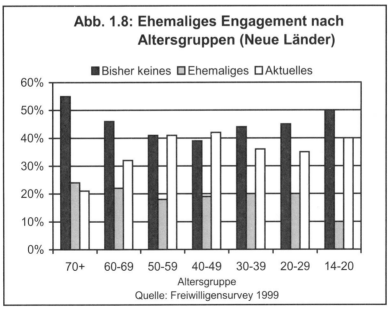

Die Gesamtwerte für die alten und neuen Länder zeigen, dass die neuen Bundesbürger etwas erhöhte Werte für ihr ehemaliges freiwilliges Engagement angeben. Das hat zur Folge, dass der neu zu bestimmende „Einbeziehungsgrad" von Menschen in den neuen und den alten Ländern in den Bereich des freiwilligen Engagements nunmehr nicht mehr so ungünstig für die neuen Länder ausfällt. Das gilt zumindest, wenn man das *ehemalige* Engagement darin berücksichtigt: nunmehr halbiert sich der „Rückstand" der neuen Länder bezüglich des freiwilligen Engagements auf etwa 9%.

Abb. 1.9: Aktuelles und ehemaliges Engagement

	Aktuell Engagierte		Ehemals Engagierte		Bisher nicht Engagierte	
	Alte Länder	Neue Länder	Alte Länder	Neue Länder	Alte Länder	Neue Länder
Gesamt	35%	28%	20%	22%	45%	50%
bis 19 Jahre	40%	32%	9%	9%	51%	59%
20-29 Jahre	35%	26%	20%	16%	45%	58%
30-39 Jahre	36%	33%	20%	16%	44%	51%
40-49 Jahre	42%	30%	19%	26%	39%	44%
50-59 Jahre	41%	29%	18%	27%	41%	44%
60-69 Jahre	32%	28%	22%	30%	46%	42%
70 Jahre +	21%	17%	24%	26%	55%	57%

Quelle: Freiwilligensurvey 1999; Werte in den Zeilen addieren sich jeweils waagerecht für alte bzw. neue Länder zu 100%

Es muss sogar gefragt werden, ob die rückwirkende Frage nach dem Engagement mit ihrem Fokus auf das freiwillige Engagement in „Vereinen, Initiativen, Projekten oder Selbsthilfegruppen" nicht zu einer Untererfassung freiwilligen Engagements in der DDR geführt hat, da die Fragestellung stark an eine bundesdeutsche Engagementkultur, mit deren, wenn man so will, „subsidiär-unabhängigen" Charakteristik angelehnt ist und weniger Bezüge zur eher von politisch geprägten Großorganisationen geprägten Engagementkultur der DDR hat.

Dennoch hat die Frage nach dem ehemaligen Engagement dazu geführt, dass die staats- bzw. kulturtragenden Generationen der DDR intensives ehemaliges freiwilliges Engagement berichten. Der Schwerpunkt und vor allen Dingen auch der Kontrast zwischen den neuen und alten Ländern liegt bei den Altersgruppen der 40- bis 69-Jährigen, besonders der 50- bis 69-Jährigen, die mehr als acht Prozentpunkte mehr ehemaliges Engagement angeben als ihre Pendants in den alten Ländern. Die 60- bis 69-Jährigen erreichen als einzige Altersgruppe der neuen Länder eine insgesamt deutlich höhere Einbeziehungsquote in den Freiwilligenbereich (aktuell und ehemals) als ihr Gegenstück in den alten Ländern (sogar vier Prozentpunkte). Bis zur Altersgruppe der 40- bis 49-Jährigen liegen diese Quoten im Vergleich zwischen den neuen und alten Ländern der Altersgruppen durchschnittlich auseinander, während die Differenzen bei den jüngeren Altersgruppen ansteigen. Einen besonders starken Kontrast setzt die Gruppe der 20- bis 29-Jährigen, indem hier die jungen Leute in den neuen Ländern um 13 Prozentpunkte hinter den jungen Leuten in den alten Ländern zurückbleiben, was (relativ gesehen) etwas stärker auf weniger vorhandenes ehemaliges freiwilliges Engagement zurück geht als auf fehlendes aktuelles.

Der Freiwilligensurvey 1999 erfasste "zusätzlich auch die Bereichsstruktur des ehemaligen freiwilligen Engagements, die uns Abb. 1.10 im Vergleich zwischen den neuen und alten Ländern darstellt. Größter Bereich ehemaligen freiwilligen Engagements ist wie beim aktuellen Engagement in den neuen und alten Ländern der Sport, wobei nunmehr beiderseits ähnliche Quoten erreicht werden. Der kirchliche bzw. religiöse Bereich ist erwartungsgemäß auch im Rückblick der Befragten in den alten Ländern deutlich stärker besetzt als in den neuen.

In einer Reihe von Bereichen werden in den neuen Ländern höhere Engagementquoten erreicht, vor allem in den Bereichen „Schule und Kindergarten", „Politik und Interessenvertretung", „berufliche Interessenvertretung", jedoch auch „Freizeit und Geselligkeit" sowie „Kultur und Musik". Man geht wohl nicht fehl, dass damit trotz eventueller Untererfassung DDR-typischen Engagements Charakteristika des ehemaligen freiwilligen Engagements in der DDR noch durchschimmern, wie etwa die erhöhte Bedeutung von Politik und Beruf. Dazu erscheint in der Kategorie „Schule und Kindergarten" der Reflex der höheren Kinderzahlen und der erhöhten Kindergartenbetreuung in der DDR.

Abb. 1.10: Ehemaliges Engagement in Engagementbereichen		
Ehemaliger Engagementbereich	Alte Länder	Neue Länder
Sport und Bewegung	10%	9%
Schule und Kindergarten	2%	3%
Freizeit und Geselligkeit	2%	2%
Kirche und Religion	2%	0%
Kultur und Musik	2%	3%
Soziales	2%	2%
Politik und Interessenvertretung	1%	3%
berufliche Interessenvertretung	1%	2%
Rettungsdienste/Freiwillige Feuerwehr	1%	1%
Umwelt-, Natur- und Tierschutz	0,5%	0,5%
Jugend und Bildung	1%	1%
Gesundheit	1%	1%
Justiz und Kriminalitätsprobleme	0%	0%
sonstige bürgerschaftliche Aktivität	0%	0,5%
Insgesamt ehemals engagiert	**20%**	**22%**
Quelle: Freiwilligensurvey 1999; Mehrfachnennungen, keine Addition zu 100%		

Gründe für die Beendigung des freiwilligen Engagements
Eine weitere im Freiwilligensurvey gestellte Frage ist ebenfalls für den Vergleich zwischen den neuen und alten Ländern von besonderem Interesse und zwar, wie viele Jahre der Zeitpunkt zurückliegt, als das entsprechende freiwillige Engagement beendet wurde. Die Ergebnisse streuen mit einer Standardabweichung von 9,8 weit über die Jahresskala. Durchschnittlich wurde das Engagement in den neuen und alten Ländern vor etwa ähnlich vielen Jahren beendet (alte Länder: 11,6 Jahre, neue Länder: 11,3 Jahre) wobei die Durchschnittswerte durch die hohe Streuung ziemlich wenig Aussagekraft haben. Allerdings ist diese

Streuung in den neuen Ländern mit 7,8 deutlich niedriger als in den alten mit 10,3.

Die Ursache der geringeren Streuung der Angaben in den neuen Ländern liegt zunächst in der auffälligen Tatsache, dass im Freiwilligensurvey von 1999 in den neuen Ländern viel öfter ein Beendigungs-Zeitpunkt von „vor 10 Jahren" angegeben wurde (alte Länder: 15%, neue Länder: 27%). Mehr als ein Viertel des ehemaligen Engagements in den neuen Ländern wurde also 1989 im Jahr des Zusammenbruchs der DDR-Regimes und der Maueröffnung beendet. Rechnet man noch das kriselnde Jahr 1988 und das letzte Jahr der DDR 1990 dazu, dann wurden in diesen drei Jahren 36% des ehemaligen freiwilligen Engagements beendet, gegenüber nur 18% in der Bundesrepublik, also genau doppelt so viele.

Man erkennt in den neuen Ländern die Besonderheit eines „schicksalhaft" in die Lebensgestaltung und Lebensplanung vieler Menschen eingreifenden Großereignisses, des Zusammenbruchs der DDR und der anschließenden sozialen Transformation der nunmehr „neuen Länder". Demgegenüber geben die Ergebnisse aus den alten Ländern bereits auf der Zeitachse eher Hinweise auf lebensverlaufstypische Gründe der Beendigung des freiwilligen Engagements. Die größten Kontraste zeigen sich zwischen den eigentlichen DDR- und BRD-Generationen. Von den 1999 50- bis 59-Jährigen neuen Bundesbürgern haben z.B. 36% allein 1989 (als sie 40 bis 49 Jahre alt waren) ihr freiwilliges Engagement beendet, gegenüber 20% der entsprechenden Gruppe in den alten Ländern. Rechnet man für diese Altersgruppe die Jahre 1988 bis 1990 zusammen, dann steigt die Beendigungsquote in den neuen Ländern sogar auf 50%, die in den alten Ländern erhöht sich lediglich auf 21%! Man muss wohl von der Gruppe der 50- bis 59-Jährigen aus den neuen Ländern annehmen, dass hier zwei wesentliche Faktoren am Werke waren, nämlich sowohl der *politisch-ideologische* als auch der *wirtschaftliche* Umbruch. Letzterer zwang gerade diese Altersgruppe besonders zur beruflichen Bewährung und Neuorientierung, zum anderen brachte er für viele aufgrund des Arbeitsplatz- und beruflichen Statusverlustes wirtschaftliche und soziale Abstiege mit sich.

Der Freiwilligensurvey erkundigte sich in der Folge auch nach den Gründen, warum freiwillig Engagierte ihr Engagement beendet haben. Hier lässt sich nun auch genauer die Besonderheit des Umbruchs in der DDR und den neuen Länder bezüglich des freiwilligen Engagements erkennen (vgl. Abb. 1.11). Der obere Teil der Abbildung zeigt, dass in den alten Ländern typische Ereignisse des Lebensverlauf bedeutsamer für die Beendigung der freiwilligen Tätigkeit waren als in den neuen Ländern, seien es berufliche oder familiäre Gründe oder die Frage der regionalen Mobilität. Für knapp 30% derjenigen, die in den neuen Ländern ihr Engagement beendet haben, spielten diese Gründe sowie gesundheitliche Fragen und die von vornherein geplante zeitliche Begrenzung der Tätigkeit keine Rolle. Andere Gründe ergaben sich in den neuen Ländern vielmehr daraus, dass Organisationen und Gruppen aufgelöst wurden bzw. keine Finanzierung mehr gegeben war.

Abb. 1.11: Gründe für die Beendigung des Engagements

	Alte Länder	Neue Länder	DDR 1989
Allgemeine Gründe			
- berufliche Gründe	34%	28%	23%
- familiäre Gründe	21%	16%	18%
- Umzug	18%	12%	9%
- gesundheitliche Gründe	17%	16%	17%
- zeitliche Begrenzung von vornherein	12%	13%	12%
- nichts davon	**17%**	**29%**	**36%**
Gründe in der Tätigkeit			
- Zeitaufwand zu groß	38%	32%	29%
- nicht genug Leute zum Weitermachen	20%	21%	23%
- Vorstellungen nicht zu verwirklichen	15%	16%	18%
- fühlte mich überfordert	11%	10%	12%
- Spannungen mit Hauptamtlichen	13%	12%	11%
- Spannungen in der Gruppe	9%	6%	2%
- fühlte mich ausgenutzt	8%	4%	6%
- keine Finanzierung mehr	3%	12%	20%
- finanzieller Aufwand zu groß	4%	5%	4%
- Auflösung der Gruppe/Organisation	**10%**	**32%**	**51%**

Quelle: Freiwilligensurvey 1999; Mehrfachnennungen, keine Addition zu 100%. DDR 1989: 1989 in der DDR beendetes freiwilliges Engagement

Betrachtet man nur das 1989 beendete Engagement, dann spielte es damals sogar zu 51% (Alte Länder: 10%) eine Rolle, dass Organisationen und Gruppen aufgelöst wurden, Finanzierungsprobleme gab es zu 20% (Alte Länder: 5%). Man erkennt in diesen Angaben noch einmal mit aller Deutlichkeit den Reflex des Zusammenbruchs eines größeren Teils der Infrastruktur freiwilligen Engagements in der untergehenden DDR.

Der Auflösungswelle der früheren DDR-Organisationen ist nur teilweise eine "Reorganisation" der neuen Bundesbürger gefolgt. Hatten laut dem Datenreport 1999 die alten Länder eine "Organisationsquote" von 58% (1998), so betrug diese in den neuen Ländern nur 38% der Bevölkerung. D.h. in den neuen Ländern waren danach deutlich weniger Menschen Mitglieder in Vereinen, Gewerkschaften, Parteien, Bürgerinitiativen und anderen Organisationen. Allein in kirchlichen Vereinen, Musik- und Gesangsvereinen und Sportvereinen waren das insgesamt 44% der alten Bundesbürger, von den neuen Bundesbürgern jedoch nur 17% (vgl. Datenreport 1999. S.535). Im Unterschied dazu und unter Berücksichtigung von Besonderheiten der neuen Länder kommt allerdings Priller zu einer deutlich höheren und seit 1997 steigenden Organisationsquote von 49%. Es fehlt jedoch wegen des Designs der zitierten Untersuchungen ein entsprechender Referenzwert für die alten Länder aufgrund einer gleichen Erhebungsmethode.[3]

Analysiert man die Bereichsstruktur des 1989 beendeten freiwilligen Engagements, dann nehmen in den neuen Ländern die Bereiche „Politik", „Beruf" sowie „Schule und Kindergarten" einen weit größeren Umfang ein als in den alten Ländern, begleitet von den Bereichen „Kultur und Musik", „Soziales" und „Gesundheit". Sportliches Engagement wurde weit weniger als in den alten Ländern beendet, kirchlich-religiöses im Kontrast zu den alten Ländern überhaupt nicht.

Insgesamt wird das beendete Engagement in der gesamten Gruppe der ehemals freiwillig Engagierten in den neuen und alten Ländern zu über 90% als „positiv" bewertet (37% „sehr positiv"), das 1989 in der DDR beendete sogar zu 96% (davon 40% als „sehr positiv", alte Länder: 32%). Generell gilt: Wer früher einmal freiwillig engagiert war, ist auch in erhöhtem Maße bereit, sich eventuell wieder freiwillig zu engagieren. Allerdings ist dieser Zusammenhang in den alten Ländern bestimmter ausgeprägt als in den neuen Ländern, so dass das Engagement-Potenzial der „Ehemaligen" in den neuen Ländern schwerer zu erschließen ist als in den alten Ländern, insbesondere in den älteren Jahrgängen. Hier spielt mit Sicherheit wieder der soziale Umbruch in den neuen Ländern eine wichtige Rolle.

---

[3] Vgl. Priller 1999: Demokratieentwicklung und gesellschaftliche Mitwirkung in Ostdeutschland. Kontinuitäten und Veränderungen, Berlin 2000, S.30.

2 Erklärung des freiwilligen Engagements in den neuen Ländern

Im Folgenden wollen wir uns in einem ersten Schritt mit demographischen, strukturellen, lokalen und kulturellen Unterschieden innerhalb der Bevölkerungen in den neuen und alten Ländern beschäftigen. Inwieweit unterscheiden sich die neuen und alten Länder in dieser Hinsicht voneinander? Inwieweit erklären diese Unterschiede im Allgemeinen die Neigung zum freiwilligen Engagement und zum anderen die dabei auftretenden Unterschiede zwischen neuen und alten Ländern? In einem weiteren Schritt werden wir die verschiedenen untersuchten Größen in einem integrierten Modell miteinander in Beziehung setzen, um herauszufinden, welche letztlich die wichtigsten dafür sind, dass sich Menschen freiwillig engagieren. Wir wollen damit auch die Frage beantworten, welchen Rang dabei die Variable „Wohnsitz in den alten bzw. neuen Ländern" im Zusammenspiel mit anderen Variablen einnimmt wie Bildungsabschluss, wirtschaftliche Lage, Haushaltsgröße der Befragten etc.

2.1 Geschlecht, Alter, Haushaltsgröße

Zunächst untersuchen wir die elementaren demographischen Strukturmerkmale „Geschlecht" und „Alter", die in der „Verteilung" (vgl. Abb. 2.1, Spalte 2) zwischen den neuen und alten Ländern nur geringfügig abweichen. Im Schnitt ist die Stichprobe aus den neuen Ländern etwas jünger als die der alten Länder. Es fällt im *Geschlechtervergleich* auf, dass Frauen weniger freiwillig engagiert sind als Männer.[4] Um Unterschiede besser bewerten zu können, ist zu berücksichtigen, dass es unter den Frauen der neuen Länder viel weniger Hausfrauen (20% in den alten Ländern gegenüber 5% in den neuen) und wesentlich mehr Arbeitslose gibt (2% in den alten Ländern gegenüber 10% in den neuen).

In unserem Zusammenhang ist es von Interesse, dass der Geschlechtsunterschied bezüglich des freiwilligen Engagements in den neuen und alten Ländern in ähnlicher Weise erkennbar wird, in den neuen Ländern allerdings stärker als in den alten. Theoretisch könnte die Engagementquote in den neuen Ländern höher sein, wenn sich die

---

[4] Vgl. Ziorau, Johanna: Freiwilligenarbeit, ehrenamtliche Tätigkeit und bürgerschaftliches Engagement bei Männern und Frauen, Teil 1, Band 3

Geschlechter in dieser Frage ähnlich wie in den alten Ländern unterscheiden würden. Allerdings würde die Quote auch dann noch deutlich hinter den alten Ländern zurückbleiben, weil sich auch Männer aus den neuen Ländern weniger engagieren als Männer aus den alten Ländern (-6 Prozentpunkte).

Abb. 2.1: Geschlecht, Alter, Haushaltsgröße und Engagement

	Merkmals-Verteilung		Alte Länder	Neue Länder	Differenz
			Engagierte	Engagierte	Engagierte
	Alte Länder	Neue Länder	35%	28%	-7%
Geschlecht	100%	100%			
- Männer	48%	48%	40%	34%	-6%
- Frauen	52%	52%	32%	23%	-9%
Altersgruppen	100%	100%			
- 14-19 Jahre	7%	9%	40%	32%	-8%
- 20-29 Jahre	15%	14%	35%	26%	-9%
- 30-39 Jahre	21%	19%	36%	32%	-4%
- 40-49 Jahre	16%	17%	42%	30%	-12%
- 50-59 Jahre	15%	15%	41%	29%	-12%
- 60-69 Jahre	13%	14%	32%	28%	-4%
- 70 Jahre +	13%	12%	21%	17%	-4%
Haushaltsgröße	100%	100%			
- 1 Person	18%	14%	27%	20%	-7%
- 2 Personen	32%	32%	31%	24%	-7%
- 3 Personen	18%	23%	35%	28%	-7%
- 4 Personen	20%	21%	43%	34%	-9%
- 5 Personen und mehr	12%	10%	48%	40%	-8%

Quelle: Freiwilligensurvey 1999, jeweils senkrechte Addition zu 100% in Spalte 2 („Verteilung")

Im Vergleich der *Altersgruppen* fallen die großen Unterschiede zwischen den 40- bis 59-jährigen in den neuen und alten Ländern besonders ins Auge. Diese Unterschiede wirken sich deutlich senkend auf die Durchschnittswerte des freiwilligen Engagements in den neuen Ländern insgesamt aus, weil beide Gruppen zusammen mit 32% fast ein Drittel der Stichprobe ausmachen. Wenn diese Gruppen sich bezüglich des freiwilligen Engagements ähnlich wie in den alten Ländern verhalten würden, könnte die Quote des freiwilligen Engagements also günstiger ausfallen. Überdurchschnittliche Unterschiede gibt es jedoch auch zwischen den jüngeren Befragten zwischen 20 und 29 Jahren.

Für die Gruppe der 50 bis 59Jährigen in den neuen Ländern ist zu berücksichtigen, dass hier eine viermal so hohe Arbeitslosenquote wie bei den Altersgenossen in den alten Ländern vorhanden ist (alte Länder: 5%, neue Länder: 21%). Man kann sagen, dass diese Gruppe eine ganz besondere Last der sozialen Transformation der neuen Länder trägt, eine Last, die sie weder zu besonders hohem freiwilligen Engagement und auch nicht zu einem gesteigerten „aktiven Mitmachen" in Vereinen, Gruppen etc. motiviert.

In der nächst jüngeren Gruppe der 40- bis 49-Jährigen scheint die Konzentration auf den Beruf und auf die Bemühung, dem Schicksal der Arbeitslosigkeit zu entgehen, im Moment ebenfalls die Energien vom freiwilligen Engagement abzuziehen. Unabhängig von diesen situativen Überlegungen zur besonderen Belastung bestimmter Altersgruppen durch die soziale Transformation bleibt natürlich der zusätzliche Faktor einer unterentwickelten Infrastruktur des Vereinslebens der neuen Länder zu berücksichtigen, der sich mehr oder weniger auf alle Altersgruppen auswirken dürfte.

Mit der *Haushaltsgröße* begegnet uns zum ersten Mal ein Merkmal, das sowohl in den alten und neuen Ländern einen fast „linear" positiven Einfluss auf die Engagementquote ausübt. Zwischen den Ein-Personen-Haushalten und den Haushalten mit 5 Personen (und mehr) liegt in den alten Ländern eine Differenz der Engagementquote von 21 Prozentpunkten und in den neuen Ländern von 20 Prozentpunkten. Diese hohen Quoten freiwilligen Engagements größerer Haushalte drücken sowohl eine höhere Engagementintensität junger Leute aus, die bei den Eltern leben als auch überdurchschnittliches Engagement, das „vermittelt" über eben diese Jugendlichen bzw. vorhandene Kinder zustande kommt.

Der Vergleich zwischen den neuen und alten Ländern zeigt allerdings, dass in den neuen Ländern in allen Haushaltsgrößen das freiwillige Engagement zurückbleibt. Insbesondere gilt das für die größeren Haushalte ab vier Personen, also gerade dort, wo Engagement am wahrscheinlichsten ist. Spekuliert werden kann darüber, ob Ursachen dafür die geringe Hausfrauenquote und die größere Konzentration der Frauen in den neuen Ländern auf den Beruf ist.

2.2 Sozioökonomische Effekte

Abb. 2.2 weist in einem zweiten Schritt sozioökonomische Charakteristika im Vergleich zwischen den neuen und alten Ländern aus. In der „Verteilungs"-Spalte der Merkmale fallen deutliche Unterschiede auf. Da ist zunächst die mehr als dreifache *Arbeitslosigkeit* in den neuen Ländern und der mehr als drei mal so hohe Anteil von *Hausfrauen* (über beide Geschlechter gezählt) in den alten Ländern zu erwähnen, die wir bereits geschlechts- und altersspezifisch untersucht hatten. Zweitens ist in den neuen Ländern ein geringerer Teil der Erwerbstätigen im privaten Wirtschaftssektor beschäftigt als in den alten Ländern, offensichtlich ein Reflex des früheren Wirtschaftssystems und der immer noch in erhöhtem Maße staatlich gestützten Transformation.

Drittens schätzen die Haushalte aus den alten Ländern ihre wirtschaftliche Lage deutlich besser ein als die der neuen Länder, was im Freiwilligensurvey seine Parallele im höheren Haushaltseinkommen findet. Neben der hohen Arbeitslosigkeit und der höheren öffentlichen Beschäftigung haben wir hier ein weiteres Kennzeichen der Transformation vor uns. Diese begann in den neuen Ländern auf einem deutlich geringeren Wohlstandsniveau. Die darauf folgende „Aufholjagd" bei den Einkommen hat sich seit einigen Jahren bereits stark verlangsamt.

Betrachten wir zunächst den Erwerbsstatus, dann erkennen wir die bereits vermutete Tatsache, dass das Schicksal der Arbeitslosigkeit, welches mit Einkommens- und Statusverlusten sowie mit psychologisch negativen Erlebnissen und Gefühlen einhergeht, nicht gerade die Neigung verstärkt, sich freiwillig zu engagieren. Nur 24% der Arbeitslosen aus den alten Ländern und 22% in den neuen Ländern engagieren sich freiwillig. Dabei muss auffallen, dass die prozentual viel größere Gruppe der Arbeitslosen in den neuen Ländern *relativ gesehen*, kaum hinter dem Engagement von Arbeitslosen in den alten Ländern zurückbleibt. Im Vergleich zum Durchschnitt der neuen Länder sind sie sogar engagierter als die Arbeitslosen in den alten Ländern in Relation zum dortigen Durchschnitt.

Abb. 2.2: Soziökonomische Merkmale und Engagement

	Merkmals-Verteilung		Alte Länder Engagierte	Neue Länder Engagierte	Differenz Engagierte
	Alte Länder	Neue Länder	35%	28%	-7%
Erwerbsstatus	100%	100%			
- erwerbstätig	50%	49%	39%	33%	-6%
- arbeitslos	3%	10%	24%	22%	-2%
- Schüler/Ausbildung	12%	12%	39%	30%	-9%
- Hausfrau	11%	3%	39%	20%	-19%
- Rentner/Pensionäre	24%	26%	26%	21%	-5%
Wirtschaftssektor	100%	100%			
- Privatwirtschaft	69%	65%	37%	31%	-6%
- Öffentlicher Dienst	27%	30%	45%	36%	-9%
- Gemeinnützig	4%	5%	43%	45%	+2%
Wirtschaftliche Lage	100%	100%			
- sehr gut/gut	44%	36%	39%	32%	-7%
- befriedigend	40%	43%	34%	26%	-8%
- weniger gut/schlecht	16%	21%	30%	25%	-5%

Quelle: Freiwilligensurvey 1999; jeweils senkrechte Addition zu 100% in Spalte 2 („Verteilung")

Extrem aus dem Rahmen der neuen Länder fällt die kleine Gruppe der *Hausfrauen*. Während diese Gruppe sich in den alten Ländern sogar überdurchschnittlich freiwillig engagiert, liegt sie in den neuen Ländern weit unter dem Durchschnitt. Die Gruppe ist mit durchschnittlich 45 Jahren in den alten Ländern auch deutlich älter als in den neuen Ländern (durchschnittlich 39 Jahre alt).

Betrachtet man die Werte für die *Schüler* bzw. die Menschen in *Ausbildung*, dann gewinnt man eine weitere Erklärung für die zurückbleibenden Engagement-Quoten in größeren Haushalten in den neuen Ländern, da sich dieser oft bei den Eltern lebende Personenkreis nur durchschnittlich, in den alten Ländern jedoch überdurchschnittlich engagiert. Man könnte somit die bisher gelegentlich angedeutete Hypothese von der stärkeren Konzentration auf den beruflichen Erfolg, die sich im Moment ungünstig auf die Ausübung freiwilligen Engagements in den neuen Ländern auswirkt, zu einer Ausbildungs- und Berufshypothese erweitern. Danach würden auch diejenigen, die sich in der Schule oder in der Ausbildung befinden, deswegen weniger engagiert sein als ihre Pendants in den alten Ländern, weil sie sich „einseitiger" auf den *Ausbildungserfolg* im Interesse des späteren *Berufserfolges* konzentrieren.

Einen Beleg für solche unterschiedlichen *Gewichtungen von Lebensbereichen* in den neuen und alten Ländern erkennt man anhand der Daten des Wohlfahrtsurveys von 1998.[5] Der Lebensbereich „Arbeit" wird in den neuen Ländern zu 70% als „sehr wichtig" angesehen, in den alten Ländern „nur" zu 50%. „Einkommen" ist in den neuen Ländern zu 69% „sehr wichtig" und „nur" zu 47% in den alten Ländern. „Erfolg im Beruf" beurteilen 43% der Menschen in den neuen Ländern gegenüber „nur" 30% in den alten als „sehr wichtig".

44% der *Frauen* in den neuen Ländern bewerten den Stellenwert des „Berufs" *höher* als den der „Freizeit", worin ihnen nur 26% der Frauen in den alten Ländern folgen. Diese sehen dagegen zu 37% „Freizeit" als wichtiger an als den „Beruf", was nur 18% der ostdeutschen Frauen ebenso sehen. Der Rest bewertet beide Lebensbereiche jeweils gleichgewichtig. Die deutliche Höherbewertung des Berufes gegenüber der Freizeit ist in den neuen Ländern in allen Altersgruppen zu erkennen.

Eine zweites Merkmal aus dem Bereich der Erwerbstätigkeit, die Beschäftigung im *öffentlichen Sektor*, sagt eine deutliche Steigerung des freiwilligen Engagements bei den Befragten vorher. Dieser Zusammenhang gilt sowohl in den neuen als auch in den alten Ländern. Allerdings herrscht in den neuen Ländern eine größere und fast lineare Steigerung in Richtung des gemeinnützigen Bereiches vor, so dass dort sogar eine höhere Engagementquote erreicht wird als in den alten Ländern, wo die höchste Quote im öffentlichen Dienst vorhanden ist.

Vor allem in den alten Ländern ist die *wirtschaftliche Lage* der Haushalte eine wichtige Variable, die die Neigung zum freiwilligen Engagement erklärt. Dieser sozioökonomische Effekt ist auch in den neuen Ländern zu erkennen, wenn auch schwächer ausgeprägt. Auch die am besten gestellte Gruppe in den neuen Ländern, die ihre wirtschaftliche Lage als „gut" bzw. „sehr gut" einstuft, liegt mit 32% freiwilligem Enga-

---

[5] Vgl. Datenreport 1999: Bundeszentrale für politische Bildung, Bonn 2000, S.444ff und S.493.

gement deutlich hinter der entsprechenden Gruppe in den alten Ländern (39%). In der am ungünstigsten gestellten Gruppe derjenigen, die ihre Lage als „weniger gut" bzw. als „schlecht" einstufen, sind Unterschiede zwischen den neuen und alten Ländern sogar geringer als bei den wirtschaftlich besser Gestellten.

2.3 Berufs- und Bildungsstruktur

Abb. 2.3 stellt einige strukturelle Größen im Vergleich zwischen den neuen und alten Ländern vor. Das ist zum einen die kategorisierte *Berufsgliederung* der aktuell und früher Erwerbstätigen und die Struktur der *Bildungsabschlüsse* in der Bevölkerung.

In den Strukturmerkmalen drücken sich auch Elemente der früheren Systemwirklichkeit der DDR und der BRD aus, die somit auch kulturelle und sozialisatorische Assoziationen enthalten. Die Bildungsabschlüsse der Bevölkerung in den mittleren und älteren Jahren wurden teils vor längerer Zeit in der DDR und BRD erworben. Die Rentner und Pensionäre haben ihre berufliche Tätigkeit oft schon seit längerem beendet. Daher drücken diese Merkmale nicht nur aktuelle Positionen und Chancen am Arbeitsmarkt aus, sondern auch Merkmale der Lebenserfahrung und des Lebenszuschnitts.

Einen größeren Unterschied zwischen den neuen und alten Ländern erzeugt die Berufsgliederung. Der Anteil der *Arbeiter* ist in den neuen Ländern um zehn Prozentpunkte höher ist als in den alten Ländern. Dem stehen vor allem höhere Anteile von *Beamten* in den alten Ländern gegenüber. Die erhöhten Arbeiteranteile gehen auf den stark produktionsorientierten und industriellen Zuschnitt der DDR-Wirtschaft zurück. Im Zuge der Transformation und der Anpassung an die Wirtschaftsstruktur der alten Länder kam es zu einem millionenfachen Abbau von Produktionsarbeitsplätzen in Industrie und Landwirtschaft, die abgesehen von hoher Arbeitslosigkeit auch zu hohen Verrentungsquoten von Arbeitern bzw. Arbeiterinnen führte.

Zum anderen brachte die Ausbreitung der Privatwirtschaft auch einen starken Anstieg der *Selbständigkeit* mit sich, die in der DDR eine viel geringere Bedeutung hatte. Die seit der Wiedervereinigung in den neuen Ländern zunehmende Verbeamtung hat allerdings noch kaum zu ähnlichen Beamtenanteilen wie in den alten Ländern geführt.

Abb. 2.3: Berufs- und Bildungsstruktur und Engagement

	Merkmals-Verteilung		Alte Länder	Neue Länder	Differenz
			Engagierte	Engagierte	Engagierte
	Alte Länder	Neue Länder	35%	28%	-7%
Berufliche Stellung	100%	100%			
- Arbeiter	20%	30%	28%	23%	-5%
- Angestellte	57%	56%	36%	29%	-7%
- Beamte	9%	3%	48%	38%	-10%
- Selbständige	9%	8%	40%	37%	-3%
- Sonstige	5%	4%	31%	30%	-1%
Arbeiter	100%	100%			
- Un- und Angelernte	46%	27%	22%	17%	-5%
- Facharbeiter	47%	61%	34%	24%	-10%
- Vorarbeiter, Meister etc.	7%	12%	36%	32%	-4%
Angestellte	100%	100%			
- einfache	22%	24%	28%	20%	-8%
- qualifizierte	51%	52%	36%	28%	-8.0%
- hochqualifizierte	27%	24%	41%	41%	0%
Bildungsabschluss	100%	100%			
- Volksschule /Hauptschule	32%	23%	26%	16%	-10%
- Realschule	31%	37%	39%	27%	-12%
- Fachhochschulreife	7%	10%	40%	36%	-4%
- Abitur	15%	12%	39%	32%	-7%
- Hochschule	12%	13%	44%	44%	0%
- noch Schüler	3%	4%	32%	32%	0%

Quelle: Freiwilligensurvey 1999; jeweils senkrechte Addition zu 100% in Spalte 2 („Verteilung")

Strukturell ist die Arbeiterschaft in den neuen Ländern mit einem Anteil von 61% viel mehr eine „Facharbeiterschaft" als diejenige in den alten Ländern (dortiger Un- und Angelerntenanteil: 46%). Das drückt sich auch in den erhöhten Anteilen von *Mittelschulabschlüssen* in der Bildungsstruktur aus, die vor allem für die Facharbeiter, aber auch Angestellte der mittleren und jüngeren Jahrgänge oft Vorstufe zur Lehrausbildung war. Die Facharbeiter und vor allem die Befragten mit einem Mittelschulabschluss pflegen eine besonders deutliche Abstinenz gegenüber dem freiwilligen Engagement.

Menschen in den neuen Ländern mit Hochschulabschluss sind genauso oft freiwillig engagiert wie Hochschulabsolventen in den alten Ländern. Besonders in den neuen Ländern, aber auch in den alten beeindruckt generell die Erklärungskraft der Variable „Bildungsabschluss", wenn es um das freiwillige Engagement geht. In den neuen Ländern trennen die Befragten mit Volks- bzw. Hauptschulabschluss und diejenigen mit Hochschulabschluss 28 Prozentpunkte, was das freiwillige Engagement betrifft, in den alten Ländern sind das noch 18 Prozentpunkte.

Das relative Zurückbleiben des freiwilligen Engagements in den neuen Ländern in der Gruppe „Schüler" bzw. „in Ausbildung", wie wir es beim Erwerbsstatus gesehen hatten, gilt nicht für die kleine Gruppe derjenigen, die „noch Schüler" sind. Diese Gruppe ist mit durchschnittlich 17 Jahren in den alten Ländern und 16 Jahren in den neuen Ländern viel jünger als die andere (alte Länder: 21 Jahre, neue Länder: 19 Jahre) und in den neuen Ländern sogar etwas stärker engagiert als in den alten Ländern.

Ebenso wie die Hierarchie der Bildungsabschlüsse, erweist sich auch die Hierarchie der Berufsposition *innerhalb* der Arbeiter- und der Angestelltenschaft als aussagekräftig, wenn es darum geht, ob sich Befragte freiwillig engagieren. Die „Arbeiterelite" der Vorarbeiter, Meister etc. hat in den alten Ländern mit 36% immerhin eine leicht überdurchschnittliche Engagementquote, in den neuen Ländern sogar eine deutlich überdurchschnittliche.

Unter den Angestellten erreichen bereits die höher qualifizierten durchschnittliche Beteiligungen am Engagement. Hochqualifizierte und leitende Angestellte haben in den neuen und alten Ländern eine nahezu identische, hohe Engagementquote von ca. 40%, eine interessante Korrespondenz zu den Befragten mit Hochschulabschlüssen, die mit etwa 44% noch etwas darüber liegen.

„Rekordverdächtige" Ergebnisse erzielen die gehobenen (55%) und höheren *Beamten* (51%), wobei wir hier nur die Daten der alte Länder zugrunde legen, wegen zu geringer Fallzahlen in den neuen Ländern. Auch die *Selbständigen* sind in den neuen Ländern (insbesondere dort) und in den alten Ländern überdurchschnittlich freiwillig engagiert. Diejenigen, die sechs und mehr Mitarbeiter beschäftigen, engagieren sich in den alten Ländern zu 46% freiwillig, in den neuen zu 43%.

Fassen wird die Analyse der „Strukturvariablen" des Berufs und der Bildung zusammen: In den neuen und alten Ländern sind deutliche *hierarchische Effekte* unübersehbar, sowohl bei der Bildung als auch der beruflichen Position. Diese hierarchischen Struktureffekte setzen die sozioökonomischen Befunde fort, nachdem Menschen in günstigeren Wohlfahrtspositionen auch stärker engagiert sind, wobei die deutliche Überschneidung der sozioökonomischen mit den Strukturmerkmalen für die Wohlfahrts- und Sozialstrukturforschung kein Geheimnis darstellt. Jenseits dieser sozioökonomischen und hierarchischen Effekte verbleiben in den neuen Ländern *Sondereffekte*, teils über alle Gruppen hinweg, teils in einzelnen Gruppen, die zumeist für eine Dämpfung der Engagementquoten sorgen.

2.4 Lokales Milieu und soziale Integration

Neben demographischen, sozioökonomischen und strukturellen Charakteristika kann die Neigung zum freiwilligen Engagement auch vom lokalen Umfeld und von dem Grad der sozialen Integration der Person abhängen. Dass es in dieser Hinsicht deutliche Unterschiede gibt, zeigt Abb. 2.4. Befragte in den neuen Ländern wohnen seltener als die in alten Ländern in Großstädten ab 500.000 Einwohner. Das betrifft sowohl die Kernregionen als auch die Ränder. 45% der Menschen aus den alten Ländern, aber nur 27% in den neuen wohnen in solchen Ballungsgebieten.

Die Bewohner der neuen Länder verteilen sich stärker auf mittlere Großstädte und Mittelstädte und sind öfter im ländlichen Bereich von Orten bis zu 4.999 Einwohnern zu Hause. In solchen Gemeinden wohnt immerhin ein Fünftel der Bevölkerung der neuen Länder gegenüber nur 10% der alten. Im kleinstädtischen Bereich von Orten mit 5.000 bis 49.999 Einwohner sind Menschen in den neuen und alten Ländern etwa zu ähnlichen Proportionen vertreten.

Menschen in den neuen Ländern sind bisher sesshafter gewesen als Menschen in den alten Ländern. 39% wohnen schon seit ihrer Geburt an ihrem Wohnort, das trifft nur auf 32% in den alten Ländern zu. Dennoch lebt man in den alten Ländern etwas lieber am Wohnort als die neuen.

Abb. 2.4: Lokales Milieu, soziale Integration und Engagement

	Merkmals-Verteilung		Alte Länder Engagierte	Neue Länder Engagierte	Differenz Engagierte
	Alte Länder	Neue Länder	35%	28%	-7%
Ortsgröße (BIK)	**100%**	**100%**			
- 500.000+ EW: Kern	35%	23%	32%	25%	-7%
- 500.000+ EW: Rand	10%	4%	37%	34%	-3%
- 100.000-499.000 EW: Kern	11%	16%	32%	27%	-5%
- 100.000-499.000 EW: Rand	6%	5%	39%	32%	-7%
- 50.000-99.999 EW	4%	9%	29%	27%	-2%
- 20.000-49.999 EW	9%	10%	38%	25%	-13%
- 5.000-19.999 EW	14%	12%	38%	29%	-9%
- 2.000-4.999 EW	6%	8%	43%	30%	-13%
- bis 1.999 EW	4%	13%	40%	33%	-7%
Wohnortzugehörigkeit	**100%**	**100%**			
- dort geboren	32%	39%	39%	29%	-10%
- zugezogen: vor mehr 10 Jahren	46%	44%	34%	27%	-7%
- zugezogen: vor weniger als 10 Jahren	22%	17%	31%	28%	-3%
Im Ort lebt Befragter	**100%**	**100%**			
- sehr gern	57%	52%	38%	31%	-7%
- gern	38%	42%	32%	26%	-6%
- nicht so gern	5%	6%	28%	22%	-6%
Freundes-/Bekanntenkreis	**100%**	**100%**			
- sehr groß	29%	29%	46%	38%	-8%
- mittel	44%	44%	36%	28%	-8%
- eher klein	27%	27%	23%	18%	-5%

Quelle: Freiwilligensurvey 1999; senkrechte Addition zu 100% in Spalte 2 („Verteilung")

Die soziale Integration in Freundes- und Bekanntenkreise ist beiderseits allerdings genauso ausgeprägt.

Die Beteiligung am freiwilligen Engagement in den neuen Ländern kann allerdings von der dortigen kleinräumigeren Siedlungsstruktur und von der höheren Sesshaftigkeit nur wenig profitieren. Gerade die „Eingeborenen" in den neuen Ländern bleiben mit ihrem freiwilligen Engagement besonders deutlich hinter ihren Pendants in den alten Ländern zurück. Bemerkenswert ist dabei, dass die Ortsansässigkeit in den neuen Ländern keinerlei Einfluss auf die Neigung zum freiwilligen Engagement ausübt, während in den alten Ländern die Alteingesessenen besonders rührig sind und die „frisch" Zugezogenen weniger.

Immerhin werden auch in den neuen Ländern im ländlichen Bereich von Gemeinden bis zu 4.999 Einwohnern überdurchschnittliche Quoten des freiwilligen Engagements erreicht, die allerdings insgesamt nicht so stark nach oben hin vom Durchschnitt abweichen wie in den alten Ländern. Dort wird mit 43% freiwilligem Engagement der Spitzenwert bei Gemeinden zwischen 2.000 bis 4.999 Einwohnern erreicht, in den neuen Ländern mit 34% in der Kategorie „Ränder von Orten ab 500.000 Einwohnern".

Deutlich ist die Beziehung der „Größe des Freundes- bzw. Bekanntenkreises" zur Intensität des freiwilligen Engagements. In den alten Ländern trennen diejenigen 29% der Befragten, die einen „sehr großen" Freundes- und Bekanntenkreis angeben 23 Prozentpunkte von denjenigen 27%, die einen eher kleinen Freundes- und Bekanntenkreis angeben, in den neuen Ländern sind das 20 Prozentpunkte.

Hier kann man sich über ein „Henne-und-Ei-Problem" streiten: Trägt freiwilliges Engagement dazu bei, seinen Freundes- und Bekanntenkreis zu erweitern oder vermittelt ein großer Freundes- und Bekanntenkreis mehr Anstöße oder Gelegenheiten zum freiwilligen Engagement? Da die Frage im allgemeinen kaum kausal zu klären sein wird, sollte man sie besser nach dem Modell der „Wechselwirkung" interpretieren. In den Daten des Freiwilligensurveys schälen sich allerdings zwei verschiedene Szenarien heraus, wie man sich die engagementfördernde Wirkung der sozialen Integration von Personen vorstellen kann, wie sie sich anhand des *nur stellvertretenden* Indikators „Größe des Freundes- und Bekanntenkreises" darstellt.. Zum einen gibt es ein Muster der *lokalen* Integration am Wohnort, das eher bei älteren, „alteingesessenen" und kirchennahen Menschen in kleineren Orten wahrscheinlich ist. Ein zweites, „informelles" Integrations-Muster läßt sich dagegen eher bei weniger „eingesessenen", lebens- und kontaktfreudigen jüngeren Leuten beobachten, ein Muster, das vermutlich eher in größeren Orten anzutreffen ist.

Beide Integrationsmuster können als auf unterschiedliche Weise günstige *Gelegenheitsstrukturen* für Personen interpretiert werden, sich freiwillig zu engagieren. Das erste „lokale" Muster kann als das eher „traditionelle", das zweite „informelle" Muster eher als das „moderne" aufgefaßt werden, wobei beide Muster sich nicht ausschließen müssen und unter Umständen bei Menschen in mittleren Jahren auch zusammen wirksam sein können.

2.5 Politisches Interesse und Kirchenbindung

Ein wichtiger kultureller Faktor im engeren Sinne begegnet uns mit dem Merkmal „Kirchenbindung". Beim *politischen Interesse* haben wir es mit einer mehr oder weniger verfestigten *Einstellung* zum politisch-öffentlichen Bereich zu tun. Beide Variablen erzeugen schon in der Verteilung deutliche Unterschiede, in extremer Weise gilt das (wie bereits angedeutet) für den kirchlichen Bereich. 75% Konfessionslosen in den neuen Ländern stehen nur 21% Konfessionslose in den alten gegenüber (vgl. Abb. 2.5).

Allerdings ist die Kirchenbindung der Konfessionellen in den alten Ländern nicht besonders intensiv. Befragte mit mäßiger Kirchenbindung und Konfessionslose unterscheiden sich bezüglich des freiwilligen Engagements nur unwesentlich und das in den neuen und alten Ländern ebenso. Das heißt, dass diejenigen 53% der Menschen aus den alten Ländern, die konfessionslos sind bzw. nur eine mäßige Kirchenbindung bekunden, deutlich unterdurchschnittlich engagiert sind. Diejenigen 47% dagegen, die mindestens eine mittlere Kirchenbindung bekunden, sind überdurchschnittlich engagiert, dabei die stark der Kirche Verbundenen mit fast 50% Engagement besonders intensiv.

Die kleine Gruppe von 5% der Befragten, die sich in den neuen Ländern „stark" mit der Kirche verbunden fühlt, ist mit 53% noch engagierter als die entsprechende Gruppe in den alten Ländern. Wäre also die Kirchenbindung in den neuen Ländern höher, dann könnte auch die Engagementquote deutlich höher ausfallen. Da eine nennenswerte Steigerung der Kirchenbindung in den neuen Ländern jedoch sehr unwahrscheinlich ist und die Kirchenbindung auch in den alten Ländern abnimmt, ist von daher kaum eine Stärkung des freiwilligen Engagements zu erwarten.

Abb. 2.5: Politisches Interesse, Kirchenbindung und Engagement

	Merkmals-Verteilung		Alte Länder Engagierte	Neue Länder Engagierte	Differenz Engagierte
	Alte Länder	Neue Länder	35%	28%	-7%
Interesse für Politik	100%	100%			
- stark	46%	36%	42%	37%	-5%
- mittel	44%	48%	32%	26%	-6%
- wenig	10%	16%	21%	16%	-5%
Kirchenbindung	100%	100%			
- stark	14%	5%	50%	53%	+3%
- mittel	33%	12%	38%	36%	-2%
- wenig	32%	8%	31%	26%	-5%
- konfessionslos	21%	75%	29%	25%	-4%

Quelle: Freiwilligensurvey 1999; senkrechte Addition zu 100% in Spalte 2 („Verteilung")

Wie bereits angedeutet, geht mit dem geringerem politischen Interesse in den neuen Ländern nicht etwa ein geringeres Interesse am *lokalen Geschehen* im Wohnort einher. Es ist wohl das schlechte Image der „großen" Politik, das sich seit der Wiedervereinigung in den neuen Ländern noch ungünstiger entwickelt hat als in den alten Ländern und auch das politische Interesse in Mitleidenschaft zieht. Hier können in den neuen Ländern auch besondere Enttäuschungen bezüglich den Leistungen der Politik seit der Wiedervereinigung hineinspielen.

Der Mechanismus, dass mit steigendem politischen Interesse auch die Quote des freiwilligen Engagements steigt, ist auch in den neuen Ländern erkennbar. Zwischen den Gruppen mit „starkem" und „wenigem" politischen Interesse liegen beiderseits mehr als 20 Prozentpunkte Differenz in der Engagementquote.

2.6 Wertorientierungen und Engagement

Wertetypen in den neuen und alten Ländern
Eine komplexe Variable, die eine ganze Reihe kultureller, sozialstruktureller und lebenszyklischer Faktoren bündelt, ist das Merkmal „Werttyp". Es handelt sich dabei um eine Typologie verschiedener Gewichtungen von *Pflicht- und Akzeptanzwerten* einerseits und *Selbstentfaltungswerten* andererseits, die in der Speyerer Werteforschung unter Helmut Klages entwickelt und bereits seit mehr als 20 Jahren erforscht wurde. Die fünf Wertetypen drücken unter anderem auch eine Position von Befragten innerhalb des kulturellen Wandels aus und im engeren Sinne eines Wertewandels.

„Ordnungsliebende Konventionalisten" schätzen in der deutschen (klein)bürgerlichen Tradition stehende Pflicht- und Akzeptanzwerte der „Konvention" besonders hoch. Das betrifft einen im Freiwilligensurvey erhobenen Komplex persönlicher Wertorientierungen, wie „Gesetz und Ordnung respektieren", „Nach Sicherheit streben" und „Fleißig und ehrgeizig sein". Gleichzeitig sind die Bestrebungen der „Konventionalisten" nach individueller Selbstentfaltung im Vergleich zum Bevölkerungsdurchschnitt deutlich unterentwickelt. Diesen Typus, welcher die soziale Konvention deutlich über die individuelle Entfaltung stellt und einen eher bescheidenen Lebenszuschnitt aufweist, trifft man in den neuen Ländern öfter an als in den alten.[6]

Sozialstrukturell läßt sich diese Besonderheit des kulturellen Zuschnitts der neuen Länder zunächst auf eine höhere Vertretung eines sozial eher niedrig einzustufenden „verkleinbürgerlichten" Arbeiter- und unteren Angestelltenmilieus mittlerer und älterer Jahrgänge festmachen. Allerdings ist die östliche Neigung zum ordnungsliebenden Konventionalismus in den meisten anderen, auch sozial und von der Bildung her „höher stehenden" Milieus größer als in den alten Ländern. Daher kann man von einer stärker verbreiteten Lebenshaltung „rigider" Normakzeptanz bzw. „rigider" Anpassungsbereitschaft reden, die allerdings keine religiöse Grundlage (mehr) hat, wie teilweise noch in den alten Ländern.

Noch auffälliger ist, dass in den alten Ländern der Werttypus der „Nonkonformen Idealisten" viel häufiger vorkommt als in den neuen. „Idealisten" heben sich deutlich durch ein Wertesyndrom von der Bevölkerung

---

[6] Zu Fragen mentaler Ähnlichkeiten und Unterschiede zwischen alten und neuen Ländern vgl. Gensicke: Die neuen Bundesbürger, Opladen und Wiesbaden 1998, Gensicke. Deutschland im Übergang, Speyer 2000.

ab, innerhalb dessen politische und soziale *Engagementwerte* eine enge Verknüpfung mit erhöhten Bestrebungen nach *intellektuell-kreativer Selbstentfaltung* eingehen (Wertorientierungen „Sich politisch engagieren", „Sozial Benachteiligten und gesellschaftlichen Randgruppen helfen", „Die eigene Kreativität und Fantasie entwickeln", „Andere Meinungen tolerieren"). Damit geht eine gedämpfte Akzeptanz von Konventionswerten einher. Dazu lehnen „Nonkonforme Idealisten" eine Orientierung eher ab, der materielle und genießerische BesStrebungen miteinander verbindet („Materialismus und Hedonismus"). Dieser Komplex, steht bei den Idealisten als subjektiver Repräsentant der „Konsum- und Ellenbogengesellschaft" unter Verdacht.

Abb. 2.6: Wertetypen und Engagement

	Merkmals-Verteilung		Alte Länder Engagierte	Neue Länder Engagierte	Differenz Engagierte
	Alte Länder	Neue Länder	35%	28%	-7%
Werttyp	100%	100%			
- Ordnungsliebende Konventionalisten	17%	23%	29%	20%	-9%
- Perspektivenlos Resignierte	16%	13%	33%	27%	-6%
- Aktive Realisten	33%	36%	39%	32%	-7%
- Hedonistische Materialisten	15%	17%	32%	28%	-4%
- Nonkonforme Idealisten	19%	11%	43%	39%	-4%

Quelle: Freiwilligensurvey 1999; senkrechte Addition zu 100% in Spalte 2 („Verteilung")

Dieser „Generalverdacht" von Idealisten gegen den gesellschaftlichen „Konsumismus" und „Materialismus" und außerdem deren Abneigung gegen einen „kleinbürgerlichen" Lebenszuschnitt, ist in den neuen Ländern auf der Ebene persönlicher Wertorientierungen und Strebungen viel weniger präsent als in den alten. Ohne hier eine vollständige Analyse geben zu wollen, kann man diesen Unterschied zwischen den neuen und alten Ländern daraus erklären, dass in den neuen Bundesländern noch nicht jene typischen „Sättigungseffekte" über lange Zeit prosperierender und reicher Konsumgesellschaften eingetreten sind, die eine „postmaterialistische Gegenkultur" auf den Plan rufen, die vor allem in wirtschaftsfernen gehobenen Sozialmilieus gedeiht.

Das wesentliche Charakteristikum „Aktiver Realisten" ist, dass sie bürgerliche Konventionswerte mit intellektuell-kreativen Entfaltungswerten in Einklang zu bringen suchen. Außerdem geht ihnen jener Generalverdacht gegen den gesellschaftlichen „Materialismus" zumindest auf der Ebene der persönlichen Strebungen ab. Es gelingt ihnen, eine „Wertesynthese" (vgl. ...Helmut Klages) zu finden, die Wertsyndromen miteinander verbindet, die in anderen Teilen der Bevölkerung eher als Gegensätze empfunden werden. Diese Synthese führt zu einem besonders *aktiven Verhaltensprofil*, das sich im privaten, beruflichen und auch im Freiwilligenbereich entfaltet.

Die Wertesynthese ist für die neuen Länder typischer als für die alten. Dieser Unterschied ist nicht hauptsächlich aus der Situation der Transformation zu erklären, sondern aus einem anderen Erziehungsstil in der DDR und teilweise noch in den neuen Ländern. Die Unterschiede zwischen den neuen und alten Ländern waren zwischenzeitlich schon deutlich größer und sind hauptsächlich aus zwei Gründen geringer geworden (im Speyerer Survey 97 betrug der Unterschied noch fünf Prozentpunkte, im Frühjahr 1993 noch sieben Prozentpunkte).

Zum einen scheinen ältere Jahrgänge in den neuen Ländern durch oft nicht unbedingt freiwilligen Ausschluß vom Arbeitsmarkt und ihren Eintritt in den „sicheren Hafen" der Rente einen Teil ihres Aktivitäts- und Selbstentfaltungspotenzials reduziert zu haben, das in der DDR stärker als in der BRD über die Arbeit aktualisiert wurde (die Prozentpunktdifferenz der Konventionalisten zwischen den neuen und alten Ländern war jedenfalls bisher immer niedriger). Andererseits ist die Neigung zur Wertesynthese in den alten Ländern in den mittleren und vor allem den jüngeren Jahrgängen stärker geworden, so dass sich beide Seiten durch unterschiedliche Umorientierungsprozesse einander „angenähert" haben.

Die Wertesynthese ist für die neuen Länder typischer als für die alten. Dieser Unterschied ist nicht hauptsächlich aus der Situation der Transformation zu erklären, sondern aus einem anderen Erziehungsstil in der DDR und teilweise noch in den neuen Ländern. Die Unterschiede zwischen den neuen und alten Ländern bezüglich der „Aktiven Realisten" waren bisher sogar noch deutlich größer, habe sich jedoch seit der Wiedervereinigung abgeschwächt. Resignationserscheinungen scheinen sowohl mit zwischenzeitlichen als auch tiefgreifenden Versagungserlebnissen bezüglich von Lebenschancen zu tun zu haben. Wertansprüche werden außerdem mit fortschreitendem Lebensalter oft zurückgenommen. Obwohl die soziale Transformation mit Sicherheit überdurchschnittliche Versagungserlebnisse gerade für die mittleren und älteren Jahrgänge der neuen Länder mit sich gebracht hat, halten diese Jahrgänge stärker als in den alten Ländern an einer Haltung der Akzeptanz und Höherbewertung der Konvention fest.

Ein letzter Unterschied zwischen den neuen und alten Ländern geht auf eine etwas höhere Vertretung „Hedonistischer Materialisten" in den neuen Ländern zurück. Hier wird das Wertsyndrom der „Wettbewerbs- und Konsumgesellschaft" besonders hoch geschätzt („Macht und Einfluß haben", „einen hohen Lebensstandard haben", „die guten Dinge des Lebens in vollen Zügen genießen", „seine Bedürfnisse gegen andere durchsetzen"). Konventionen werden von diesem Werttyp jedoch deutlich weniger als im Bevölkerungsdurchschnitt bewertet. Ein weiterer Kontrast ergibt sich durch eine relativ niedrige Bewertung der von Idealisten (und auch von Realisten) geschätzten Engagement- und Kreativitätswerte.

Hinter dem Gegensatz von „Idealisten" und „Hedo-Materialisten" verbirgt sich ein Kontrast von kirchenfernen, eher jugendlichen konsumorientierten „Neomaterialisten" aus der breiten, meist in der Privatwirtschaft beschäftigten Mittelschicht zu eher intellektuellen „Postmaterialisten" in mittleren Jahren, die oft im öffentlichen bzw. gemeinnützigen Bereich beschäftigt sind.

Die hohe Vertretung von „Hedonistischen Materialisten" in den jüngeren Jahrgängen bis zu 29 Jahren ist in den neuen Ländern noch auffälliger als in den alten. Insbesondere in der Altersgruppe bis 20 Jahre herrscht eine deutliche Konkurrenz zu den „Aktiven Realisten" vor, welche allerdings in beiden Landesteilen deutlich die Oberhand behalten.

Wertetypen und Engagement
„Nonkonforme Idealisten" und „Aktive Realisten" haben politische und soziale *Engagementwerte* besonders verinnerlicht und sie interpretieren „Engagement" mehr als Chance der Selbstentfaltung denn als Pflicht. Das wirkt sich dahingehend aus, dass beide Werttypen auch erhöhte Quoten freiwilligen Engagements erreichen. Wertorientierung und Verhalten stehen bezüglich des Engagements in einem plausiblen Wechselverhältnis, insbesondere bei „Nonkonformen Idealisten", wo Engagement- und Entfaltungswerte nicht wie bei Realisten mit einer erhöhten

Bedeutung auch anderer Strebungen (etwa mit beruflichen oder privaten Ambitionen) konkurrieren müssen. Daher erreichen sie mit 43% in den alten Ländern und 39% in den neuen Ländern besonders hohe Quoten freiwilligen Engagements.

Beide engagementorientierten Wertetypen erreichen auch die jeweils höchsten Aktivitätsquoten („aktives Mitmachen in Vereinen, Gruppen etc.), wobei die „Nonkonformen Idealisten" mit einer Aktivitätsquote von 74% in den alten Ländern und 68% in den neuen Ländern wieder ganz vorn liegen. Das relative „Fehlen" von „Nonkonformen Idealisten" erklärt also bereits das Zurückbleiben der neuen Länder sowohl beim „aktiven Mitmachen" als auch beim freiwilligen Engagement. Allerdings verbleibt auch in dieser Gruppe eine nennenswerte Differenz von vier Prozentpunkten. Diese Differenz zwischen den Engagementquoten beim demselben Werttyp in den neuen und alten Ländern steigt bei den „Aktiven Realisten" bereits auf sieben Prozentpunkte an, um bei den „Konventionalisten" mit neun Prozentpunkten den Höhepunkt zu erreichen.

Die Gruppe der „Konventionalisten" erzeugt also einen doppelt ungünstigen Effekt für die Engagementquote der neuen Länder. Einerseits ist diese Gruppe deutlich größer als die Referenzgruppe in den alten Ländern, andererseits bleibt ihre Beteiligung am freiwilligen Engagement auch noch überdurchschnittlich hinter dieser zurück. Dieser Effekt wiederholt sich auch bezüglich der „Aktivitätsquote", indem bei einer entsprechenden Einbeziehung von Konventionalisten in den alten Ländern von 62% bei Konventionalisten in den neuen Ländern lediglich eine niedrige „Aktivitätsquote" von 46% gegenübersteht.

Wenn man so will, ist somit das größere besonders akzeptanz- und anpassungsbereite Milieu in den neuen Ländern ganz besonders wenig in außerfamiliäre und außerberufliche vereins- und gruppenhafte Aktivitätsbereiche und in das freiwillige Engagement integriert. Bezüglich des „postmaterialistischen" Milieus der „Idealisten" ist es weniger dessen unterschiedliches Profil in den neuen und alten Ländern, das sich ungünstig auf die Aktivitäts- und Engagementquote der neuen Länder auswirkt, sondern vor allem dessen dortige geringe Größe.

2.7 Ein Erklärungsmodell für freiwilliges Engagement

Gesamtdeutsches Erklärungsmodell

Als Schlußstein unserer Erklärungen für unterschiedliche Quoten freiwilligen Engagements in den alten und neuen Ländern wollen wir ein integriertes Erklärungsmodell vorstellen, das soweit wie möglich die bisher analysierten Einflußgrößen miteinander abgleicht, um herauszufinden, welche dieser Größen für sich selbst genommen letztlich die wichtigeren und welche die unwichtigeren sind.

Warum dieses anspruchsvollere Verfahren gewählt wird, sollen folgende Beispiele erläutern: z.b. überschneidet sich bei Befragten oft ein hohes *Haushaltseinkommen* mit einem hohen *Bildungsniveau*. Beide Größen „erklären" bivariat gleichzeitig eine erhöhte Neigung zum freiwilligen Engagement. Die Frage ist jedoch, welches beider Merkmale letztlich die entscheidendere Größe zur Vorhersage des freiwilligen Engagements ist.

Ein anderer Fall: Menschen in den neuen Ländern sind in geringerem Maße als Menschen in den alten Ländern freiwillig engagiert. Sie verfügen jedoch über geringere Haushaltseinkommen, und Befragte mit geringeren Einkommen sind ebenfalls weniger freiwillig engagiert. Sind Menschen in den neuen Ländern wegen ihrer geringeren Einkommen weniger freiwillig engagiert oder weil sie kulturell ein anderes Profil als Menschen in den alten Ländern aufweisen?

Solche Fragen sind letztlich wichtig, um die Potenziale freiwilligen Engagements in den neuen Ländern richtig zu verorten und damit Hinweise zu erhalten, wie sie gehoben werden können. Es hat sich als erfolgreich erwiesen, eine dreistufig zu erklärende Zielvariable zu verwenden, die zunächst die „Nicht-Aktiven" und „nicht freiwillig Engagierten" von „Aktiven, aber nicht freiwillig Engagierten" unterscheidet und schließlich davon die „Aktiven und zusätzlich freiwillig Engagierten". Der Erklärungswert der Modelle der ersten Art war höher als der mit einer zweistufigen Zielvariablen, die dichotomisch nur die nicht freiwillig Engagierten von den freiwillig Engagierten unterscheidet. Die Kategorie der „Aktivität ohne freiwilliges Engagement" in Vereinen, Gruppen etc. scheint oft eine Übergangsgröße zwischen „Nichtaktivität" in Vereinen,

Gruppen etc. und der dortigen freiwilligen Übernahme von „Aufgaben" und „Arbeiten", also dem „freiwilligen Engagement" darzustellen.[7]

Das wichtigste Ergebnis der Analyse ist, dass nach Kontrolle einer Reihe von Variablen, die neue und alte Länder teilweise stark unterscheiden, nahezu kein Erklärungsbeitrag mehr der Variablen „Wohnsitz in den neuen versus den alten Ländern" verbleibt. Die größte eigenständige Erklärungskraft in Richtung von „aktivem Mitmachen" und „freiwilligem Engagement" hat insgesamt die „Größe des Freundes- bzw. Bekanntenkreises", die außerdem die neuen und alten Länder *nicht* unterscheidet. Man kann diese Variable als Repräsentantin eines übergreifenden Phänomens der „sozialen Integration der Person" außerhalb des engeren Familienkreises nehmen.

Erklärung des Engagements (dreistufig) aus anderen Variablen (R^2=.15)
Nennenswerte Erklärung
(bis Beta mindestens etwa 0.05, einmal 0.5 = ein Plus-/Minuszeichen)

Größe Freundes-/Bekanntenkreis	+++(+)
Kirchenbindung	++(+)
Haushaltseinkommen	+(+)
Entfaltungs-/Engagementwerte	+(+)
Politisches Interesse	+(+)
Haushaltsgröße	+
Bildung	+
Ortsgröße	-
Alter	-(-)

keine/nur schwache Erklärung
(klar unter Beta 0.05)

Einstufung der eigenen finanziellen Situation	
Kind im Haushalt	
Wohnortzugehörigkeit	
Nicht gern im Ort	(-)
Hedonistische und materielle Werte	(-)
Neue Länder	(-)
Ausländer	(-)
Konventionswerte	(-)
Mann	(+)

---

[7] Vgl. Klages, Helmut: Engagementpotenzial in Deutschland, Band 2, Teil 2.
Vgl. Abt, Hans Günter / Braun, Joachim: Zugangswege zu Bereichen und Formen des freiwilligen Engagements, Band 2, Teil 3

Als zweitwichtigste Erklärungsgröße für die Neigung zum aktiven Mitmachen bzw. zum freiwilligen Engagement erscheint die „Kirchenbindung". Hierin ist allerdings ein gewaltiger Unterschied zwischen den neuen und alten Ländern enthalten, vor allem weil die Konfessionslosigkeit in den neuen Ländern mit 75% gegenüber 21% in den alten Ländern viel größer ist.

So muß nunmehr gegenüber dem positiven Effekt, dass Menschen in den neuen Ländern „an und für sich" dem aktiven Mitmachen und dem freiwilligen Engagement nicht weniger ablehnend gegenüberstehen, eine gewisse „Enttäuschung" einsetzen. Allerdings befindet sich das Merkmal „Wohnsitz in den neuen Ländern" auch bei Weglassung der Kirchenbindung aus der Analyse erst an dritter Stelle der Rangordnung, weit hinter der Erklärungskraft der Größe des Freundes- und Bekanntenkreises sowie leicht hinter dem politischen Interesse.

Da die kirchliche Infrastruktur und die religiöse Motivation in den neuen Ländern wohl kaum wieder auf das „Niveau" der alten Länder zu bringen sein wird und andererseits auch in den alten Ländern die Kirchennähe der Bevölkerung und die kirchennahe Religiosität rückläufig ist, liegt hier kaum ein Potenzial zur Steigerung des Engagements. Eher wird in dieser Hinsicht ein deutlicher Unterschied des Aktivitäts- und Freiwilligenbereiches in den neuen und alten Ländern bestehen bleiben auch wenn eine moderate Angleichung in den neuen Ländern nicht ausgeschlossen ist.

Etwa gleichrangig sind die Einflüsse vier weiterer Variablen, der Höhe des Haushaltseinkommens, des für Idealisten und auch für Realisten typischen Wertesyndroms der „Entfaltungs- und Engagementwerte", des politischen Interesses sowie im negativen Sinne des Lebensalters. Eine Reaktivierung des in den neuen Ländern zurückbleibenden politischen Interesses und eine Angleichung der noch zurückbleibenden ökonomischen Situation der neuen Länder an die alten Länder könnte also durchaus Potenziale für eine Steigerung des freiwilligen Engagements schaffen.

Interpretiert man den Alterseffekt umgekehrt, erklärt die Zugehörigkeit zu jüngeren und mittleren Jahrgängen, insbesondere in den alten Ländern eine höhere Quote „aktiven Mitmachens" bzw. „freiwilligen Engagements". Nennenswerte Effekte erzielen auch Haushaltsgröße und Bildung, sowie umgekehrt gelesen die Kleinheit des Wohnortes. Unser Modell zeigt allerdings, dass die in der Kreuztabellierung noch sehr stark hervortretenden Einflüsse von „Bildung" und „Haushaltsgröße" in der Regression relativiert werden. Dabei wäre vor allem an die „Konkurrenz" des Haushaltseinkommens und der Wertorientierungen zu denken.

Nach Kontrolle durch andere Variablen verschwinden die noch in der Kreuztabellierung erkennbaren Unterschiede zwischen Männern und Frauen weitgehend, ähnlich verhält es sich mit den Fragen der Länge der Wohnortzugehörigkeit und der subjektiven Einschätzung der eigenen finanziellen Lage. Durch die Kontrolle der Alters- und Bildungsvariable wird der „relative Nachteil" der Frauen kompensiert, die verstärkt in höheren Altersgruppen und auch in niedrigeren Bildungsgruppen vertreten sind, was die Kontrolle der für weibliches Engagement günstig wirkenden höheren Kirchenbindung der Frauen offensichtlich überkompensiert.

Auch die Frage, ob Kinder im Haushalt vorhanden sind, ist letztlich nicht entscheidend dafür, ob Befragte in Vereinen, Gruppen etc. aktiv mitmachen bzw. freiwillig engagiert sind. Es müssen in größeren Haushalten noch andere Faktoren hinzukommen, wie höhere Einkommen, höhere Bildungsabschlüsse oder höhere Selbstentfaltungs- und Engagementwerte, damit Befragte aktiver und engagierter sind als andere. Oft treten diese Größen in der Realität miteinander verbunden auf und sind nur zu Analysezwecken trennbar.

Besondere Faktoren in den neuen Ländern
Berechnet man die Modelle für die neuen und alten Länder getrennt, ergibt sich zwar im Großen und Ganzen ein ähnliches Bild, allerdings mit einigen wichtigen Unterschieden. In den neuen Bundesländern ist der Unterschied zwischen Männern und Frauen durchaus *signifikant*, so dass hier nach vielfältiger Kontrolle anderer Variablen ein „hartnäckiger" Geschlechtsunterschied zum Vorschein kommt. Möglicherweise drückt sich hierin die stärkere Konzentration Frauen in den neuen Ländern auf den beruflichen Erfolg aus. In den neuen Ländern wirkt außerdem der *Bildungseffekt* doppelt so stark wie in den alten Ländern und der Alterseffekt zugunsten jüngerer und mittlerer Jahrgänge nicht.

In den neuen Ländern gestatten das Bildungsniveau und außerdem bei Befragten vorhandene Entfaltungs- und Engagementwerte eine deutlich bessere Vorhersagemöglichkeit bezüglich der Neigung zum aktiven Mitmachen bzw. zum freiwilligen Engagement als das Alter der Befragten. Das gilt auch gegenüber dem *Haushaltseinkommen*, das nur für die neuen Länder betrachtet keinen Einfluß in Richtung Aktivität und Engagement ausübt.

Abschließend muß in die Resultate unsere Analyse allerdings noch ein Wermutstropfen gegossen werden. Die Erklärungskraft des vorgestellten Modells ist mit einem sogenannten R^2 von .15 ziemlich niedrig, so dass noch eine Reihe anderer Gründe an der Tatsache mitwirken, dass Menschen sich aktiv irgendwo beteiligen bzw. sich freiwillig engagieren. Dabei ist vor allem an *biographische* Gründe zu denken sowie an *familiäre Traditionen* im Zugang zur Vereinslandschaft bzw. zum freiwilligen Engagement.

Im Vergleich zwischen den neuen und alten Ländern besonders interessant ist auch die Frage der örtlichen und regionalen *Gelegenheitsstrukturen*, im regionalen Vergleich z.B. eine unterschiedlich entwickelte Vereinskultur und unterschiedliche ältere Traditionen der Gestaltung des Verhältnisses von geselliger Öffentlichkeit und häuslicher Privatheit. Solche Fragen, die über die Analyse einfach zu erfassender und in Regressionsmodellen überprüfbarer sozialstruktureller und kultureller Faktoren hinausgehen, sollen in dieser Studie nicht beantwortet werden. Sie werden in den folgenden Studien über Potenziale und Zugangswege des freiwilligen Engagements umfassend analysiert (vgl. Klages, Band 2, Teil 2 und Abt Band 2, Teil 3).

In dieser Analyse soll vorausgreifend darauf hingewiesen werden, dass die Befragten in den neuen und alten Ländern bereits sehr früh in ihrem Lebenslauf mit ihrem freiwilligen Engagement begonnen haben (vgl. Abb. 3.3). Da die meisten engagierten Befragten schon in ihrer Jugend freiwillig engagiert waren, kann man natürlich ihre Neigung zum Engagement heute nur eingeschränkt aus ihrer heutigen Lebenssituation erklären, wie sie sich etwa in der wirtschaftlichen Lage, dem Haushaltseinkommen oder der Haushaltsgröße ausdrückt. Ähnliches gilt auch für das aktuelle Lebensgefühl und den aktuellen Lebenszuschnitt der Befragten, welche mit jener unter Umständen weit zurückliegenden „Weichenstellung" in Richtung des freiwilligen Engagements in jungen Jahren und deren Folgen für den weiteren Lebensweg der Engagierten nicht direkt etwas zu tun haben.

Dennoch gestattet es die integrierte Analyse immerhin, einen größeren Teil der in der Kreuztabellierung bedeutsamen Einflußfaktoren, die etwa wie die *Bildung* in den neuen Ländern eine große Differenz der Engagementquote von 28 Prozentpunkten erzeugen, miteinander zu verrechnen.

Es wird erkennbar, dass in den neuen und alten Ländern in ähnlicher Weise an Faktoren der *sozialen Integration* angeknüpft werden kann, wenn es darum geht, das freiwillige Engagement zu fördern, zu stabilisieren und zu intensivieren. Wir hatten diese Faktoren bereits als soziale *Gelegenheitsstrukturen* zum Engagement interpretiert und dabei ein eher „traditionelles" von einem „modernen" Muster unterschieden. Der gesamtdeutsche Einfluß der *Kirchenbindung*, der den Unterschied zwischen den neuen und alten Ländern überdeckt, zeigt ins Positive gewendet und mit der noch unterentwickelten Vereins- und Gruppenlandschaft zusammengedacht, dass es in den neuen Ländern zusätzlich zu den den Personen zur Verfügung stehenden Integrationsmöglichkeiten ganz besonders auf eine verbesserte *institutionell* vermittelte *Gelegenheitsstruktur* für aktives Mitmachen und freiwilliges Engagement ankommt.

Eine solch aktiv von den Ländern und Kommunen vor Ort unterstützte Infrastruktur von Informations- und Beratungsstellen für freiwilliges Engagement ist auch für die alten Länder wichtig, um neuartige Engagementbedürfnisse und –potenziale aufzugreifen (vgl. Abt/Braun und Klages in diesem Band). In den neuen Ländern ist diese Infrastruktur des freiwilligen Engagements noch nötiger, weil die kirchliche Infrastruktur, die herkömmliche Vereins- und Verbandsstruktur und eine „moderne Szene" von Gruppen und Initiativen weniger bereitstehen, um das freiwillige Engagement zu stützen.

3 Realität des freiwilligen Engagements in den neuen Ländern

Mit der Beschreibung des vorhandenen freiwilligen Engagements im Vergleich zwischen den neuen und alten Ländern begeben wir uns in ein ziemlich „unspektakuläres" Gebiet, da hier die Analyse dahingehend endet, daß sich die alten und neuen Länder nur in relativ wenigen Punkten nennenswert unterscheiden. Man kann allerdings diese Erkenntnis als solche auch als „verblüffend" einschätzen.

Es war von der Vorgeschichte beider deutscher Landesteile nicht unbedingt zu erwarten, daß sich der Freiwilligensektor im Vergleich zwischen den neuen und alten Ländern so wenig unterscheidet. Die *Genderperspektive*[8] ist in diesem Punkte aufgrund der sozialen, beruflichen und privaten „Arbeitsteilung" der Geschlechter, die auch im Freiwilligenbereich durchschlägt, wesentlich interessanter, zumindest was das Vorhandensein von Unterschieden angeht.

Es muß schon ein gewisses Erstaunen auslösen, wie ähnlich sich etwa die zeitliche Gestaltung des freiwilligen Engagements in den neuen und alten Ländern gestaltet (vgl. Abb. 3.1), dessen Wichtigkeit im Leben der Engagierten (vgl. Abb. 3.2) und subjektive Charakterisierung (vgl. Abb. 3.5), die Ähnlichkeit der Zielgruppen des Engagements (vgl. Abb. 3.7), des Anforderungsprofils (vgl. Abb. 3.10), der Hauptinhalte der Tätigkeiten (vgl. Abb. 3.9) sowie der organisatorischen Anbindung (vgl. Abb. 3.8), der Motivation (vgl. Abb. 3.11 bis 3.14), des Problembewußtseins (vgl. Abb. 3.16 und 3.17) usw.

Unterschiede werden im kirchlich-religiösen Bereich erkennbar (mehr Kirchenanbindung in den alten Ländern, mehr Anbindung an staatliche, kommunale Einrichtungen in den neuen Ländern), durch die höhere Arbeitslosigkeit in den neuen Ländern (Problem der Vereinbarkeit freiwilligen Engagements mit Arbeitslosengeld) und durch die allgemein knappere finanzielle Situation (Finanzmangel, geringere Vergütungen). Interessant und vom Systemumbruch her verständlich ist der Kontrast der *früheren Aufnahme* des freiwilligem Engagements im Lebenslauf von Menschen in den neuen Ländern zu der dennoch später als in den alten Ländern begonnenen *aktuell* ausgeübten und beschriebenen Tätigkeit (das betrifft sowohl die erste als auch die zweite beschriebene Tätigkeit).

---

[8] Vgl. Zierau, Band 1, Teil 3

Fragen zum freiwilligen Engagement der Befragten insgesamt
Der Freiwilligensurvey 1999 erhob einige Indikatoren zum gesamten freiwilligen Engagement der Befragten, bevor er nähere Fragen zu den konkret genannten Tätigkeiten stellte. Danach üben die freiwillig Engagierten in den alten Ländern durchschnittlich 1,6 Tätigkeiten aus, in den neuen Ländern 1,5. 62% haben in den alten Ländern *eine* freiwillige Tätigkeit angegeben und 23% *zwei*. In den neuen Ländern waren das jeweils 70% und 20%.

Abb. 3.1 zeigt den Zeitaufwand, den die Befragten für ihr Engagement einsetzen. Man erkennt nur sehr geringe Abweichungen zwischen den alten und neuen Ländern. Der Schwerpunkt des Zeitaufwands liegt jeweils bei 5 Stunden in der Woche, jeweils knapp 80% der Engagierten wenden bis zu 10 Stunden die Woche auf. Jeweils ein reichliches Drittel der Engagierten könnte sich vorstellen, ihr Engagement noch auszuweiten und weitere Aufgaben zu übernehmen, „wenn sich etwas Interessantes bietet".

Abb. 3.1: Zeitaufwand für das freiwillige Engagement pro Woche					
	bis 5 Stunden	6 - 10 Stunden	11 - 15 Stunden	15 Stunden/mehr	Nicht regelmäßig
Alte Länder = 100%	57%	22%	5%	5%	11%
Neue Länder = 100%	58%	20%	6%	6%	10%
Quelle: Freiwilligensurvey 1999, Addition zeilenweise zu 100%					

Das freiwillige Engagement spielt in den neuen und alten Ländern eine wichtige Rolle im Leben der Engagierten, für 27% in den alten Ländern und 31% in den neuen Ländern sogar eine „sehr wichtige" (vgl. Abb. 3.2). Für 23% in den alten und 16% in den neuen Ländern ist das Engagement eher weniger wichtig. Der geringere Prozentsatz der neuen Bundesbürger, der freiwillig engagiert ist, nimmt dieses Engagement also vergleichsweise „ernster". Allerdings gibt es erklärungskräftigere Variablen für die „Ernsthaftigkeit" des Engagements.

Abb. 3.2: Wichtigkeit des freiwilligen Engagements im Leben der Befragten

	sehr wichtig	wichtig	Weniger wichtig	gar nicht wichtig
Alte Länder = 100%	27%	50%	20%	3%
Neue Länder = 100%	31%	53%	15%	1%

Quelle: Freiwilligensurvey 1999, Addition zeilenweise zu 100%

Unser recht erfolgreiches Modell, das 83 relevante Größen kontrollierte, sagt vorher, dass diejenigen, denen ihre Tätigkeit „Spaß macht", diese auch ganz besonders wichtig nehmen. Das ist sicher keine triviale Erkenntnis, da Befragte auch hauptsächlich von der Erfüllung ihrer „Pflicht" her ihr Engagement besonders „ernst" nehmen könnten. Ein weiterer Faktor, der neben dem „Spaß" in der Tätigkeit erklärt, warum von Engagierten das freiwillige Engagement in ihrem Leben besonders wichtig genommen wird, ist die „hohe Einsatzbereitschaft", die das Engagement vom Befragten einfordert. Weiterhin mischt sich jedoch auch ein *Engagementmotiv* in die Betonung der Wichtigkeit des eigenen freiwilligen Engagements ein (und nicht eine *Engagementerfahrung* wie der „Spaß" daran). Wem es besonders wichtig ist, im Engagement, seine eigenen Kenntnisse und Erfahrungen zu erweitern, der nimmt sein Engagement in seinem Lebenskontext auch wichtiger.

Erklärung der Wichtigkeit des Engagements im Leben der Befragten aus anderen Variablen (R^2=.27)
Auswahl der wichtigsten Merkmale
(nur bis Beta mindestens etwa 0.75, einmal 0.5 = ein Plus-/Minuszeichen)
Tätigkeit macht Spaß ++
Tätigkeitsanforderung: Hohe Einsatzbereitschaft ++
Tätigkeit soll Kenntnisse/Erfahrungen erweitern ++
Engagementbereich: Kirche/Religion +(+)
Alter +(+)
Engagementbereich: Soziales +(+)
Hedonistische und materielle Werte - -

Zwei weitere Faktoren wirken sich darauf aus, ob Befragte ihr Engagement „wichtiger" nehmen oder nicht. Im *kirchlichen* und *sozialen* Bereich spielt das Engagement eine wichtigere Rolle im Leben von Engagierten.

Umgekehrt ist es bei Menschen mit hedonistischen und materialistischen Lebensorientierungen (Lebensgenuß, Lebensstandard etc.) und bei jüngeren Engagierten. Die „Leichtigkeit" der Lebensauffassung geht auch mit einer geringeren „Ernsthaftigkeit" gegenüber dem Engagement einher.

Solche sicherlich nachvollziehbaren Faktoren überlagern den Unterschied zwischen den neuen und alten Ländern deutlich. Es verbleibt allerdings ein leichter, aber signifikanter Unterschied, so dass Menschen aus den neuen Ländern ihr Engagement tatsächlich etwas „ernster" nehmen als in den alten Ländern. Vielleicht hat das auch etwas damit zu tun, dass die Engagierten in den neuen Ländern schon deutlich länger freiwillig engagiert sind als in den alten Ländern (vgl. Abb. 3.3). 58% waren bereits im Alter von sechs bis 20 Jahren freiwillig engagiert gegenüber 49% in den alten Ländern.

Abb. 3.3:	Alter bei Aufnahme des freiwilligen Engagements				
	6 - 20 Jahre	21 - 30 Jahre	31 - 40 Jahre	41 - 50 Jahre	51 und älter
Alte Länder = 100%	49%	22%	16%	7%	6%
Neue Länder = 100%	58%	21%	12%	5%	4%
Quelle: Freiwilligensurvey 1999; Addition zeilenweise zu 100%					

Durchschnittlich war man in den alten Ländern 24 Jahre alt, als man sein freiwilliges Engagement begann, in den neuen Ländern 21 Jahre. Angesichts einer Streuung von jeweils etwa 12 Jahren sind diese Mittelwerte allerdings nicht sehr aussagekräftig. Sie zeigen jedoch eine Tendenz an, dass der Beginn des freiwilligen Engagements eine im Lebensverlauf frühzeitige Angelegenheit darstellt, wie ja bereits die gruppierte Verteilung auswies. Eine von uns bereits vermutete Abhängigkeit von Familientraditionen erscheint dadurch recht plausibel.

3.1 Engagementbereiche und Selbstverständnis der freiwilligen Tätigkeiten

In der Folge wollen wir uns mit der Beschreibung der für die Befragten *zeitaufwändigsten Tätigkeit* befassen. Die Befragten hatten die Chance, noch eine weitere freiwillige Tätigkeit näher zu charakterisieren, eine Mühe, zu der allerdings nur ein Teil der Befragten bereit war. Nur zur ersten Tätigkeit wurde die ganze Bandbreite der Variablen erhoben, inklusive der Erwartungen an die Tätigkeit und der Erfüllung solcher Erwartungen (vgl. Abb. 3.11 bis 3.14) oder der Problemwahrnehmung der freiwillig Engagierten in ihrer Tätigkeit (vgl. Abb. 3.16 und 3.17). Da uns hier ein möglichst breiter Vergleich zwischen neuen und alten Ländern interessiert, berichten wir zumeist nur über die Angaben zur ersten (zeitaufwändigsten) Tätigkeit.

Bereichsstruktur der zeitaufwändigsten Tätigkeiten
In Abb. 3.4 erkennen wir die Bereichsstruktur der beschriebenen Tätigkeiten, deren Prozentsätze sich nunmehr jeweils zu 100% addieren.

Abb. 3.4: Beschriebene zeitaufwändigste Tätigkeiten		
Engagementbereich	Alte Länder	Neue Länder
Sport und Bewegung	28%	25%
Schule und Kindergarten	10%	14%
Freizeit und Geselligkeit	10%	13%
Kirche und Religion	11%	6%
Kultur und Musik	11%	9%
Soziales	9%	7%
Politik und Interessenvertretung	5%	5%
berufliche Interessenvertretung	3%	4%
Rettungsdienste/Freiwillige Feuerwehr	4%	7%
Umwelt-, Natur- und Tierschutz	3%	3%
Jugend und Bildung	2%	2%
Gesundheit	2%	2%
Justiz und Kriminalitätsprobleme	1%	1%
Sonstige bürgerschaftliche Aktivität	1%	2%
Gesamt	100%	100%
Quelle: Freiwilligensurvey 1999, spaltenweise Addition zu 100%		

Man sieht, dass in den alten Ländern die Bereiche „Sport und Bewegung", „Kultur und Musik", „Soziales", „Gesundheit" und vor allem „Kirche und Religion" stärker vertreten sind, in den neue Ländern „Schule und Kindergarten", „Freizeit und Geselligkeit", „Politik und Interessenvertretung", „berufliche Interessenvertretung", „Rettungsdienste und freiwillige Feuerwehr", „Umwelt-, Natur- und Tierschutz" und „sonstige bürgerschaftliche Aktivität". Die unterschiedliche Verteilung führt dazu, dass in den neuen Ländern „Schule und Kindergarten" der zweitgrößte beschriebene Bereich ist (alte Länder „Kirche und Religion"), „Freizeit und Geselligkeit" der drittgrößte (alte Länder „Kultur und Musik").

Besonders die Schwäche des kirchlichen Bereiches ist bei der Interpretation der folgenden Tätigkeitsbeschreibungen zu beachten. Dennoch ist die Bereichsstruktur der beschriebenen Tätigkeit im Großen und Ganzen ähnlich, was sich auch in der Ähnlichkeit der weiteren Tätigkeitsbeschreibungen fortsetzt.

Bezeichnungen für freiwilliges Engagement
Die Befragten sollten in der Folge für ihre Tätigkeit eine Bezeichnung finden, die aus einer Auswahl von Begriffen zu entnehmen war, die heutzutage sowohl parallel als auch alternativ für freiwilliges Engagement verwendet werden (vgl. Abb. 3.5).

Abb. 3.5: Selbstverständnis des freiwilligen Engagements		
	Alte Länder	Neue Länder
Ehrenamt	32%	30%
Freiwilligenarbeit	50%	53%
nebenberufliche Tätigkeit	2%	3%
Selbsthilfe	2%	2%
Bürgerengagement	6%	6%
Initiativen-/Projektarbeit	8%	6%
Gesamt	100%	100%
Quelle: Freiwilligensurvey 1999; spaltenweise Addition zu 100%		

Angesichts langjähriger Debatten in der alten Bundesrepublik und des anderen Zuschnitts der Engagementkultur in der DDR ist das ganz ähn liche begriffliche Selbstverständnis des freiwilligen Engagements in den neuen und alten Ländern verblüffend. Beiderseits sieht man die Tätigkeit am besten als „Freiwilligenarbeit" charakterisiert, bereits etwas abgeschlagen gefolgt vom klassischen Begriff des „Ehrenamtes". Andere Bezeichnungen tun sich in dieser Konkurrenz schwer und erreichen nur ziemlich niedrige Prozentsätze.

Die Ähnlichkeit im Vergleich zwischen den neuen und alten Ländern wird allerdings weniger verblüffend, wenn man berücksichtigt, wie lange die Befragten die Tätigkeiten überhaupt ausüben. Es zeigt sich nämlich, dass die aktuell ausgeübte Tätigkeit von der großen Mehrheit erst seit neun Jahren ausgeübt wird (alte Länder: 63%, neue Länder: 71%). Bei der zweiten Tätigkeit trifft das in noch höherem Maße zu.

Abb. 3.6: Bezeichnung der Tätigkeit nach Tätigkeitsdauer						
	Alte Länder			Neue Länder		
	seit 9 Jahren	seit 10 Jahren	11 Jahre+	seit 9 Jahren	seit 10 Jahren	11 Jahre+
Ehrenamt	27%	37%	41%	27%	33%	38%
Freiwilligenarbeit	53%	49%	42%	55%	58%	45%
Nebenber.Tätigkeit	2%	3%	3%	3%	2%	3%
Selbsthilfe	3%	1%	2%	3%	3%	1%
Bürgerengagement	6%	5%	7%	5%	1%	10%
Initiativen/Projekte	9%	5%	5%	7%	3%	3%
Gesamt	100%	100%	100%	100%	100%	100%
Quelle: Freiwilligensurvey 1999; spaltenweise Addition zu 100% jeweils für die Gruppen in den alten und neuen Ländern						

Wir haben diese Zeitgrenze gezogen, um festzustellen, ob die betreffende Tätigkeit in den neuen Ländern erst seit dem Jahr 1990, seit dem Jahr 1989 (alte Länder: 8%, neue Länder: 7%) oder seit einem Zeitpunkt vor dem Jahre 1989 ausgeübt wird (alte Länder: 29%, neue Länder: 20%). Immerhin stammen in den neuen Ländern von der zeitaufwändigsten Tätigkeit 20% und von der zweiten 17% eindeutig aus der noch „intakten" DDR. Dennoch war die „Überlebenschance" der Tätigkeiten in den alten Ländern höher und die „Erneuerungsrate" in den neuen Ländern höher (siehe auch die Erkenntnisse zum in der DDR beendeten Engagement). Freiwillig Engagierte sind in den neuen Ländern zwar „länger dabei", dennoch wurden offensichtlich auch häufiger Tätigkeiten gewechselt.

Die gesamtdeutsch gesehen mehrheitlich relativ „jüngeren" Tätigkeiten können es für die neuen Länder plausibel machen, dass eine ähnliche Charakterisierung vorgenommen wird wie in den alten, weil die Tätigkeiten bereits im Umbruch bzw. im Zuge der Entwicklung einer gesamtdeutschen Engagementlandschaft aufgenommen wurden. Allerdings muß hier Vorsicht walten: Im Vergleich der gruppierten Tätigkeitsdauer fällt das Bild zwischen den neuen und alten Ländern auch bei den Tätigkeiten aus der DDR, die bis zum Jahr 1988 begonnen wurden, sehr ähnlich aus Abb. 3.6. Wahrscheinlich ist das Selbstverständnis der freiwilligen Tätigkeiten aus der DDR, die bis heute „überlebt" haben, so anders nicht als in den alten Ländern, so dass sie problemlos mit ähnlichen Begriffen belegt werden können wie dort, sei es, weil es schon immer möglich war, sei es, weil es inzwischen möglich ist.

3.2 Personenkreise und organisatorischer Rahmen

Das zwischen den neuen und alten Ländern konvergente Bild setzt sich auch in der Frage fort, um welchen *Personenkreis* es in der beschriebenen zeitaufwändigsten Tätigkeit geht (Abb. 3.7).

Abb. 3.7: Personenkreis, auf den sich das Engagement bezieht		
	Alte Länder	Neue Länder
Kinder und Jugendliche	35%	38%
Senioren	8%	9%
Frauen	4%	4%
Männer	4%	4%
anderer oder kein spezieller Personenkreis	49%	45%
Gesamt	100%	100%
Quelle: Freiwilligensurvey 1999		

Am ehesten lassen sich in den neuen und alten Ländern „Kinder und Jugendliche" fixieren, wenn ein bestimmter Personenkreises des Engagements festgemacht werden soll. Mit relativer Mehrheit ist es jedoch sowohl in den alten als auch in den neuen Ländern nicht möglich, den Personenkreis auf die vorgegebenen Kategorien einzugrenzen. Senioren, Frauen und Männer werden beiderseits noch zu einem gewissen Prozentsatz genannt. Dieses Verteilungsbild wiederholt sich im Wesentlichen auch bei der zweiten beschriebenen Tätigkeit.

Abb. 3.8: Organisatorischer Rahmen der Tätigkeit		
Organisationsform	**Alte Länder**	**Neue Länder**
Verein	49%	50%
Verband	7%	7%
Gewerkschaft	1%	2%
Partei	3%	3%
Kirche/religiöse Vereinigung	15%	7%
Selbsthilfegruppe	2%	2%
Initiative oder Projekt	3%	5%
sonstige selbstorganisierte Gruppe	6%	6%
staatliche/kommunale Einrichtung	10%	14%
private Einrichtung/Stiftung	2%	1%
Sonstiges	3%	3%
Gesamt	100%	100%
Quelle: Freiwilligensurvey 1999; spaltenweise Addition zu 100%		

Zu größeren Unterschieden führt auch die Erfassung des *organisatorischen Rahmens* nicht, innerhalb dessen sich die freiwillige Tätigkeit vollzieht (Abb. 3.8). Die Ausnahme ist die Ungleichverteilung zugunsten der Kirche und religiöser Vereinigungen in den alten Ländern und zugunsten staatlicher bzw. kommunaler Einrichtungen in den neuen Ländern.

3.3 Inhalte und Anforderungen

Der Freiwilligensurvey 1999 interessierte sich im weiteren für die *Inhalte* der angegebenen freiwilligen Tätigkeiten. Auch hier ist wieder das überwiegend ähnliche Bild kennzeichnend, was angesichts der bisher weitgehend ähnlichen Charakteristika nicht mehr verwundert. In den alten Ländern werden mehr „praktische Arbeiten" und „Verwaltungstätigkeiten" geleistet, in den neuen werden mehr Inhalte angegeben, die auf „Interessenvertretung und Mitsprache" gerichtet sind. „Fundraising" und „Vernetzungsarbeit" werden in den alten Ländern etwas öfter genannt (vgl. Abb. 3.9).

Abb. 3.9: Hauptinhalte der Tätigkeit

	Alte Länder	Neue Länder
Organisation und Durchführung von Treffen, Veranstaltungen	51%	48%
praktische Arbeiten, die geleistet werden müssen	37%	29%
persönliche Hilfeleistungen	28%	27%
Informations- und Öffentlichkeitsarbeit	25%	28%
pädagogische Betreuung oder Anleitung einer Gruppe	25%	24%
Interessenvertretung und Mitsprache	23%	28%
Beratung	19%	21%
Organisation und Durchführung von Hilfeprojekten	19%	18%
Verwaltungstätigkeiten	17%	13%
Mittelbeschaffung (Fundraising)	13%	10%
Vernetzungsarbeit	7%	5%

Quelle: Freiwilligensurvey 1999; Mehrfachnennungen, keine Addition zu 100%

Die Befragten sollten außer der Beschreibung von Inhalten auch eine *Anforderungsprofil* ihrer Tätigkeiten zeichnen. (Abb. 3.10) Der deutlichste Unterschied zwischen den alten und neuen Ländern besteht darin, dass die Engagierten in den neuen Ländern sich stärker dazu herausgefordert sehen, mit *Behörden* gut umgehen zu können. Das kann zum einen mit der stärkeren staatlichen bzw. kommunalen Anbindung der Tätigkeiten zu tun haben, die Menschen in den neuen Ländern angeben, zum anderen jedoch auch mit Fragen staatlicher Finanzierung freiwilligen Engagements und dem steten Ringen darum (etwa um ABM-Stellen etc.). Schließlich dürften auch Fragen der Kompatibilität des freiwilligen Engagements von Arbeitslosen und dessen Behandlung durch die Behörden in den neuen Ländern eine besondere Rolle spielen, wie in der Folge noch zu sehen sein wird. Das Anforderungsprofil der Tätigkeiten wird auch etwas stärker mit dem Schlagwort „Selbstlosigkeit" gekennzeichnet.

Abb. 3.10: Anforderungen in der Tätigkeit

Skala: 1-in starkem Maße, 2-in gewissen Maße, 3-nicht gefordert

	Alte Länder			Neue Länder		
	1	2	3	1	2	3
mit Menschen gut umgehen	70%	26%	4%	71%	25%	4%
Einsatzbereitschaft	56%	35%	9%	60%	33%	7%
Organisationstalent	39%	44%	17%	37%	46%	17%
Belastbarkeit	37%	45%	18%	38%	46%	16%
Fachwissen	29%	39%	32%	32%	40%	28%
Führungsqualität	25%	39%	36%	23%	40%	37%
mit Behörden gut umgehen	19%	28%	53%	30%	29%	41%
Selbstlosigkeit	19%	47%	34%	24%	44%	32%

Quelle: Freiwilligensurvey 1999, zeilenweise Addition zu 100% jeweils für alte und neue Länder

Insgesamt ist jedoch auch das von Engagierten gekennzeichnete Anforderungsprofil wie die angegebenen Hauptinhalte der Tätigkeiten sehr ähnlich.

Bezüglich der Tätigkeitsanforderungen muß angefügt werden, dass der Freiwilligenbereich in den neuen Ländern etwas stärkere inhaltliche Beziehungen zum *beruflichen Bereich* aufweist als in den alten Ländern. So geben die Engagierten in den neuen Ländern öfter an, dass die Ausübung ihrer Tätigkeit „berufliche Erfahrungen" im Tätigkeitsfeld voraussetzt (neue Länder: 22%, alte Länder: 18%), ein Unterschied, der sich bei der zweiten beschriebenen Tätigkeit sogar noch verstärkt (neue Länder: 26%, alte Länder: 17%). Die Befragten in den neuen Ländern geben auch öfter an, dass es einen Zusammenhang zwischen ihrer freiwilligen Tätigkeit und ihrer aktuellen bzw. früheren beruflichen Tätigkeit gibt (neue Länder: 26%, alte Länder: 22%).

Die Ähnlichkeiten zwischen den neuen und alten Ländern setzen sich auch darin fort, dass jeweils etwa zwei Fünftel der Tätigkeiten, „Ämter" darstellen, in die man „gewählt" wird. Allerdings gibt es in den alten Ländern einen höheren Anteil von Tätigkeiten, die Leitungs- und Vorstandsfunktionen darstellen (neue Länder: 35%, alte Länder: 39%), eine Abweichung, die bei der zweiten beschriebenen Tätigkeit noch deutlicher ausfällt (neue Länder: 27%, alte Länder: 34%).

Die meisten Freiwilligen in den neuen und alten Ländern fühlen sich den Anforderungen ihrer Tätigkeit „immer gewachsen" (neue Länder: 74%, alte Länder: 75%), die anderen „manchmal überfordert". In den alten Ländern gibt es für die Engagierten ein etwas intensiveres Weiterbildungsangebot. 49% der Freiwilligen in den alten Ländern und 44% in den neuen Ländern berichten über vorhandene Kurs- und Seminarangebote. Dieses Angebot wird allerdings in den neuen Ländern intensiver nachgefragt als in den alten. In den neuen Ländern haben nur 26% der Engagierten in ihrer ersten Tätigkeit noch nie an Weiterbildungskursen teilgenommen, in den alten Ländern 31%. In der zweiten Tätigkeit ist das Bild noch unterschiedlicher (22% versus 31%).

3.4 Erwartungen an das freiwillige Engagement und deren Erfüllung

Um die Befragten nicht zu überfordern, erkundigte sich der Freiwilligensurvey nur für die zeitaufwändigste Tätigkeit nach den Erwartungen, die Engagierte mit ihrer freiwilligen Tätigkeit verbinden und anschließend danach, inwieweit diese Erwartungen in der Sicht der Engagierten auch erfüllt werden (vgl. Abb. 3.11 bis 3.14). Mit ihren Erwartungen an ihre Tätigkeit setzen die freiwillig Engagierten klare Prioritäten: In den alten und neuen Ländern ist es ihnen ganz besonders wichtig, dass ihre Tätigkeit *Spaß* macht. Hier wird das Basismotiv einer freiwilligen Tätigkeit erkennbar, die wohl ohne dessen Erfüllung nicht ausgeübt werden würde. Das erkennt man an der weitgehenden *Einlösung* des Spaß-Motives in Abb. 3.14. Für 87% der Engagierten in den alten und 88% in den neuen Ländern ist Spaß an der Tätigkeit wichtig und 84% bzw. 85% geben an, dass ihnen ihre Tätigkeit auch Spaß bereitet.

Die sehr niedrige Standardabweichung von 0,85 zeigt den großen Konsens der Befragten in dieser Erwartungshaltung an, ein konsensualer Effekt, der bezeichnenderweise sowohl bei der *Erwartung* als auch bei der *Erfüllung* der Erwartung auftritt (Standardabweichung dort mit 0,87 nur leicht höher).

Dies gilt für die alten und neuen Länder gleichermaßen. Wie wir bereits sahen, ist diese hohe Befriedigung des Spaß-Motives auch eine wesentliche Ursache dafür, dass die Befragten ihr Engagement in ihrem Lebenskontext überhaupt als *wichtig* ansehen.

Neben der Erwartung, dass freiwilliges Engagement die Lebensfreude und Lebensqualität der Engagierten steigern soll (nämlich „Spaß bereiten"), was im Kontakt und Austausch mit „sympathischen Menschen" wahrscheinlicher wird, gibt es natürlich auch vitale caritative und gemeinwohlorientierte Engagementmotive, die diesem Tätigkeitsmodus nicht nur die Aura des „Freiwilligen", sondern auch des *mitmenschlichen* „Sich-Kümmerns" und des über den Privatismus hinausgehenden *öffentlichen Bewußtseins* verleihen.

In dieser Hinsicht sind die Engagierten in den neuen Ländern etwas stärker motiviert als in den alten.

An letzter Stelle der Erwartungen an die freiwillige Tätigkeit steht die Frage, ob das Engagement auch einen „beruflichen Nutzen" mit sich bringen soll. Dem entspricht auch der letzte Platz in der Erfüllung der Erwartungen. In den neuen Ländern wird allerdings dieser berufliche Nutzen von immerhin einem Viertel der Engagierten durchaus als wichtig angesehen und diese Erwartung wird mit 23% auch stärker eingelöst als in den alten Ländern. Das bestätigt noch einmal die deutlichere Fühlung des Freiwilligenbereichs der neuen Länder zum beruflichen Bereich, was sicher auch mit der angespannten Arbeitsmarktsituation, insbesondere für Frauen zusammenhängt.

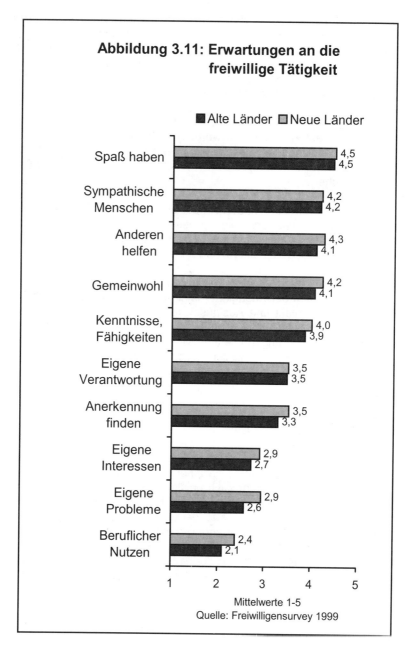

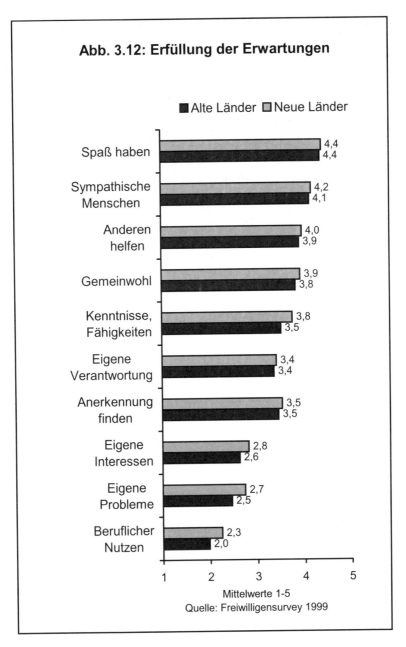

Abb. 3.12: Erfüllung der Erwartungen

Abb. 3.13: Erwartungen an die Tätigkeit

Zusammengefasste Skalenwerte: 1+2-wichtig, 3-teils-teils, 4+5-unwichtig

	Alte Länder			Neue Länder		
	1+2	3	4+5	1+2	3	4+5
Spaß	87%	10%	3%	88%	9%	3%
mit sympathischen Menschen zusammenkommen	77%	16%	7%	78%	15%	7%
anderen Menschen helfen	75%	16%	9%	80%	13%	7%
etwas für das Gemeinwohl tun	74%	18%	8%	80%	13%	7%
Kenntnisse, Erfahrungen erweitern	68%	20%	12%	71%	18%	11%
eigene Verantwortung und Entscheidungsspielräume	54%	26%	20%	53%	28%	19%
Anerkennung finden	45%	31%	24%	52%	29%	19%
eigene Interessen vertreten	29%	27%	44%	35%	25%	40%
eigene Probleme lösen	29%	20%	51%	39%	21%	40%
auch beruflicher Nutzen	18%	16%	66%	25%	16%	59%

Quelle: Freiwilligensurvey 1999; Zeilen-Addition zu 100% (für alte und neue Länder)

Der Überblick über die Abb. 3.13 und 3.14 und die Abb. 3.11 und 3.12 bringt in vielen Punkten eine bemerkenswerte „Austarierung" der *Erwartungen* an das freiwillige Engagement und der *Erfüllungen* dieser Erwartungen zum Ausdruck, vor allem beim „Spaß" und der Möglichkeit, mit „sympathischen Menschen" zusammenzukommen. Allerdings werden in wichtigen Punkten auch einige, wenn auch nicht sehr große „Defizite" erkennbar, insbesondere bei den Möglichkeiten, seine „Kenntnisse und Erfahrungen erweitern" zu können, „eigene Verantwortung und Entscheidungsmöglichkeiten" zu haben, „etwas für das Gemeinwohl" zu tun und „anderen Menschen helfen" zu können.

Abb. 3.14: Erfüllung der Erwartungen an die Tätigkeit

Zusammengefasste Skalenwerte: 1+2-trifft zu, 3-teils-teils, 4+5-trifft nicht zu

	Alte Länder			Neue Länder		
	1+2	3	4+5	1+2	3	4+5
Spaß	84%	13%	3%	85%	12%	3%
mit sympathischen Menschen zusammenkommen	75%	19%	6%	76%	18%	6%
anderen Menschen helfen	68%	22%	10%	70%	18%	12%
etwas für das Gemeinwohl tun	64%	25%	11%	68%	21%	11%
Kenntnisse, Erfahrungen erweitern	53%	27%	20%	62%	23%	15%
eigene Verantwortung und Entscheidungsspielräume	47%	31%	22%	48%	31%	21%
Anerkennung finden	49%	34%	17%	52%	30%	18%
eigene Interessen vertreten	27%	27%	46%	33%	26%	41%
eigene Probleme lösen	24%	23%	53%	31%	25%	44%
auch beruflicher Nutzen	15%	15%	70%	23%	15%	62%

Quelle: Freiwilligensurvey 1999; Zeilen-Addition zu 100% (für alte und neue Länder)

Der Vergleich zwischen den neuen und alten Ländern zeigt, dass hier ein ähnliches Phänomen in beiden Landesteilen vorliegt. Das betrifft sowohl die „Austarierung" von Erwartungen und Erfüllungen als auch die „Defizite". Zusätzlich erkennt man, dass die neuen Länder da, wo sie von den alten in ihren Erwartungen abweichen in der gleichen Richtung auch in der Erfüllung dieser Erwartungen abweichen.

Dieses Phänomen wurde bereits in der beruflichen Fühlung des Engagements erkennbar und setzt sich auch darin fort, dass die neuen Bundesbürger mit ihrem Engagement öfter ihre *eigenen Probleme lösen* und berechtigte eigene Interessen vertreten wollen. Sie sehen diese Erwartungen auch stärker erfüllt als in den alten Ländern. Allerdings verbleibt ihnen zumindest bei der Lösung „eigener Probleme" dennoch eine erhöhte Bedürfnisspannung. Das heißt, es gelingt ihnen in diesem Punkte (relativ zu den alten Ländern gesehen) in geringerem Maße die Erwartung auch einzulösen.

Bezüglich der *Anerkennung*, die man für die freiwillige Tätigkeit findet, steht einer ausgeglichenen Bilanz zwischen Erwartung und Erfüllung in den neuen Ländern sogar eine „Übererfüllung" in den alten gegenüber. Allerdings ist diese Anerkennung den Engagierten durchschnittlich eher in mittlerem Maße wichtig und hat keine „Top-Priorität".

Um die Erwartungen der Engagierten an ihre Tätigkeit und deren Erfüllung besser verstehen zu können, haben wir eine *Strukturanalyse* beider Merkmalskomplexe durchgeführt. Die getrennten Faktorenanalysen der Erwartungen und der Erfüllungen der Erwartungen erklären mit 57% bzw. 60% einen großen Teil der Unterschiede zwischen den Engagierten und ergeben eine weitgehend *ähnliche* und eine *sinnvolle* Struktur. Das bestätigt und erweitert die bisher erkennbare rein quantitative Übereinstimmung beider Komplexe, der offensichtlich auch eine weitgehende strukturelle Übereinstimmung von Erwartung und Erfüllung entspricht.

Struktur der Erwartungen
Faktor 1: Eigene Interessen und Verantwortung
- eigene Interessen vertreten
- auch beruflicher Nutzen
- eigene Probleme lösen
- (eigene Verantwortung)
- ((Anerkennung finden))

Faktor 2: Spaß und Horizonterweiterung
- mit sympathischen Menschen zusammenkommen
- Tätigkeit macht Spaß
- (Erfahrungen und Kenntnisse erweitern)
- ((Anerkennung finden))

Faktor 3: Hilfsbereitschaft und Gemeinwohl
- anderen Menschen helfen
- etwas für das Gemeinwohl tun

Struktur der Erwartungserfüllung
Faktor 1: Eigene Interessen
- eigene Probleme lösen
- eigene Interessen vertreten
- auch beruflicher Nutzen

- Erfahrungen und Kenntnisse erweitern
- eigene Verantwortung

Faktor 2: Spaß und Anerkennung
- mit sympathischen Menschen zusammenkommen
- Tätigkeit macht Spaß
- (Anerkennung finden)

Faktor 3: Hilfsbereitschaft und Gemeinwohl
- anderen Menschen helfen
- etwas für das Gemeinwohl tun

Die quantitative und nunmehr auch die strukturelle Übereinstimmung von „Wunsch" (Erwartung) und „Wirklichkeitsempfindung" (Erfüllung) in einem wichtigen menschlichen Lebensbereich ist bemerkenswert und keineswegs trivial, wie etwa Untersuchungen im Lebensbereich „Arbeit" immer wieder ergeben. Im beruflichen Bereich leiden viele Beschäftigte, vor allem auf den unteren und mittleren Rängen der Hierarchie unter Versagungserlebnissen wichtiger Bedürfnisse, insbesondere unter einem Mangel an Handlungs- und Gestaltungsspielräumen sowie an Spaß und Abwechslung in der Arbeit. Das kann bei nicht wenigen Befragten zur Resignation und zur sogenannten „inneren Kündigung" führen.

Abb. 3.15: Erwartungs- und Erfüllungsdimensionen bei Männern und Frauen				
	Alte Länder		Neue Länder	
	Mann	Frau	Mann	Frau
Erwartung: Eigene Interessen und Verantwortung Erfüllung: Eigene Interessen	(-)	+	(+)	++ +
Erwartung: Hilfsbereitschaft und Gemeinwohl Erfüllung: Hilfsbereitschaft und Gemeinwohl	(-)			+ +
Quelle: Freiwilligensurvey 1999; Plus- und Minuszeichen bedeuten hochsignifikante Abweichungen von den Faktorscores, geklammerte schwach signifikante Tendenzen				

Inhaltlich gesehen ergibt die Strukturanalyse der Erwartungen und der Erfüllungen jeweils drei Erwartungs- und Erfüllungs-Komplexe. Bedürfnisse, mit dem freiwilligen Engagement eigene Interessen vertreten und eigene Probleme in die Hand nehmen bzw. lösen zu können, haben eine enge Fühlung zum Bedürfnis danach, dass die Tätigkeit auch beruflichen Nutzen erbringt. Das ist ein für die neuen Länder typischeres Muster als für die alten, wie es bereits die Verteilung der Einzelerwartungen erkennen ließ.

Abgesehen davon, dass es in den neuen Ländern eine stärkere Konzentration auf den (bezahlten) beruflichen Erfolg gibt, die teilweise die Energien vom Freiwilligensektor abziehen kann, erwarten also auch die Freiwilligen in den neuen Ländern von ihrem Engagement einen höheren beruflichen Nutzen als in den alten Ländern.

Abb. 3.15 zeigt, dass für die Abweichungen der neuen Länder besonders die *Frauen* verantwortlich zeichnen, die in ihrem freiwilligen Engagement vor allem gesteigerte Erwartungen an die Möglichkeiten eigener (inklusive beruflicher) Interessenverfolgung haben. Bei den Frauen in den alten Ländern gibt es bezüglich solcher Erwartungen sogar eine Tendenz zur „Übererfüllung" auf einem eher durchschnittlichen Anspruchsniveau, bei den Frauen in den neuen Ländern eher eine leichte „Untererfüllung" auf deutlich überdurchschnittlichem Niveau der Erwartungen. Die etwas höhere Bedeutung des „idealistischen" Erwartungs- und Erfüllungs-Faktors „Hilfsbereitschaft und Gemeinwohl" in den neuen Ländern geht ebenfalls besonders auf die dortigen Frauen zurück, wobei hier eine eher ausgeglichene Situation zwischen Erwartung und Erfüllung vorhanden ist.

Neben den strukturellen Ähnlichkeiten zwischen den Erwartungen an die freiwillige Tätigkeit und deren Erfüllungen fallen auch einige Akzentverschiebungen im Vergleich beider Strukturen auf. Während sich das Bedürfnis nach *Erfahrungs- und Kenntniserweiterung* deutlicher an die Erwartung von „Spaß" anlehnt, hat es in den praktischen Erlebnissen der engagierten Befragten eine engere Beziehung zum Faktor „Eigene Interessen". In der „Realität" des Engagements geht offensichtlich die Kenntnis- und Erfahrungserweiterung enger mit der Erfahrung auch beruflichen Nutzens einher, obwohl das von der „Wunschseite" nicht unbedingt so gemeint ist und von den Engagierten eher eine allgemeine „Horizonterweiterung" angestrebt wird.

Auch die Frage der *Anerkennung* erfährt eine gewisse Akzentverschiebung im Bereich der Engagement-Erfahrungen. Auf der Seite der Engagement-Erwartungen sind Anerkennungsbedürfnisse sowohl mit Bedürfnissen nach eigener Problemlösung bzw. beruflichem Nutzen verbunden als auch mit dem Kontakt zu „sympathischen Menschen", der Spaß und Horizonterweiterung erbringen soll. Auf der Ebene der praktischen Erfahrung jedoch ist der letzte Faktor (also ein, wenn man so will, Sozialfaktor) der ausschlaggebendere, wenn es um die Befriedigung von Bedürfnissen nach Anerkennung geht. Die Frage der Anerkennung wird also letztlich mehr durch befriedigende Sozialkontakte als in Verbindung mit beruflichem Nutzen eingelöst.

Insgesamt gesehen ist auf der Ebene der *Engagementerfahrungen* ein sehr eng verknüpftes und konsistentes Syndrom von mehr oder weniger befriedigten „Eigeninteressen" der Person zu erkennen (Faktor: „Eigene Interessen"), seien es nun Fragen der persönlichen Interessenvertretung und Problemlösung im engeren Sinne, berufliche Interessen, die Möglichkeit der Erfahrungs- und Kenntniserweiterung oder schließlich die Erfahrung *eigener Verantwortungs- und Entscheidungsspielräume*.

3.5 Problemwahrnehmungen von Engagierten

Die „austarierte" Motivlage der Engagierten in den neuen und alten Ländern darf nicht zu dem Schluß führen, im gesellschaftlichen Bereich „freiwilliges Engagement" sei „die Welt in Ordnung". Es handelt sich hier um die Summe individuell gefundener psychischer Gleichgewichte von Personen, die sich entschlossen haben, über den privaten und beruflichen Bereich hinaus Zeit und Energie zu investieren und damit etwas für das Gemeinwohl und andere Menschen zu tun. Freiwillig engagierte Menschen haben mit Sicherheit gute und schlechte Erfahrungen zugleich gemacht und es gelernt, sich und ihre Tätigkeitsmotivation gegenüber den durchaus vorhandenen Alltagsproblemen einigermaßen abzuschirmen. Dabei hilft es natürlich im eigenen persönlichen Tätigkeitskontext vor allem das Positive und Motivierende festzuhalten und zu betonen.

Die befragten Freiwilligen haben an die Adresse ihrer Organisationen, des Staates und der Arbeitgeber einen ganzen Katalog von Forderungen vorgetragen und damit gezeigt, dass es durchaus eine ganze Reihe von Fragen und Problemen gibt, wo die Freiwilligen in ihrer Tätigkeit „der Schuh drückt" (vgl. Abb. 3.16 und 3.17).

Zuallererst fehlt Geld, vor allem für die Durchführung von Projekten. Diese Beobachtung machen die Befragten in den neuen Ländern noch mehr als in den alten. Überhaupt ist es so, dass in den neuen Ländern überall da, wo es um die *Finanzen* geht, ein größeres Problembewußtsein vorhanden ist, sei es nun bei der „unbürokratischen Kostenerstattung" oder auf eher mäßigem Niveau bei der „finanziellen Vergütung für die Arbeit".

Die besondere Bedeutung des Problemfaktors „Finanzen" in den neuen Ländern zeigt sich auch bei einigen anderen Fragen des Freiwilligensurveys 1999. So haben die Engagierten in den neuen Ländern weniger die Möglichkeit, sich finanzielle Auslagen gegen Nachweis erstatten zu lassen (alte Länder: 44%, neue Länder: 39%). Soweit sie gewisse Vergütungen erhalten, liegen diese deutlich niedriger als in den alten Ländern und sie werden in den neuen Ländern auch weniger als angemessen empfunden. Hierin ist sicherlich der Reflex der allgemeinen Finanzknappheit der neuen Bundesländer zu sehen, die auch vor dem Freiwilligenbereich nicht halt macht.

Abb. 3.16: Gewünschte Verbesserungen für das freiwillige Engagement durch die Organisationen

	Alte Länder		Neue Länder	
„da drückt der Schuh..."	ja	nein	ja	nein
Bereitstellung von Finanzmitteln für bestimmte Projekte	61%	37%	72%	26%
Bereitstellung von Räumen / Ausstattung für Projekt- und Gruppenarbeit	46%	53%	46%	53%
Weiterbildungsmöglichkeiten	39%	59%	39%	59%
Fachliche Unterstützung	38%	60%	35%	63%
menschliche und psychische Unterstützung	35%	63%	35%	64%
Unbürokratische Kostenerstattung	34%	64%	40%	56%
Anerkennung durch Hauptamtliche	32%	66%	32%	66%
Finanzielle Vergütung für die Arbeit	25%	73%	30%	68%

Quelle: Freiwilligensurvey 1999; zeilenweise Addition jeweils für alte und neue Länder, fehlende Prozente zu 100% „weiß nicht"

Abb. 3.17: Gewünschte Verbesserungen für das freiwillige Engagement durch Staat und Arbeitgeber

	Alte Länder		Neue Länder	
„da drückt der Schuh..."	ja	nein	ja	nein
bessere Information u. Beratung über Gelegenheiten zum freiwilligen Engagement	57%	40%	57%	40%
steuerliche Absetzbarkeit der Unkosten	52%	38%	56%	38%
steuerliche Freistellung von Aufwandsentschädigungen	52%	40%	51%	42%
öffentliche Anerkennung durch Berichte in der Presse und den Medien	47%	51%	47%	52%
Anerkennung für die Rentenversicherung	46%	48%	47%	45%
Anerkennung als berufliches Praktikum oder Weiterbildung	48%	48%	42%	53%
Absicherung durch Haftpflicht- und Unfallversicherung	45%	48%	40%	55%
Freistellung durch die Arbeitgeber	42%	53%	42%	53%
Anerkennung als Ersatz für Wehr- oder Zivildienst	42%	52%	34%	59%
Vereinbarkeit mit dem Bezug von Arbeitslosengeld	32%	56%	40%	51%
öffentliche Anerkennung durch Ehrungen u.ä.	22%	76%	31%	67%

Quelle: Freiwilligensurvey 1999; zeilenweise Addition jeweils für alte und neue Länder, fehlende Prozente zu 100% „weiß nicht"

Abgesehen von dem Sonderfaktor „Finanzknappheit" muß wiederum die sehr ähnliche Problemsicht im Freiwilligenbereich der alten und neuen Länder beeindrucken. Dass allerdings auch die Frage der „Bürokratie" in den neuen Ländern stärker betont wird, könnte auf die stärkeren Wechselbeziehungen des Freiwilligenbereichs mit *dem staatlichen Bereich* zurück gehen, seien es nun die Ebenen der Kommunen, Länder oder des Bundes. Eine ganz spezifische Wechselbeziehung dieser

Art zeigt sich in der erhöhten Bedeutung des Problems der „Vereinbarkeit des Bezugs von Arbeitslosengeld und freiwilligem Engagement".

Nach der Logik der Arbeitsverwaltung stehen Arbeitslose, die sich allzu intensiv freiwillig engagieren nicht dem Arbeitsmarkt zur Verfügung bzw. setzen ihre Energie vielleicht zu wenig zur Rückkehr auf den Arbeitsmarkt ein oder ersetzen gar potenzielle bezahlte Jobs. Die Schwierigkeit liegt darin, dass viele Arbeitslose, besonders in den fortgeschritteneren Jahrgängen ziemlich chancenlos auf dem engen Arbeitsmarkt der neuen Länder sind. Sie sollten sich nach psychologischer Sicht lieber freiwillig engagieren als zu Hause herumsitzen. Hier muß angesichts der besonderen Lage auf dem Arbeitsmarkt der neuen Länder ein flexibler Kompromiß zwischen „Psycho-Logik" und „Logik der bürokratischen Legalität" gefunden werden.

Die Forderungen, die die Befragten in den neuen und alten Ländern an den Staat und die Arbeitgeber stellen, ähneln sich in vielen wichtigen Punkten, auf die hier nicht weiter eingegangen werden soll, weil sie wichtige gesamtdeutsche Probleme darstellen (vgl. Abb. 3.17). Die Unterschiede verweisen wieder auf besondere Aspekte der Situation in den neuen und alten Ländern.

Anerkennung freiwilligen Engagements als Ersatz für Wehr- oder Ersatzdienst: In den neuen Ländern ist die Neigung junger Männer, den Wehrdienst tatsächlich abzuleisten höher als in den alten, sei es um drohender Arbeitslosigkeit zu entgehen, um berufliche Qualifikationen zu erwerben oder wegen eines nicht ganz so lädierten Images des Militärischen. Daher stellt sich hier die Frage eines Ersatzes weniger dringlich als in den alten Ländern.

Anerkennung freiwilliger Tätigkeit als berufliches Praktikum: Diese Frage ist eher ein Modus, wie Menschen in den alten Ländern die berufliche Frage mit dem freiwilligen Engagement verknüpfen. Für Menschen in den neuen Ländern liegt das Interesse eher darin, über eine freiwillige Tätigkeit auch die Chance auf einen bezahlten Job zu verbessern und weniger darin, zur Vorbereitung oder innerhalb einer beruflichen Karriere einen freiwilligen Part als Praktikum bzw. Weiterbildung einzuschieben, wie es für die alten Länder typischer ist.

Öffentliche Anerkennung durch Ehrungen etc.: In den neuen und alten Ländern steht diese Frage nicht an der Spitze der Problem-Prioritäten, sie wird jedoch in den neuen Ländern deutlich stärker betont. Das deutet auf ein relatives öffentliches Anerkennungsdefizit des freiwilligen Engagements in den neuen Ländern hin.

4 Potenziale des freiwilligen Engagements in den neuen Ländern

4.1 Größe des Engagementpotenzials

Die Abb. 4.1 bis 4.3 geben einen Überblick über die Potenziale freiwilligen Engagements in den alten und neuen Ländern bzw. für die verschiedenen Altersgruppen.

Es handelt sich wiederum um eine Ergebnisvariable, die aus der Kombination einer direkten Frage nach dem Interesse an freiwilligem Engagement und der bereits zitierten Ergebnisvariablen konstruiert wurde, die zur Quote des aktuellen freiwilligen Engagements führte. (Potenzial gibt es natürlich auch bei den Engagierten selbst, die sich oft durchaus noch intensiver engagieren wollen bzw. könnten, ein Aspekt, den wir hier nicht behandeln. Es liegen zudem keine Unterschiede zwischen neuen und alten Ländern vor.)[9]

Danach ist diejenige Gruppe, die an einem freiwilligen Engagement interessiert ist in den neuen und alten Ländern mit 27% gleich groß. Die Zugehörigkeit zu dieser Gruppe der aktuell nicht Engagierten, aber an einem Engagement Interessierten, ist stark altersabhängig. Das Interesse am Engagement steigt in den jüngeren Jahrgängen deutlich an und ist in den Altersgruppen bis 29 Jahre besonders hoch. Bei der Altersverteilung des Engagementpotenzials ist allerdings zu berücksichtigen, dass die jüngeren Befragten in geringerem Maße ehemals engagiert waren als ältere Befragte, was aus der Abb. 4.3 nicht ersichtlich ist (vgl. Abb. 1.7 bis 1.9).

Der Effekt, dass jüngere Befragte ein besonders hohes Engagementpotenzial bekunden, ist in den neuen und alten Ländern ebenso erkennbar und in den neuen Ländern sogar noch etwas deutlicher.[10] Auch wenn dieses jugendliche Potenzial sicher nicht sofort abrufbar sein dürfte, besteht doch eine erhebliche Möglichkeit zur Erweiterung des freiwilligen Engagements *in den neuen und alten Ländern*.

---

[9] Vgl. Klages, Band 2, Teil 2
[10] Vgl. Picot, Sibylle, Jugend und freiwilliges Engagement, Band 3, Teil 3

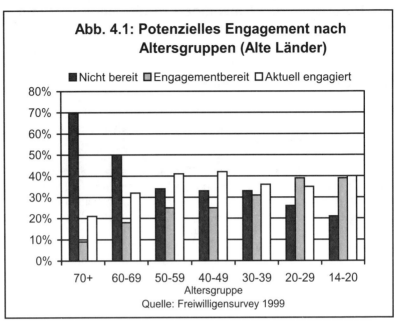

Abb. 4.1: Potenzielles Engagement nach Altersgruppen (Alte Länder)
Quelle: Freiwilligensurvey 1999

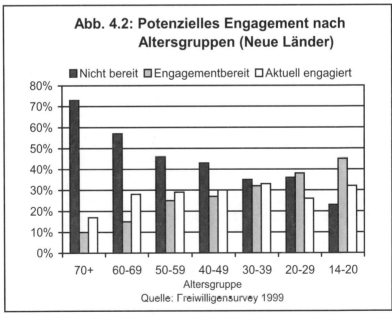

Abb. 4.2: Potenzielles Engagement nach Altersgruppen (Neue Länder)
Quelle: Freiwilligensurvey 1999

Diese Ähnlichkeit „schließt" zumindest vom Potenzial her zu einem größeren Teil die „Lücke", die bezüglich des freiwilligen Engagements auch zwischen jüngeren Leuten in den alten und neuen Ländern besteht, ähnlich wie die Berücksichtigung des ehemaligen freiwilligen Engagements die Unterschiede zwischen den älteren Generationen in den neuen und alten Ländern verringerte.

Dennoch verbleibt z.B. bei den 20 bis 29-Jährigen eine Differenz von zehn Prozentpunkten, wenn man diejenigen zählt, die weder aktuell noch „potenziell" freiwillig engagiert sind. Wir werden in der Folge noch prüfen, welche Gründe diese Altersgruppe vom Engagement abhält.

Abb. 4.3: Aktuelles und potenzielles Engagement

	Aktuell Engagierte		Am Engagement Interessierte		Nicht Interessierte	
	Alte Länder	Neue Länder	Alte Länder	Neue Länder	Alte Länder	Neue Länder
Gesamt	**35%**	**28%**	**27%**	**27%**	**38%**	**45%**
bis 19 Jahre	40%	32%	39%	45%	21%	23%
20-29 Jahre	35%	26%	39%	38%	26%	36%
30-39 Jahre	36%	33%	31%	32%	33%	35%
40-49 Jahre	42%	30%	25%	27%	33%	43%
50-59 Jahre	41%	29%	25%	25%	34%	46%
60-69 Jahre	32%	28%	18%	15%	50%	57%
70 Jahre+älter	21%	17%	9%	10%	70%	73%

Quelle: Freiwilligensurvey 1999; Werte in den Zeilen addieren sich jeweils waagerecht für alte und neue Länder zu 100%

4.2 Präferierte Engagementbereiche und Erwartungen an das freiwillige Engagement

Welche Bereiche ziehen nun diejenigen vor, die an einem freiwilligen Engagement interessiert sind (vgl. Abb. 4.4)? Führend ist zum einen der

Sportbereich, der auch aktuell größter Engagementbereich ist. Gegenüber dieser aktuellen Bereichsstruktur gibt es jedoch eine große Abweichung, indem nunmehr der *soziale Bereich* etwa ebenso stark als potenzieller Engagementbereich in Erwägung gezogen wird und das in gleicher Weise. Dazu kommt beiderseits auch stärker präferiertes Engagement im Bereich *Umwelt-, Natur- und Tierschutz*.

Abb. 4.4: Interessensbereiche interessierter Nicht-Engagierter

Engagementbereich	Alte Länder	Neue Länder
Sport und Bewegung	16%	15%
Schule und Kindergarten	6%	4%
Freizeit und Geselligkeit	4%	4%
Kirche und Religion	2%	1%
Kultur und Musik	5%	6%
Soziales	16%	15%
Politik und Interessenvertretung	6%	4%
berufliche Interessenvertretung	1%	1%
Rettungsdienste/Freiwillige Feuerwehr	1%	1%
Umwelt-, Natur- und Tierschutz	8%	8%
Jugend und Bildung	4%	4%
Gesundheit	5%	5%
Justiz und Kriminalitätsprobleme	1%	1%
sonstige bürgerschaftliche Aktivität	1%	1%

Quelle: Freiwilligensurvey 1999; Mehrfachnennungen, keine Addition zu 100%, Basis: nicht Engagierte mit Interesse am Engagement

Dass die Befragten in den neuen und alten Ländern hier wie bereits bei vielen anderen Fragen ähnliche Prioritäten setzen, ist bemerkenswert und unterstreicht noch einmal den Eindruck grundsätzlich ähnlicher Bedürfnislagen und Gewichtungen bezüglich des freiwilligen Engagements in beiden Landesteilen, die trotz aller Unterschiede immer wieder zum Vorschein kommen.

Solche Ähnlichkeiten der Prioritäten setzen sich auch in der Frage fort, was man erwarten würde („Was wäre wichtig?"), falls man ein freiwilliges Engagement eingehe (vgl. Abb. 4.5 und 4.6). Es wurde dabei den am Engagement interessierten Befragten dasselbe Antwortmodell wie den aktuell Engagierten vorgelegt. Die Prioritäten, die Interessierte setzen, sind letztlich dieselben, die auch die Engagierten setzen und das gilt in den neuen und alten Ländern. Die am Engagement Interessierten geben sich noch *hilfsbereiter* („anderen Menschen helfen") als die aktuell Engagierten, vielleicht eine interessante Parallele zur Tatsache des von den Interessierten überdurchschnittlich präferierten Sozialbereichs.

Abb. 4.5: Erwartungen an ein „potenzielles" Engagement
Zusammengefasste Skalenwerte: 1+2-wichtig, 3-teils-teils, 4+5-unwichtig

	Alte Länder			Neue Länder		
	1	2	3	1	2	3
Spaß	90%	7%	3%	92%	5%	3%
anderen Menschen helfen	86%	10%	4%	86%	10%	4%
mit sympathischen Menschen zusammenkommen	81%	13%	6%	82%	12%	7%
etwas für das Gemeinwohl tun	73%	20%	7%	77%	16%	7%
Kenntnisse, Erfahrungen erweitern	75%	19%	6%	82%	12%	6%
eigene Verantwortung und Entscheidungsspielräume	60%	28%	12%	54%	31%	15%
Anerkennung finden	50%	31%	19%	54%	29%	17%
Eigene Probleme lösen	43%	23%	34%	52%	25%	23%
Eigene Interessen vertreten	35%	33%	32%	41%	33%	26%
auch beruflicher Nutzen	33%	25%	42%	48%	22%	30%

Quelle: Freiwilligensurvey 1999; zeilenweise Addition zu 100% jeweils für alte und neue Länder

Bemerkenswert ist, dass Menschen in den neuen Ländern da, wo sie als *Engagierte* deutlichere Signale als Menschen in den alten Ländern setzen, dasselbe auch als *am Engagement Interessierte* tun. Sie wollen mit einem eventuellen Engagement in erhöhtem Maße „eigene Interessen vertreten" und „eigene Probleme lösen", vor allem jedoch auch einen höheren „beruflichen Nutzen" davon haben. Die letztere Abweichung zwischen den neuen und alten Ländern ist bei am Engagement Interessierten sogar deutlich größer als bei den aktuell Engagierten, wo sie auch schon die größte war. Fast die *Hälfte* der am Engagement Interessierten in den neuen Ländern (48%) wünscht eine Verbindung zwischen Engagement und beruflichem Nutzen gegenüber nur einem Drittel in den alten Ländern. Dabei sind die *Frauen* in den neuen Ländern wiederum die nachdrücklichsten.

Man kann hier sicher auch einen Umkehrschluß ziehen und annehmen, dass sich auch deswegen *weniger* Menschen (vor allem auch Frauen) in den neuen Ländern freiwillig engagieren, weil sie den beruflichen Nutzen dieses Engagements nicht erkennen. So könnte man zumindest die auffällige Abweichung der Differenz dieses Engagementmotivs zwischen Engagierten in den neuen und alten Ländern und am Engagement Interessierten in den neuen und alten Ländern interpretieren.

Abgesehen von der höheren Gewichtung des beruflichen Nutzens in den neuen Ländern beeindruckt über die ähnlichen *Prioritäten* von Erwartungen von Interessierten hinaus auch die *Strukturgleichheit* dieser Erwartungen im Vergleich zwischen den neuen und alten Ländern. Dazu kommt noch das Faktum, dass die Strukturen der Erwartungen *potenziell Engagierter* und *aktuell Engagierter* auch insgesamt weitgehend identisch sind. Im Vergleich zu den Erwartungsstrukturen der Engagierten sind nur leichte Abweichungen der Erwartungsmuster zu erkennen.

Leichte Unterschiede entstehen dadurch, dass die am Engagement Interessierten die Frage der *Anerkennung* konsequenter mit ihren eigenen (auch beruflichen) Interessen verbinden. Zum anderen hat das Bedürfnis nach Erfahrungs- und Kenntniserweiterung eine striktere Beziehung zum Faktor „Spaß" an der Tätigkeit, ist also bei Interessierten etwas konsequenter als „allgemeine bzw. soziale Horizonterweiterung" gemeint.

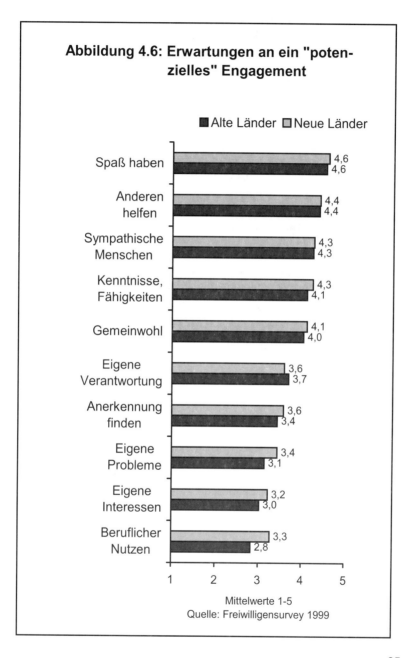

Struktur der „potenziellen" Erwartungen
Faktor 1: Eigene Interessen und Verantwortung
- eigene Interessen vertreten
- eigene Probleme lösen
- beruflicher Nutzen
- Anerkennung finden
- (eigene Verantwortung)

Faktor 2: Spaß und Horizonterweiterung
- mit sympathischen Menschen zusammenkommen
- Tätigkeit macht Spaß
- Erfahrungen und Kenntnisse erweitern

Faktor 3: Hilfsbereitschaft und Gemeinwohl
- anderen Menschen helfen
- etwas für das Gemeinwohl tun

Dennoch sind die Strukturunterschiede eher als weniger wichtig zu bewerten und die weitgehende Konvergenz der Struktur der Erwartungshaltungen zwischen Engagierten und Interessierten (und zwar in den neuen und alten Ländern) als viel hervorhebenswerter.

4.3 Gründe, sich nicht freiwillig zu engagieren

Abschließend haben wir die nicht freiwillig Engagierten danach gefragt, warum sie sich nicht engagieren (vgl. Abb. 4.7). Keiner der genannten Gründe findet auch nur zu einem Drittel die volle Zustimmung der Befragten. Mehr noch, nur ein einziger Grund und zwar die Frage des „Mangels an Zeit" für das freiwillige Engagement wird in den neuen und alten Ländern *nicht mehrheitlich abgelehnt*.

Dass sich unter den Befragten bei direkter Nachfrage keine eindeutigen „Kardinalgründe" für Nicht-Engagement ermitteln lassen, haben wir bereits im Speyerer Survey 97 mit einer noch viel umfangreicheren Liste festgestellt. Das kann man zum einen so interpretieren, dass die Gründe individuell oder über die verschiedenen Bevölkerungsgruppen sehr streuen, also kein Konsens zwischen den Befragten über wesentliche Gründe herrscht. Zum anderen kann man jedoch vermuten, dass diese „Kardinalgründe" kaum vorhanden sind und wir es bei Nicht-Engagement eher mit einem gewissen „Anstoßmangel" und einer „allzumenschlichen Trägheit" zu tun haben, die von außen her durch aktive Ansprache und Werbung überwunden werden muß. Zu letzteren Standpunkt haben wir uns bereits in Auswertung des Wertesurveys

1997 entschlossen und auch der vorliegende Freiwilligensurvey 1999 dürfte diese Interpretation stützen.

Abb. 4.7: Warum man sich nicht freiwillig engagiert
Skala: 1-volle Zustimmung, 2-teilweise, 3-Ablehnung

Hinderungsgrund	Alte Länder			Neue Länder		
	1	2	3	1	2	3
Für so etwas fehlt mir die Zeit	27%	30%	43%	29%	30%	40%
Wenn etwas passiert, ist man nicht einmal richtig versichert	15%	23%	62%	18%	29%	53%
So etwas kann ich mir finanziell nicht leisten	12%	24%	64%	19%	28%	53%
Man hat nur Arbeit und Ärger, aber es bringt einem selbst nichts	11%	25%	64%	13%	28%	59%
Für so etwas bin ich nicht geeignet	12%	24%	64%	14%	27%	59%
So etwas ist nichts für Leute in meinem Alter	13%	20%	67%	15%	26%	60%

Quelle: Freiwilligensurvey 1999; zeilenweise Addition zu 100% jeweils für alte und neue Länder

Die Struktur der Hinderungsgründe zeigt für die alten und neuen Länder in ähnlicher Weise eine deutliche *Alternative* an zwischen dem Grund „keine Zeit zu haben" und „nicht im richtigen Alter zu sein". Beide Antworten schließen sich weitgehend wechselseitig aus. Ein enger Zusammenhang besteht dagegen zwischen den restlichen vier Größen, die einen zusammenhängenden Komplex darstellen, der wiederum am ehesten mit der Annahme zusammenhängt, „nicht im richtigen Alter" zu sein. In einer weiter differenzierenden Feinanalyse der Hinderungsgründe erkennt man einen engen Zusammenhang der „finanziellen" Merkmale („sich Engagement nicht leisten können", „fehlender Versicherungsschutz") einerseits und der beiden verbleibenden Merkmale („es bringt einem nichts", „bin nicht geeignet").

Im Vergleich zwischen den neuen und alten Ländern fällt zunächst auf, dass Befragte in den neuen Ländern durchweg mehr Gründe haben, sich nicht zu engagieren, was ja auch der niedrigeren Engagementquote entspricht. Allerdings ist auch hier nur ein Grund mehrheitlich relevant, so dass die gleiche, wenn auch nicht so entschiedene ablehnende Tendenz wie in den alten Ländern vorliegt.

Die deutlichsten Abweichungen zwischen den neuen und alten Ländern erkennt man wieder bei Punkten, die direkt bzw. indirekt die *finanzielle* Seite des Engagements ansprechen. Menschen in den neuen Ländern sind eher der Meinung, sich freiwilliges Engagement nicht leisten zu können und sie äußern größere Sorgen, im freiwilligen Engagement möglicherweise nicht ausreichend versichert zu sein. Eine Abweichung tritt auch dahingehend auf, dass mehr neue Bundesbürger glauben für freiwilliges Engagement „nicht im richtigen Alter" zu sein. In der Tendenz sehen sie auch eher einen Hinderungsgrund darin, für freiwilliges Engagement „nicht geeignet" zu sein.

4.4 Hinderungsgründe bei Interessierten, nicht Interessierten und ehemals Engagierten

Um die Hinderungsgründe besser bewerten zu können, haben wir in Abb. 4.8 nur für die neuen Länder die Hinderungsgründe danach differenziert, ob Befragte am Engagement interessiert sind, ob sie daran nicht interessiert sind und ob sie früher bereits engagiert waren.

Ehemals Engagierte geben fast immer weniger Hinderungsgründe an als nicht am Engagement Interessierte, was auch ihrer etwas erhöhten Neigung entspricht, sich wieder zu engagieren (42% würden sich wieder engagieren). Verblüffend ist jedoch, dass die gesamte Gruppe der am freiwilligen Engagement Interessierten mehr Hinderungsgründe als die Gruppe ehemals Engagierte, angibt, die zum Teil sogar stärker als die der nicht Interessierten ausfallen.

Gerade das Zurückbleiben der Hinderungsgründe bei ehemals Engagierten, die sich ja nur zu zwei Fünfteln wieder engagieren wollen, zeigt die Tendenz zur Vorurteilsbeladenheit bei zum Engagement Bereiten an. Die Ehemaligen sind insgesamt offensichtlich durch den engeren Kontakt zum Freiwilligenbereich „aufgeklärter", auch wenn sie nicht unbedingt wieder engagiert sein wollen. Das betrifft naturgemäß die Frage, ob man für freiwilliges Engagement geeignet sei, setzt sich jedoch auch besonders im finanziellen Bereich fort.

Abb. 4.8: Warum man sich nicht freiwillig engagiert (2)			
Hinderungsgrund	**Neue Länder**		
(nur Zustimmungen in Prozent)	Interessierte	Nicht Interesierte	Ehemals Engagierte
Für so etwas fehlt mir die Zeit	73%	70%	64%
Wenn etwas passiert, ist man nicht einmal richtig versichert	55%	42%	43%
So etwas kann ich mir finanziell nicht leisten	53%	44%	38%
Man hat nur Arbeit und Ärger, aber es bringt einem selbst nichts	38%	43%	37%
Für so etwas bin ich nicht geeignet	36%	44%	30%
So etwas ist nichts für Leute in meinem Alter	37%	43%	39%
Quelle: Freiwilligensurvey 1999; Mehrfachnennungen, keine Addition zu 100%			

Vor allem die besondere Betonung der Fragen des *Versicherungsschutzes* bei den zum Engagement Bereiten fällt ins Auge (zu 55% ein Hinderungsgrund), gefolgt von der Annahme, sich Engagement „nicht leisten zu können" (53%). Allerdings wird das Problem des Versicherungsschutzes als einziges auch von den ehemals Engagierten etwa ähnlich wie von am Engagement nicht Interessierten als Problem gesehen, so dass es sich hier zum Teil um ein wirkliches Problem zu handeln scheint.

Dennoch muß auffallen, dass der finanzielle Komplex insgesamt sogar für Mehrheiten von am Engagement Interessierten in den neuen Ländern ein Hinderungsgrund ist, was für die nicht Interessierten nicht gilt. Diese betonen eher als die Interessierten und mehr als die ehemals Engagierten, dass sie für das Engagement „nicht geeignet" seien, dass das Engagement letztlich „nichts bringe" bzw. dass sie „nicht im richtigen Alter" seien.

Da die Interessierten vermehrt finanzielle Hinderungsgründe angeben, stellt sich die Frage, ob die Ursache dafür darin liegt, dass es bei ihnen wirtschaftlich wesentlich ungünstiger aussieht als in den anderen Gruppen der nicht Interessierten und der ehemals Engagierten.

Abb. 4.9: Wirtschaftliche Lage der Vergleichsgruppen

Wirtschaftliche Lage	Neue Länder		
(nur Zustimmungen in Prozent)	Interessierte	Nicht Interessierte	Ehemals Engagierte
„sehr gut" / „gut"	35%	34%	35%
„befriedigend"	41%	46%	45%
„schlecht" / „sehr schlecht"	24%	20%	20%
Gesamt	100%	100%	100%
Quelle: Freiwilligensurvey 1999; spaltenweise Addition zu 100%			

Das ist jedoch nur in geringem Maße der Fall (vgl. Abb. 4.9). Zwar sehen sich mit 24% der am Engagement Interessierten ein wenig mehr Befragte wirtschaftlich „schlecht" bzw. „sehr schlecht" gestellt (nicht Interessierte: 20%, ehemals Engagierte: 20%). Diese nur geringfügige bzw. die völlig fehlende Abweichung zwischen nicht Interessierten und ehemals Engagierten kann die gravierenden Meinungsunterschiede zwischen den drei Gruppen nicht erklären. Die Interessierten haben offensichtlich eine Tendenz auf materielle Hinderungsgründe auszuweichen, da sie sich in stärkerem Maße als die Gruppe der nicht Interessierten für das freiwillige Engagement „geeignet" sehen und auch eher davon ausgehen, dass ihnen Engagement durchaus „etwas bringen" könne.

Das Fazit kann also nur sein, dass hier kein ökonomisches Problem vorliegt, sondern tatsächlich Vorurteile, die bei am Engagement Interessierten auszuräumen sind. Dabei ist daran zu erinnern, dass diese Gruppe viel jünger als die nicht Interessierten ist (vgl. Abb. 4.1 bis 4.3).

Der von großen Mehrheiten genannte „Zeitmangel" scheint zunächst zwischen Interessierten und nicht Interessierten nicht zu differenzieren. Nur die ehemals Engagierten bleiben in diesem Punkt deutlich in der Zustimmung zurück. Allerdings verbergen die in der Abb. 4.8 zusammengefaßten Werte der „vollen" Zustimmung und der „teilweisen" Zustimmung gerade in diesem Punkte eine *wichtige Differenzierungslinie* zwischen Interessierten und nicht Interessierten. Während nämlich 50% der nicht Interessierten „voll" dem Hinderungsgrund zustimmt, „keine Zeit" für freiwilliges Engagement zu haben, tun das nur 25% der Interessierten. Die größte Gruppe der Interessierten (48%) stimmt im Punkte „Zeitmangel" nur „teilweise" zu, so dass dieser Hinderungsgrund insgesamt bei weitem nicht so gravierend ausfällt wie bei den nicht Interessierten.

Die Neigung zu einer mäßigeren Zustimmung zu einem Hinderungsgrund bei den am Engagement Interessierten fällt auch in allen anderen Fällen auf, allerdings ist diese Tendenz nur im Punkte des „Zeitmangels" so besonders gravierend. Dieser Effekt tritt in leicht abgeschwächter Form auch in den alten Ländern auf und ist insofern keine ausschließliche Besonderheit der neuen Länder, sondern einer der wichtigsten Anknüpfungspunkte zur Nutzung des Engagementpotenzials überhaupt.

4.5 Hinderungsgründe in verschiedenen Bevölkerungsgruppen

Zeitmangel
Die Frage des *Zeitmangels* hängt deutlich vom Alter ab bzw. davon, wie stark man in Ausbildungs- und Erwerbszusammenhänge integriert ist. Für ab 60-jährige ist „Zeitmangel" für freiwilliges Engagement zu 51% in den alten Ländern und zu 54% in den neuen Ländern *kein* Problem, gegenüber nur 16% bzw. 20% der 25- bis 59-jährigen (14- bis 24-jährige: 21% bzw. 19%). In den neuen Ländern haben bereits 33% der 50- bis 60-jährigen nicht das Problem, „zu wenig Zeit" für freiwilliges Engagement zu haben, gegenüber 27% der Referenzgruppe in den alten Ländern.

Arbeitslose in den neuen Ländern geben nur zu 58% fehlende Zeit als Hinderungsgrund für freiwilliges Engagement an, in den alten Ländern zu 67%. Für Erwerbstätige ist das in den neuen und alten Ländern dagegen jeweils für 87% der Fall. Rentner und Pensionäre haben ein großes „theoretisches" Zeitpotenzial, jeweils 55% in den neuen und alten Ländern werden *nicht* durch Zeitmangel am freiwilligen Engagement gehindert. Unterschiede zwischen Männern und Frauen sind nur gering, in den neuen Ländern überhaupt nicht zu erkennen.

Bei den Berufsgruppen fällt in den neuen und alten Ländern erhöhte Zeitknappheit bei den *Selbständigen* auf (die dennoch überdurchschnittlich engagiert sind) und, nur für die alten Länder betrachtet, eine deutlich geringere bei den *Beamten* (die ganz besonders oft engagiert sind).

Materielle Probleme

Die *finanzielle Seite* des freiwilligen Engagements wird naturgemäß bei Befragten in ungünstigeren wirtschaftlichen und beruflichen Lagen im negativen Sinne betont. Wo die eigene Wirtschaftslage als „schlecht" eingeschätzt wird, glaubt man sich in den alten Ländern zu 61% und in den neuen Ländern zu 70% freiwilliges Engagement nicht leisten zu können, bei einer „weniger guten" Wirtschaftslage sind das 54% in den alten Ländern, aber immer noch 65% in den neuen Ländern. Da diese ungünstigeren Lagen in den neuen Ländern stärker vertreten sind als in den alten, wird auch dieser Hinderungsgrund insgesamt stärker betont.

Es muß auffallen, dass gerade die Gruppe der *Angestellten* in den neuen Ländern in diesem Punkt deutlich von den Angestellten in den alten Ländern abweicht. 44% glauben, sich freiwilliges Engagement „nicht leisten" zu können, eine Meinung, die nur 32% der Angestellten der alten Länder teilen. Beamte (in den alten Ländern) und Selbständige (in den neuen und alten Ländern) haben in diesem Punkt die wenigsten Probleme.

Starke Abweichungen zwischen den neuen und alten Ländern gibt es auch in den unteren und mittleren Gruppen der *Bildungshierarchie*: 56% der nicht engagierten Befragten mit Volks- und Hauptschulabschlüssen und 50% mit Mittelschulabschlüssen in den neuen Ländern finden, dass sie sich freiwilliges Engagement „nicht leisten" könnten, gegenüber nur 42% bzw. nur 34% der entsprechenden Bildungsgruppen in den alten Ländern.

Versicherungsprobleme werden in den ungünstigeren wirtschaftlichen Lagen in den neuen Ländern noch deutlich stärker betont als in den Referenzgruppen der alten Länder, was für eine besondere „Vorsichtigkeit" in diesen Bevölkerungsgruppen spricht. Bei „schlechter" eigener Wirtschaftslage betonen 57% der nicht engagierten neuen Bundesbürger (alte Länder: 49%) Versicherungsprobleme, bei „weniger guter" Lage 56% (alte Länder: 48%) Noch ungünstiger fällt die Problemsicht bei Arbeitslosen in den neuen Ländern aus: Für 59% ist mangelnder Versicherungsschutz ein Hinderungsgrund für freiwilliges Engagement (alte Länder: 50%). Auffällig sind allerdings auch die hohen Prozentsätze in dieser Frage bei der Gruppe „Schüler bzw. in Ausbildung" (neue Länder: 57%, alte Länder: 47%).

Unterschiede zwischen Männern und Frauen spielen bei den Versicherungsproblemen keine Rolle, während sie bei der Frage, ob man sich Engagement „leisten" könne etwas deutlicher zu Ungunsten von Frauen ausfallen. Das gilt für die alten wie die neuen Länder und ist wohl ein Reflex auf die ungünstigere wirtschaftliche Lage der Frauen.

Nicht im richtigen Alter bzw. nicht fürs Engagement geeignet

Wer hat ganz besonders bzw. weniger das Gefühl, nicht *im richtigen Alter* für freiwilliges Engagement zu sein? Das sind zunächst einmal die ganz jungen und die alten Befragten und das gilt besonders in den neuen Ländern. Dabei ist allerdings das Meinungsbild bei den Jungen weniger konsequent („teilweise" Zustimmung 37% in den alten Ländern, und sogar 49% in den neuen!). Bei den Älteren stimmen in den alten Ländern 34% und in den neuen Ländern 39% dem Punkt „voll" zu, „nicht im richtigen Alter" für freiwilliges Engagement zu sein. Insgesamt fällt die Zustimmung bei den Älteren nicht nur konsequenter, sondern auch höher aus als bei den Jungen (ab 60 Jahre alte Länder: 56%, neue Länder: 63%).

Besonders unterschiedlich urteilen die 60- bis 69-jährigen in den neuen und alten Ländern. In den neuen Ländern fühlen sich 57% der nicht Engagierten dieser Altersgruppe „nicht im richtigen Alter" für freiwilliges Engagement, in den alten nur 44%. Man kann hier vielleicht über ein etwas moderneres Altersbild und Selbstverständnis dieser Altersgruppe in den alten Ländern spekulieren.

Sehr deutlich sind in der Altersfrage auch die Abweichungen in den ganz jungen Altersgruppen der neuen und alten Länder. Von den 14- bis 20-jährigen sehen sich 62% der nicht Engagierten in den neuen Ländern, aber nur 46% in den alten Ländern „nicht im richtigen Alter" für freiwilliges Engagement, bei den 20- bis 29-jährigen sind das zwar viel weniger, aber immer noch 35% in den neuen Ländern gegenüber 21% in den alten Ländern. Die geringsten Unterschiede zwischen neuen und alten Ländern gibt es in den Altersgruppen zwischen 30 und 49 Jahren und bei den ab 70-jährigen.

Mangelnde *Eignung* für freiwilliges Engagement attestieren sich wie in der Altersfrage die ganz jungen und die ganz alten Befragten, dabei die jungen wieder mit einer moderaten und die alten mit einer konsequenten Tendenz. Nicht Engagierte über 70 Jahren sehen sich in den neuen Ländern zu 49% als nicht geeignet für freiwilliges Engagement an (davon 30% mit „voller" Zustimmung). In den alten Ländern stimmen in diesem Punkte nur 40% zu, davon 22% „voll". Auch hier kann über ein moderneres Altersbild und Selbstverständnis in den alten Ländern nachgedacht werden.

Engagement bringt nichts
Frauen in den neuen Ländern bezweifeln eher als die in den alten, dass Ihnen freiwilliges Engagement „etwas bringen" könne. 32% der Frauen in den alten Ländern, aber 39% in den neuen sind da eher skeptisch. Ganz besonders jedoch *Arbeitslose* in den neuen Ländern teilen diese Skepsis und nehmen an, dass freiwilliges Engagement letztlich „nichts bringt". 49% stimmen dem zu, wenn auch mit 33% vor allem „teilweise". Mit 38% Zustimmung schließen sich Arbeitslose aus den alten Ländern diesem Standpunkt insgesamt weniger an.

Auch Rentner und Pensionäre in den neuen Ländern sind skeptischer als in den alten Ländern in der Frage, was freiwilliges Engagement ihnen bringen könnte, wenn auch die Unterschiede in der Zustimmung nicht so deutlich ausfallen, wie in anderen Gruppen (alte Länder: 39%, neue Länder: 45%). Die Befragten der „oberen" Bildungsgruppen sind sich in den neuen und alten Ländern fast einig, dass freiwilliges Engagement durchaus „etwas bringt", die Unterschiede zwischen den neuen und alten Ländern steigen aber in Richtung der Befragten mit Mittelschul- und vor allem mit Volksschul- und Hauptschulabschlüssen an.

5 Zusammenfassung

Freiwilliges Engagement in den neuen Ländern geringer als in den alten
In den neuen Ländern ist der Anteil „freiwillig Engagierter", die „Aufgaben" und „Arbeiten" unbezahlt oder gegen eine geringe Aufwandsentschädigung übernommen haben mit 28% geringer als in den alten Ländern mit 35%. Darüber hinaus gibt es auch weniger Menschen, die zwar nicht solche Aufgaben und Arbeiten übernommen haben, sich aber zumindest in Vereinen, Gruppen und Initiativen „aktiv beteiligen" und „mitmachen". 27% solcher sogenannter „Aktiven" in den neuen Ländern stehen 33% in den alten Ländern gegenüber. Ähnliche Aktivitäts- und Engagementquoten sind ohne größere Unterschiede in allen neuen Ländern zu beobachten und nahezu alle alten Länder (mit Ausnahme der Stadtstaaten und Niedersachsens) liegen deutlich über diesen Quoten.

Bei der Interpretation dieses Befundes muß allerdings berücksichtigt werden, dass sich Menschen *über 40 Jahre* in den neuen Ländern deutlich stärker als in den alten Ländern *vor der Wende* freiwillig engagiert haben. Außerdem gibt es unter den jungen Menschen in den neuen Ländern ein *großes Potenzial* für freiwilliges Engagement. Warum sich die Älteren oft *nicht mehr* und die Jüngeren sich oft *noch nicht* engagieren, will die vorliegende Studie im Rahmen ihrer Möglichkeiten aufklären.

Die Studie führt Unterschiede zwischen neuen und alten Ländern bezüglich öffentlicher Aktivität und des freiwilligen Engagements auf eine ganze Reihe von Faktoren zurück, hebt allerdings *Infrastrukturprobleme* für „aktive Beteiligung" und im engeren Sinne für „freiwilliges Engagement" als besonders wichtig hervor. In den Problemkreis der Infrastrukturprobleme ordnet sich neben einer geringeren Mitgliedschaftsquote der neuen Bundesbürger in Vereinen, Verbänden und anderen Organisationen auch die geringere *kirchlich-religiöse Basis* der aktiven Beteiligung und des freiwilligen Engagements in den neuen Ländern ein.

Das öffentliche Engagement der neuen Bundesbürger bleibt jedoch auch deswegen hinter den alten Ländern zurück, weil sich die *ökonomische Lage* der privaten und öffentlichen Haushalte immer noch ungünstiger darstellt, was in der *hohen Arbeitslosigkeit* nur seinen besonders auffälligen Ausdruck findet. Diese betrifft besonders stark die *Frauen*, die stärker als in den alten Ländern an einer Erwerbsarbeit interessiert sind und freiwillige bzw. unbezahlte Tätigkeiten nicht als „Ersatz" dafür akzeptieren.

Es ist jedoch nicht zu übersehen, dass auch das *politische Interesse* der neuen Bundesbürger hinter den alten Ländern zurückbleibt und sich dieser Umstand ungünstig auf die öffentliche aktive Beteiligung und das freiwillige Engagement in den neuen Ländern auswirkt. Der politische Prozeß seit Wende und Vereinigung hat bei nicht wenigen neuen Bundesbürgern zu Enttäuschungen und zu Erscheinungen politischer Entfremdung geführt. Politische und öffentliche Institutionen genießen weniger Vertrauen als in den alten Ländern und das führt im Moment auch zu weniger öffentlichem Engagement.

Angesichts eines „Syndroms" besonderer, mit der Situation der sozialen und politischen *Transformation* zusammenhängender Schwierigkeiten muß auf die dennoch *beträchtliche Beteiligung* der neuen Bundesbürger in öffentliche Aktivität und freiwilliges Engagement hingewiesen werden. Die weitere sozialwissenschaftliche Beobachtung sollte aufmerksam verfolgen, ob sich in den neuen Ländern in stärkerem Maße neuartige Elemente der sozialen Selbstorganisation und Selbsthilfe entwickeln als in den alten Ländern, wo eine längerfristig gewachsene Infrastruktur aktiver Beteiligung und freiwilligen Engagements noch eher Kontinuität bzw. einen langsameren Wandel verbürgt.

Besondere Infrastrukturprobleme des freiwilligen Engagements

Mit dem Systemwandel (Transformation) verlor die Infrastruktur der aktiven Beteiligung und des freiwilligen Engagements der DDR oft ihre Grundlage, weil sie in erhöhtem Maße betriebs- und institutionengebunden war (Schulen etc.). Vor allem Großbetriebe, die oft Träger und Finanziers einer Infrastruktur des aktiven Mitmachens und des freiwilligen Engagements (z.B. im Sportbereich) waren, sind durch den Zusammenbruch der DDR-Industrie, die zwei Drittel ihrer Arbeitsplätze verlor, in dieser Förderungsfunktion schlechthin ausgefallen. Zwar hat vor allem der kommunale Bereich eine Reihe der „sozialen Funktionen" der Betriebe übernommen, dennoch ist vieles in der Umstrukturierung aus Finanzierungs- und anderen Gründen verloren gegangen.

An die Stelle der in starkem Maße an Großbetriebe und staatliche Institutionen gebundenen Infrastruktur der aktiven Beteiligung und des freiwilligen Engagements trat auch in den neuen Ländern eine lokale Vereins- und Organisationskultur, die nach dem Vorbild der alten Länder transformiert wurde.

Allerdings ist es z.B. im *kirchlichen Bereich*, der in den alten Ländern besonders im ländlichen und kleinstädtischen Bereich eine wichtige Infrastruktur für aktive Beteiligung und freiwilliges Engagement darstellt, sehr fraglich, ob die neuen Länder sich aufgrund der hohen Konfessionslosigkeit (75%) überhaupt an die alten angleichen werden. Auch im „Großbereich" des Sports ist der Beteiligungsgrad der neuen Bundesbürger deutlich geringer als in den alten Ländern, wobei bei steigendem Wohlstand ein gewisses Wachstumspotenzial anzunehmen ist. In den alten Ländern sind im Sportbereich 39% der Bevölkerung aktiv beteiligt, in den neuen 25%, von denen jeweils 12% bzw. 8% auch freiwillig „Aufgaben" und „Arbeiten" übernommen haben.

Noch deutlicher unterscheidet sich das Bild, wenn man nur die Mitgliedschaft in *Sportvereinen* betrachtet. 28% der Bevölkerung der alten Länder sind dort Mitglieder, aber nur 12% in den neuen. Das heißt, dass im Sportbereich der neuen Ländern den „Aktiven" (ohne freiwilliges Engagement) nur etwa halb so viele Menschen *mit Vereinsmitgliedschaft* in Sportvereinen gegenüberstehen. Viele sportliche Aktivitäten dürften daher eher „informell" (ohne Vereinsmitgliedschaft) ausgeübt werden.

Fast ein Jahrzehnt nach der Wende ist also in den neuen Ländern die „formelle" Einbindung des „aktiven Mitmachens" in Vereine, etwa im „Großbereich" des Sports, noch lange nicht an die Verhältnisse der alten Länder „angeglichen".

Viele Menschen haben mit der Wende ihr Engagement aufgegeben
Im Freiwilligensurvey 1999 wurde der besonderen Situation des Systemwandels in den neuen Ländern dadurch Rechnung getragen, dass die Befragten auch ihr *ehemaliges Engagement* beschreiben und bewerten konnten. Es zeigte sich, dass z.B. in der Altersgruppe der 40- bis 49-jährigen 26% der neuen Bundesbürger früher freiwillig engagiert waren (alte Länder: 19%), bei den 50- bis 59-jährigen 27% (alte Länder: 18%) und bei den 60- bis 69-jährigen sogar 33% (alte Länder: 22%).

Man erkennt, wie stark gerade in den ehemals kulturtragenden „DDR-Generationen" im Vergleich zu den entsprechenden „BRD-Generationen" das freiwillige Engagement zurückgegangen ist. Rechnet man die Jahre 1988 bis 1990 zusammen, dann wurden in den neuen Ländern damals 36% des früheren freiwilligen Engagements beendet, in den alten Ländern dagegen nur der halbe Prozentsatz (18%).

„Verluste" in den reifen Jahrgängen besonders problematisch
Von den 1999 50- bis 59-jährigen hat in den neuen Ländern sogar die Hälfte (51%) zwischen 1988 und 1990 ihr Engagement aufgegeben, gegenüber nur 21% dieser Altersgruppe in den alten Ländern. Die Altersgruppe weicht auch durch eine hohe Arbeitslosenquote von 21% besonders stark von ihrem Gegenstück in den alten Ländern ab (nur 5% Arbeitslose).

Da die große Gruppe der 50- bis 59-jährigen gemeinsam mit den 40- bis 49-jährigen üblicherweise die „Kernmannschaft" des Freiwilligenbereichs stellt, indem sich Personen diesen Alters besonders oft engagieren, viele verantwortliche Positionen ausüben und auch neue Freiwillige „anwerben", erscheinen die „Verluste" in den neuen Ländern besonders schmerzhaft.

Eindrucksvoll kommt der Zusammenbruch eines größeren Teils der Infrastruktur des freiwilligen Engagements in den neuen Ländern in dem Faktum zum Ausdruck, dass in den alten Ländern freiwilliges Engagement nur zu 10% deswegen beendet wurde, weil Organisationen und Gruppen *aufgelöst* wurden, in den neuen Ländern dagegen mit 32% zu fast einem Drittel. Im Jahre 1989, als in der DDR allein 27% des freiwilligen Engagements beendet wurde, waren solche Auflösungserscheinungen sogar zu 51% die Ursache dafür.

Wichtig ist festzuhalten, dass diejenigen, die ihr freiwilliges Engagement beendet haben, in den neuen wie alten Ländern durchaus nicht „im Zorn" ausgeschieden sind. Die allermeisten bewerten ihr ehemaliges Engagement positiv. Eine ganze Reihe wären sogar bereit, wieder ein Engagement auszuüben, allerdings ist die Tendenz dazu in den alten Ländern ausgeprägter als in den neuen.

Engagement der Jüngeren „selbstorganisierter"
Der Rückgang des freiwilligen Engagements gerade in den etwas reiferen Altersgruppen, die für dieses Engagement „typisch" sind, wird in den neuen Ländern durch neues Engagement bei *jüngeren Leuten* noch nicht ausgeglichen, was wohl zum einen auf stärkere berufliche Prioritäten jüngerer Leute in den neuen Ländern zurück geht.

Zum andern ist für die neuen Länder besonders auf den Mangel an Gelegenheiten und ein Umfeld hinzuweisen, in dem jüngere Leute schwieriger auf freiwilliges Engagement ansprechbar sind. Letztlich fehlen auch die Anstöße durch die reiferen Generationen, die selbst gegonübor dom Engagcmcnt zurückhaltender geworden sind.

Dennoch gilt es festzuhalten, dass viele junge Leute in den neuen Ländern durchaus ein Interesse am freiwilligem Engagement haben. Da, wo sie sich engagieren, gewinnt dieses Engagement stärker als in den alten Ländern den Charakter einer *Selbstorganisation*, indem man in eigener Initiative Gruppen bildet und die eigenen Interessen deutlicher zu Sprache bringt.[11]

Ungünstigere Infrastruktur bedeutet weniger Ansprechbarkeit für freiwilliges Engagement
Die in den neuen Länder weniger entwickelte Infrastruktur des freiwilligen Engagements wirkt besonders deswegen als Hemmnis, weil der Freiwilligensurvey gezeigt hat, dass freiwilliges Engagement auch heute nur in eingeschränktem Maße aus individuellem Entschluß und individueller Initiative heraus zustande kommt, auch wenn die Bedeutung solcher individueller Impulse vielleicht im Anwachsen ist.

Der wichtigere Mechanismus, durch den freiwilliges Engagement entsteht, ist immer noch „Rekrutierung" durch *Ansprache und Werbung* von potenziellen Freiwilligen innerhalb einer breitgefächerten und vernetzten Infrastruktur von Vereinen, Organisationen und zunehmend auch Informations- und Kontaktstellen. Dieser Mechanismus wird begleitet durch Anstöße aus dem familiären, dem Freundes- und Bekanntenkreis.[12]

Ansprache und Werbung können jedoch in den neuen Ländern weniger zur Wirkung kommen, da bereits auf der Vereinsebene die Einbeziehung der neuen Bundesbürger geringer als in den alten Ländern ist, sie also in diesem Umfeld weniger für zu übernehmende freiwillige Tätigkeiten erreichbar sind. Zwar interessiert sich ein großer Teil der neuen wie alten Bundesbürger ähnlich stark für „lokale Ereignisse" und das „Geschehen am Ort". Allerdings geht man in den alten Ländern auch öfter zu Vereinsveranstaltungen („regelmäßig" bzw. „ab und zu" 52% gegenüber 40% in den neuen Ländern).

Der *Verein* ist nach dem Freiwilligensurvey 1999 in den neuen wie den alten Ländern immer noch die entscheidende Organisationsform des freiwilligen Engagements, wo etwa die Hälfte des freiwilligen Engagements auch junger Leute angesiedelt ist.

Infrastrukturlücken müssen geschlossen werden
Wie in anderen Bereichen sind in den neuen Ländern also auch im Freiwilligenbereich die verschiedenen staatlich-öffentlichen Ebenen

---

[11] Vgl. Picot, Band 3, Teil 2
[12] Vgl. Abt / Braun, Band 2, Teil 3

verstärkt gefordert Lücken zu schließen, die der private Sektor, Großorganisationen, Parteien und Kirchen auf absehbare Zeit nicht oder überhaupt nicht füllen können. Durch die Schwäche der Infrastruktur des freiwilligen Engagements in den neuen Ländern sind auf kommunaler Ebene und mit deren Unterstützung (bzw. auch der Länder) aufklärende, aktivierende und vernetzende *Informations- und Kontaktstellen* noch unverzichtbarer als in den alten Ländern, wenn freiwilliges Engagement intensiviert werden soll.

Bereits jetzt ist schon erkennbar, dass Lücken, die z.B. der geringer dimensionierte kirchliche Bereich bezüglich des freiwilligen Engagements in den neuen Ländern hinterläßt, von öffentlichen Institutionen mehr oder weniger geschlossen werden. Vollziehen sich in den alten Ländern freiwillige Tätigkeiten zu 15% im Bereich der Kirchen bzw. religiöser Vereinigungen, so sind das in den neuen Ländern nur 7%. In staatlichen bzw. kommunalen Einrichtungen finden in den alten Ländern dagegen nur 10% der freiwilligen Tätigkeiten statt, in den neuen Ländern aber 14%.

Ähnliche Struktur des Freiwilligenbereichs in den neuen und alten Ländern
Da wo in den neuen Ländern freiwilliges Engagement stattfindet, entwickelt es eine ähnliche soziale und Psycho-Logik wie in den alten Ländern. Hier wie dort sind es vorrangig die *besser Gestellten*, die sich freiwillig engagieren, weil sie sich für das Gemeinwesen *verantwortlich* fühlen und ihr eigenes Leben *interessanter* und *anregender* gestalten wollen. Für das freiwillige Engagement sind in den neuen und alten Ländern nicht die sozial weniger gut Gestellten oder die Arbeitslosen typisch, die sich etwa in sozialer Selbsthilfe zusammenschließen und ihre Interessen durchsetzen wollen.

Ein Unterschied besteht darin, dass der Freiwilligenbereich in den alten Ländern enger an eine soziale Schichtung angelehnt ist, die mehr als in den neuen Ländern von der Höhe des Einkommens bestimmt wird. Dort wird die soziale Logik des freiwilligen Engagements mehr von der *Bildung* und auch von bestimmten prosozialen Wertvorstellungen beeinflußt, wobei die Unterschiede allerdings eher graduell sind.

Zum Beispiel engagieren sich Hochschulabsolventen in beiden Landesteilen mit etwa 44% Beteiligung am freiwilligen Engagement gleich intensiv, bei Menschen mit Mittelschulabschlüssen sind das in den alten Ländern immer noch 39%, in den neuen Ländern jedoch nur 27%.

Frauen beim Engagement zurückhaltender
Auffällig ist auch, dass *Frauen* in den neuen Ländern eine größere Zurückhaltung gegenüber dem freiwilligen Engagement zeigen als Frauen in den alten Ländern. Sie sind häufiger berufstätig oder zumindest als Arbeitslose an der Beteiligung an einer Erwerbstätigkeit stark interessiert. Unter den Frauen in den alten Ländern gibt es dagegen eine vier Mal größere Gruppe von Hausfrauen (20% gegenüber 5% in den neuen Ländern), von denen sich mit 39% überdurchschnittlich viele freiwillig engagieren.

Frauen aus den neuen Ländern erwarten in erhöhtem Maße von einer freiwilligen Tätigkeit, dass diese ihnen auch einen *beruflichen Nutzen* erbringt. Bezüglich der Einlösung dieser Erwartung haben sie jedoch nicht selten Zweifel, insbesondere, wenn sie arbeitslos sind. Sie halten sich daher auch öfter vom Engagement zurück.

Insgesamt gesehen, stellt freiwilliges Engagement von sozial Benachteiligten, Arbeitslosen oder prekär Beschäftigten selbst nicht die gelegentlich erhoffte dominante Lösungsstrategie für die in Ostdeutschland weiterhin besonders drückenden Arbeitsmarktprobleme dar bzw. für die Bewältigung von deren Folgen. Diese Problemlast tragen besonders oft die Frauen.

Besondere Bedeutung finanzieller Knappheit
Da freiwilliges Engagement eng an die soziale Schichtung und ein gutes materielles Lebensniveau auf privater wie auf gesellschaftlicher Ebene angelehnt ist, werden belastende Faktoren *finanzieller Knappheit* auch im Freiwilligenbereich der neuen Länder deutlicher erkennbar als in den alten Ländern.

In objektiver Hinsicht fehlt den Organisationen noch stärker als in den alten Ländern das Geld für Projekte und die laufende Arbeit. Freiwilliges Engagement wurde von Befragten in den neuen Ländern auch öfter deswegen aufgegeben, weil keine Finanzierung von Organisationen und Gruppen mehr gegeben war.

Viel mehr Befragte in den neuen Ländern meinen, dass sie sich freiwilliges Engagement nicht leisten könnten und es gibt vermehrt Befürchtungen, im Engagement nicht richtig versichert zu sein. Solche materiellen Gründe machen gerade diejenigen geltend, die eigentlich am freiwilligem Engagement interessiert wären und sich durchaus dafür geeignet sehen.

Zwar muß man auch in diesem Befund den subjektiven Reflex der Finanzknappheit der privaten und öffentlichen Haushalte und der Organisationen in den neuen Ländern respektieren. Allerdings kann man davon ausgehen, dass hier teilweise auch Vorurteile im Spiele sind, die man durch Aufklärung und Information ausräumen kann.

Engagement als soziale Selbsthilfe - eine sinnvolle Ergänzungsstrategie zur Beschäftigungspolitik
Nach den Erkenntnissen des Freiwilligensurveys kann freiwilliges Engagement von Benachteiligten, wenn auch nicht Ersatz, so doch eine *Ergänzungsstrategie* zu einer beschäftigungsfreundlichen Politik sein. In Ostdeutschland sind vermehrt Strategien von Arbeitslosen oder prekär Beschäftigten zu erkennen, über freiwilliges Engagement auch ihre *beruflichen Aussichten* zu verbessern.

48% derer, die sich in den neuen Ländern für freiwilliges Engagement interessieren, würden sich engagieren, wenn ihnen das Engagement auch beruflich etwas nützt. Wie angedeutet, gibt es unter diesen Menschen zwar gewisse Zweifel, ob diese Erwartung auch eingelöst werden kann. Dennoch ist hier ein großes Potenzial zu erkennen, auf unkonventionellem Wege Arbeitsmarktprobleme wenigstens zu lindern.

Die Forderung an den Staat, dafür zu sorgen, dass freiwilliges Engagement mit dem Bezug von Arbeitslosengeld vereinbar ist, wird in den neuen Ländern mit 40% noch wesentlich öfter erhoben als in den alten Ländern (32%). Selbst wenn freiwilliges Engagement nicht direkt in bezahlte Tätigkeiten überführbar ist, so kann es doch zum Erhalt eines positiven Lebensgefühls und von Kompetenzen, einer sozialen Einbindung und zur Horizonterweiterung der Person führen.

Handlungsbedarf
Soweit in einer explorativ-analytischen Studie möglich, möchten wir den Handlungsbedarf festhalten, der sich nach Meinung des Autors ergibt.

1. *Besondere Förderung der Infrastruktur durch Informations- und Kontaktstellen für Freiwillige*: Wie gesehen, bleibt der Organisationsgrad in den neuen Ländern hinter den alten zurück und es ist auch nicht absehbar, ob und in welchem Maße sich die neuen Bundesbürger in die „herkömmliche" Organisationsstruktur der alten Länder integrieren werden. Daher bieten sich besonders für die neuen Länder neuere Formen der Förderung des freiwilligen Engagements an, die zunehmend auch in den alten Ländern Gewicht erhalten. Agenturen und Kontaktstellen für Freiwillige wollen über

die bisher üblichen Organisations- und Engagementmodelle der Vereine und Großorganisationen hinaus besonders die weniger Organisierten ansprechen und jene Menschen erreichen, die an einem eher spontanen und unverbindlichen Engagement interessiert sind. Dies dürfte die Interessenlage vieler engagementbereiter Ostdeutscher treffen und helfen, diese „niederschwellig" in den Freiwilligenbereich hineinzuziehen.

2. *Besondere Berücksichtigung hoher Arbeitslosigkeit und prekärer Beschäftigung:* In den neuen Ländern trifft eine Gesetzgebung, die von einem funktionierenden und regulierten Arbeitsmarkt und daran problemlos angekoppelten sozialen Unterstützungssystemen ausgeht auf eine noch „unübersichtlichere" soziale Situation als in den alten Ländern. Flexibles und „unbürokratisches" Vorgehen und eine sinnvolle Zusammenführung der verschiedensten Regulierungen und Zuständigkeiten vor allem auf kommunaler Ebene sind daher besonders gefragt. Freiwilliges Engagement ist bei Arbeitslosen oder sozial Schwachen im Vergleich zu anderen Bevölkerungsgruppen ohnehin geringer und sollte nicht noch zusätzlich durch die Behörden behindert werden.

3. *Freiwilliges Engagement als „demokratisches Erfahrungsfeld":* In den neuen Ländern wird das öffentlich-politische System der Bundesrepublik (vor allem in seiner praktischen Funktionsweise) ungünstiger bewertet als in den alten Ländern. Abgesehen von politischer Enttäuschung werden solche Urteile auch von einem Standpunkt größerer Distanz zum alltäglichen öffentlich-politischen Prozeß gefällt, da weniger neue Bundesbürger als alte öffentlich aktiv und engagiert sind. Förderung von freiwilligem Engagement in den neuen Ländern sollte daher nicht nur als Ergänzungsstrategie zur Lösung besonderer Arbeitsmarktprobleme bzw. zur Linderung von deren Folgen begriffen werden, sondern auch als Chance, dass mehr neue Bundesbürger praktische Erfahrungen in öffentlich-politischen Zusammenhängen sammeln können. Es sind dabei alle gefordert, die im Bereich „Politische Bildung" tätig sind und allgemein an einer politischen Aktivierung der neuen Bundesbürger interessiert sind, also etwa die Landeszentralen für politische Bildung, Schulen und Ausbildungseinrichtungen etc.

Teil 2: Engagementpotenzial in Deutschland
Professor Dr. Helmut Klages

1 Freiwilliges Engagement - in Deutschland eine knappe Ressource?

Noch vor relativ kurzer Zeit war der Umfang des freiwilligen bürgerschaftlichen Engagements in Deutschland heftig umstritten. Die Zahlenangaben über den Anteil der Engagierten an der Gesamtbevölkerung, die aufgrund der vorliegenden Untersuchungen verfügbar waren, bewegten sich zwischen 13% und 38%, so dass sich eine erhebliche Ungewißheit einstellte. In der Antwort der Bundesregierung auf eine parlamentarische Anfrage im Jahr 1996 wurde überdies davon ausgegangen, dass Deutschland im internationalen Vergleich sehr schlecht abschneide und dass somit Anlaß bestehe, sich über eine auffällige „Ehrenamts"-Abstinenz der Deutschen Gedanken zu machen.

Inzwischen hat sich allerdings die Erkenntnis eingestellt, dass das schwankende Bild, das die Daten der bis dahin vorliegenden Studien vermittelten, nicht dem Forschungsobjekt selbst, d.h. also dem freiwilligen Engagement zuzuschreiben war, sondern vielmehr Methodenproblemen der Forschung in der Begegnung mit ihrem Gegenstand.

Wir wissen heute, dass das Bild vom Umfang des Engagements, das man bei Befragungen erhält, in einem sehr starken Maße von der Art der Fragestellung und von den Formulierungen abhängt, die man verwendet. Vereinfacht ausgedrückt erhält man um so niedrigere Zahlen, je restriktiver die Fragestellung bzw. die konkrete Frageformulierung ist. Fragt man die Menschen beispielsweise „Sind Sie ehrenamtlich tätig?", dann reagieren sehr viele der faktisch Engagierten abwehrend und verneinend, weil sie ihre Tätigkeit subjektiv nicht als „Ehrenamt" ansehen. Nicht viel anders verhält es sich aber auch dann, wenn man die Begriffe „Freiwilligenarbeit" oder „bürgerschaftliches Engagement" verwendet. Zwar erscheinen denen, die an der gesellschaftspolitischen und professionellen Diskussion teilhaben, alle diese Begriffe inzwischen fast schon selbstverständlich. Dies ist aber nicht bei denen der Fall, um die es letztlich geht, nämlich bei den Aktiven selbst. Bei der Untersuchung des Projektverbunds „Ehrenamt" (im folgenden „Freiwilligensurvey 1999") konnten wir mit Hilfe einer auf die Begriffsverwendung zielenden Frage feststellen, dass nur 31% der „ehrenamtlich Tätigen" ihre Tätigkeit auch subjektiv, d.h. aus ihrer eigenen Erlebnisperspektive, als „Ehrenamt" verstehen. Immerhin konnten sich 50% von ihnen mit dem Begriff „Freiwilligenarbeit" identifizieren, während sich jedoch nur magere 6% zur Akzeptanz des Begriffs „Bürgerengagement" bereit finden wollten. Alle diese Begriffe sind, wie wir inzwischen wissen, angesichts einer noch relativ unentwickelten gesellschaftlichen „Sprachregelung" in Deutschland nicht geeignet, das faktisch vorhandene Ausmaß des Engagements auf dem Befragungswege abzuklären. Das spezifisch deutsche Problem besteht somit nicht in einer relativ geringen Bereitschaft zum Engagement. Das Problem ist vielmehr in der sehr viel sublimeren Tatsache versteckt, dass wir z.B. dem jedermann in seiner Bedeutung verständlichen Begriff „volunteering" des anglo-amerikanischen Raums bisher keinen äquivalenten Begriff entgegenzusetzen haben. Mit anderen Worten handelt es sich in Deutschland um ein semantisches Problem.

Schon im Speyerer Werte- und Engagementsurvey von 1997 (im folgenden „Speyerer Survey 97") hatten wir aus dieser Einsicht die Konsequenz gezogen, an derjenigen entscheidenden Stelle des Fragebogens, an der es um die Erkennung der Engagierten ging, alle diese Expertenbegriffe möglichst zu vermeiden. Im Freiwilligensurvey 1999 bauten wir auf dieser Praxiserfahrung auf. Auf der Grundlage der in der Studie gewonnenen Daten können wir heute - jenseits bisheriger Zweifel - mit hinlänglicher Sicherheit feststellen, dass in Deutschland ungefähr 2/3 der Bevölkerung ab 14 Jahre in irgendwelchen organisierten Zusammenhängen freiwillig, unbezahlt und außerberuflich „aktiv" sind und dass ca. die Hälfte von ihnen, d.h. etwa ein Drittel der Bevölkerung ab 14, darüber hinaus verantwortliche Tätigkeiten ausübt, auf die Ausdrücke wie „ehrenamtliche Tätigkeit", „Freiwilligenarbeit", oder „Bürgerengagement" anwendbar sind. Gegenüber dieser Mehrheit von Aktiven bzw. Engagierten schrumpft die Zahl der weder Aktiven noch Engagierten auf 1/3 der Bevölkerung ab 14 zusammen. Wir können von hier aus folgern, dass freiwilliges Engagement in Deutschland keineswegs eine knappe Ressource ist, sondern vielmehr in einem ganz ähnlichen Maße zur Verfügung steht wie in anderen vergleichbaren europäischen Ländern.

2 Bisherige Erkenntnisse der Forschung über das Engagementpotenzial

2.1 Die Entdeckung eines verborgenen Sozialkapitals

Aufgrund erster Einsichten in bereits vorliegenden Studien und der Ergebnisse des Speyerer Survey 97 gingen wir nun allerdings bei der Vorbereitung des Freiwilligensurvey 1999 nicht davon aus, die Ressource „Bereitschaft zum ehrenamtlichen Engagement" allein aufgrund der Erfassung der im Zeitpunkt der Erhebung Engagierten in den Blick bekommen zu können. Wir hatten bereits der Vorbereitung des Speyerer Survey 97 die Hypothese zugrunde gelegt, dass es in der Bevölkerung ein weitgehend verborgenes, in den einschlägigen Diskussionen gewöhnlich übersehenes und ausgeklammertes, nichtsdestoweniger aber reales und unter geeigneten Bedingungen aktualisierbares und nutzbares Engagement-„Potenzial" gibt und die Ergebnisse dieser Befragung gaben uns auf eine unerwartet eindeutige Weise Recht. Wir hatten im Anschluß an die Frage nach einem Engagement diejenigen, die mit „Nein" antworteten, gefragt: „Wären Sie bereit, sich selbst ehrenamtlich oder in der Selbsthilfe zu betätigen?" Zu unserer Überraschung konnten wir feststellen, dass diese Frage von ca. der Hälfte der nicht ehrenamtlich Engagierten bejaht wurde.

Wir selbst waren angesichts des unerwartet großen Potenzials, das hier sichtbar wurde, am Anfang etwas skeptisch und unternahmen umweghafte Kontrollanalysen, bevor wir die Validität dieses Ergebnisses akzeptierten. Im Rückblick läßt sich allerdings feststellen, dass diejenigen Kritiker, die sich in der Vergangenheit kategorisch auf den Standpunkt stellten, von einem Engagementpotenzial solchen Umfangs könne in Deutschland nicht die Rede sein, von vornherein auf verlorenem Posten standen.

Generell kann nämlich davon ausgegangen werden, dass jegliches gesellschaftliche Verhalten von einem mehr oder weniger großen Umfeld unrealisierter und oft auch unsichtbarer Handlungspotenziale umgeben ist. Es hat dies schlicht damit zu tun, dass es für Menschen immer und überall „1000 Gründe" geben mag, von objektiv bestehenden Handlungsmöglichkeiten, die ggf. von ihnen positiv bewertet und grundsätzlich angestrebt werden, faktisch keinen Gebrauch zu machen. Zum Teil sind diese Gründe - zumindest auf den ersten Blick - bei ihnen selbst zu suchen, so z.B. überall da, wo Schulkinder, die an und für sich begabt sind, aufgrund notorischer „Faulheit" schlechte Noten schreiben und am

Ende durchfallen, womit sie sich unter den Bedingungen einer „Leistungsgesellschaft" mit ziemlicher Sicherheit nachhaltig schädigen. Zum größeren Teil sind diese Gründe aber bei den „Bedingungen" zu suchen, unter denen die Menschen existieren. Es kann sich hierbei um einen Mangel an Informationen handeln, wie z.b. bei der Berufswahl junger Menschen, die sich u.a. auch deshalb in einer vielfach irrational anmutenden Weise auf allzu wenige „Wunschberufe" konzentriert, weil das Informationsangebot bezüglich der beruflichen Möglichkeiten zu gering ist. Es kann sich aber auch um einen Mangel an Chancen oder Gelegenheiten handeln, so z.b. bei den Wohnwünschen, deren Realisierung bei großen Teilen der Bevölkerung durch den Geldbeutel, oder auch den Arbeitsstandort eingeschränkt wird, oder z.b. auch bei der Entscheidung junger Ehepaare über die Kinderzahl, die heute u.a. in einem starken Maße von der Tatsache beeinflußt wird, dass Kinder für zunehmend viele berufstätige Frauen in Anbetracht mangelnder Entlastungschancen einen schwer heilbaren „Karriereknick" mit sich bringen.

Das letztere Beispiel zeigt, dass man den einschränkenden Einfluß gesellschaftlicher oder ökonomischer Bedingungen auch bei solchen Verzichten auf die Nutzung „objektiv" vorhandener Handlungsmöglichkeiten auffinden kann, die auf den ersten Blick betrachtet scheinbar allein den Bewertungen und Entscheidungen der Menschen selbst zuzuschreiben sind. Natürlich ist dies - bei einem zweiten Blick - auch bei den „faulen" Schulkindern der Fall, die überwiegend einem familialen Milieu entstammen, in welchem der schulischen Leistung und den mit ihnen verbundenen gesellschaftlichen Chancen keine ausreichende Aufmerksamkeit geschenkt wird und die ggf. auch nicht dazu erzogen wurden, sich um der Erreichung von Erfolgen willen persönlichen Anstrengungen zu unterwerfen. Hinzu kommen dann sekundär individualpsychologische Faktoren wie z.B. die „Furcht vor Mißerfolg", die sich immer dann einstellt, wenn das Erlebnis, äußeren Anforderungen nicht gewachsen zu sein, aufgrund mehrfacher Wiederholung prägend wird. Zu der Liste der Hemmungs-, Verzichts- und Hinderungsgründe sind u.a. vorurteilsbehaftete Chancenbewertungen hinzuzurechnen, die einschränkend wirken, weil sie z.B. junge Menschen am Übergang in ein anderes gesellschaftliches Milieu hindern, das in ihrem eigenen Milieu als „protzig", „großkopfert", „überspannt", oder „abartig" interpretiert wird. Von hier aus erschließt sich der Zugang zu den vielfältigen „Image" Problemen, die sich aus der Sicht verschiedener Personengruppen mit der Wahrnehmung von Chancen verbinden und die dazu beitragen, dass man in unserer „freien" Gesellschaft in ungeheuer zahlreichen Fällen deutliche Abweichungen zwischen den „eigentlichen" Werten und Präferenzen von Menschen und denjenigen „Interessen" findet, die ihr faktisches Handeln und Entscheiden bestimmen.

2.2 Eine optimistische Perspektive des gesellschaftlichen Wandels

Im Fall des ehrenamtlichen Engagements konnten wir bereits im Speyerer Survey 97 das Wirken von Hemmungs-, Verzichts- und Hinderungsgründen vor dem Hintergrund grundsätzlich positiver Bewertungen und Bereitschaften mit Hilfe einer einschlägigen Frage im Fragebogen sehr unmittelbar nachverfolgen. Wir fragten alle Nichtengagierten „Welche Gründe haben Sie, sich nicht zu engagieren?" und wir erhielten dabei Antworten, in denen sowohl mangelnde Informationen über bestehende Engagementmöglichkeiten, wie auch milieugebundene Vorurteile gegenüber dem Engagement und fehlende „Anstöße" zum Engagement sichtbar wurden.[1]

Die eigentlich entscheidenden Erträge dieser Untersuchung bestanden jedoch erstens in der Einsicht, dass sich der zunächst verwirrend erscheinende und Skepsis bezüglich der Aussagekraft der Forschungsergebnisse auslösende Widerspruch zwischen grundsätzlichen Bereitschaften und Interessen am Engagement und faktischer Nichtengagiertheit in ein höchst plausibel anmutendes Erklärungsmodell einbringen läßt. Dieser Widerspruch läßt sich als das Ergebnis von Hemmungen gegenüber dem Engagement begreifen, die teils zwar stark verinnerlicht sind, die aber - zumindest bei einem sehr großen Teil der Menschen - dennoch nicht stark genug sind, um die grundsätzlich vorhandene Engagementbereitschaft „abzutöten" und aus dem gesellschaftlichen Motivhaushalt zu eliminieren. Diese grundsätzlich vorhandene Bereitschaft besteht vielmehr fort und verkörpert somit eine Verhaltens-„Disposition", mit der als einem aktualisierbaren gesellschaftlichen „Potenzial" (oder auch: einer grundsätzlich verfügbaren gesellschaftlichen Ressource", oder einem latenten „Sozialkapital") gerechnet werden kann.

Zweitens gelangten wir bereits im Speyerer Survey 97 zu der im Freiwilligensurvey 1999 wieder aufgegriffenen und weitergeführten Erkenntnis, dass sich das vorhandene Potenzial näher analysieren und beschreiben läßt und dass sich aus der näheren Untersuchung der Hemmungsfaktoren Einsichten und Folgerungen ableiten lassen, wel-

---

[1] Vgl. Klages / Gensicke: Wertewandel und bürgerschaftliches Engagement an der Schwelle zum 21. Jahrhundert, Speyer 1999 (= Speyerer Forschungsberichte 193), S. 71

che die Möglichkeiten ihrer Überwindung und einer damit verbundenen Freisetzung von Engagementpotenzial im Wege einer gezielten zukünftigen Engagementförderung betreffen.

Die Ergebnisse des Speyerer Survey 97 ermöglichten es uns somit, in den Freiwilligensurvey 1999, über den hier zu berichten ist, mit einem optimistischen Grundverständnis des Themas und seiner gesellschaftspolitischen Umsetzungschancen hineinzugehen.

Dieses optimistische Grundverständnis erhielt dadurch einen zusätzlichen Akzent, dass es uns der Speyerer Survey 97 erlaubte, Beziehungen zwischen den Wertorientierungen der Menschen und der gesellschaftlichen Engagementbereitschaft herzustellen, die in höchstem Maße „kontra-intuitiv" sind, die aber gerade deswegen geeignet sind, zukünftige Initiativen der Engagementförderung unter die Prognose wachsender Erfolgsaussichten zu stellen.

Konkret gesagt konnten wir feststellen, dass der aktuelle gesellschaftliche Wertewandel, der in den vergangenen Jahren sehr häufig mit der - aus Speyer stammenden - Formel „Von Pflicht- und Akzeptanzwerten zu Selbstentfaltungswerten" gekennzeichnet wurde, wider Erwarten die Bereitschaft zum Engagement nicht schwächt, sondern vielmehr gerade umgekehrt deutlich stärkt.

In der nachfolgenden Abb. 2.1 wird dieser Zusammenhang - unter Konzentration auf die Alten Bundesländer - aufgrund der Ergebnisse des Survey 97 sichtbar gemacht.[2]

Es sind hier über einer Skala, welche die Stärke der Selbstentfaltungswerte angibt, die jeweiligen Anteile der Engagierten, der interessierten Nichtengagierten und der am Engagement gänzlich Uninteressierten ausgewiesen, wobei sich überraschend klare Bilder ergeben. Es zeigt sich, dass sich die Anteile der Engagierten und der gänzlich Uninteressierten umkehren, wenn man die Linienverläufe von links nach rechts, d.h. von gering ausgeprägten zu stark ausgeprägten Selbstentfaltungswerten hin und somit gewissermaßen auf der Entwicklungsachse des Wertewandels verfolgt. Bei den Befragten mit niedrig ausgeprägten Selbstentfaltungswerten ist dementsprechend der Anteil der Engagierten sehr niedrig und der Anteil der Uninteressierten sehr hoch. Umgekehrt ist bei den Befragten mit stark ausgeprägten Selbstentfaltungs-

---

[2] S. Klages / Gensicke: a.a.O., S. 127

werten der Anteil der Engagierten sehr hoch und der Anteil der Uninteressierten sehr niedrig.

Es fällt deutlich ins Auge, dass die Linie der am Engagement Interessierten, die im Speyerer Survey 97 als „schlafende" Ressource des Engagementpotenzials angesprochen wurden, im wesentlichen parallel zu der Linie der faktisch Engagierten verläuft. Grob gesagt ist auch ihr Anteil an den Befragten umso höher, je stärker deren Selbstentfaltungswerte ausgeprägt sind. Je deutlicher der am Anteil der Selbstentfaltungswerte ablesbare Wertewandel in der Bevölkerung fortgeschritten ist, desto mehr faktisches Engagement und Engagementpotenzial findet sich also gleichermaßen. Anders ausgedrückt sind die Potenzialträger von ihrer wertefundierten Bereitschaftsgrundlage her gesehen mit den faktisch Engagierten im wesentlichen identisch. Dass sie bisher noch nicht engagiert sind, hat nichts mit personenspezifischen Unterschieden auf dieser fundierenden Ebene zu tun, sondern hängt vielmehr mit bestimmten Unterschieden in den Bedingungen der Werteverwirklichung zusammen, die sich aber mit hoher Wahrscheinlichkeit mit geeigneten Informations-, Anreiz- und Anstoßprogrammen erreichen und beeinflussen lassen. (Vgl. Kap. 10, Teil 2, Band 2")

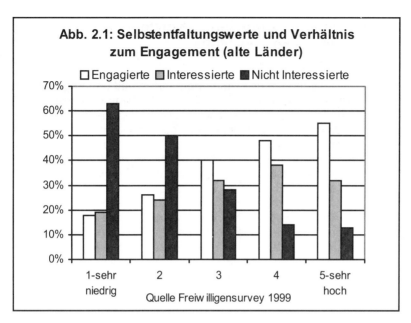

Abb. 2.1: Selbstentfaltungswerte und Verhältnis zum Engagement (alte Länder)

Quelle Freiwilligensurvey 1999

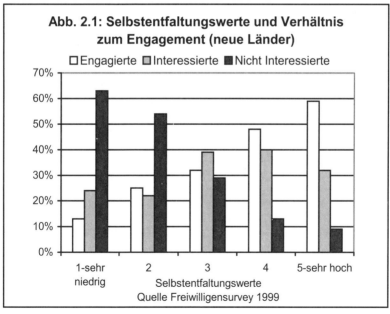

Abb. 2.1: Selbstentfaltungswerte und Verhältnis zum Engagement (neue Länder)

Selbstentfaltungswerte
Quelle Freiwilligensurvey 1999

3 Das Potenzialerfassungs-Konzept des Freiwilligensurvey 1999

Potenzialerfassung bei den Nichtengagierten und den Engagierten
Bei der Vorbereitung des Speyerer Survey 97 hatten wir noch unterstellt, dieses Potenzial generell bei den „Nicht-Engagierten" zu finden, wobei wir davon ausgingen, diese von den Engagierten auf einfache Weise reinlich abgrenzen zu können. Im Verlauf der Auswertungsarbeiten wurde uns allerdings klar, dass wir mit diesem Konzept die Möglichkeiten einer restlosen Potenzialerfassung noch keineswegs ausgeschöpft hatten.

Beim Freiwilligensurvey 1999 nutzten wir die Gelegenheit, eine noch vollständigere Erfassung des Engagementpotenzials in die Wege zu leiten. Wir differenzierten dieses Konzept erstens dadurch, dass wir eine gesonderte Erfassung des Potenzials bei den definitiv Nichtbeteiligten und der „Aktiven" ohne ein Engagement im engeren Sinne des Wortes ermöglichten. Wir gingen hierbei davon aus, dass es sehr viele Menschen gibt, die zwar außerhalb von Familie und Beruf „irgendwo mitmachen", ohne jedoch mit der aktiven Beteiligung als Mitglied, Besucher oder Teilnehmer eine verantwortliche Funktionswahrnehmung zu verbinden (wir nannten sie „Aktive"). So gibt es z.B. im sportlichen Bereich Millionen aktiver Vereinsmitglieder, die sich als Spieler, Gruppen- oder Teammitglieder am Vereinsprogramm beteiligen, ohne aber entweder dem engeren Kreis von Vorstandsmitgliedern oder Übungsleitern anzugehören, welche formalisierte „Ämter" wahrnehmen, in die sie teils regelrecht hineingewählt werden und in denen sie dann vereinsrechtlich geregelte und satzungsmäßig vorwegdefinierte Pflichten zu erfüllen haben, oder freiwillige Helferfunktionen außerhalb des Kreises der „offiziellen" Funktionäre wahrzunehmen. Es erschien uns - schon um der besseren Unterscheidung der Standorte des Engagementpotenzials willen - grundsätzlich wichtig, diesen Unterschied bei der Weiterentwicklung unseres Potenzialerfassungskonzepts zu berücksichtigen. Wir nahmen an, dass sich die „Aktiven" in einer größeren sozialökologischen „Nähe" zum Engagement im engeren Sinne des Wortes befinden als die definitiv Nichtbeteiligten und dass sie dementsprechend auch mehr Potenzial verkörpern als diese. Tatsächlich wurde diese Annahme in der Datenanalyse bestätigt, was für sich einen wichtigen Befund darstellt, der im aktuellen Zusammenhang aber nur im Vorübergehen erwähnt werden soll, da er sich auf einer Differenzierungsebene bewegt, die in diesem kurzgefaßten Bericht nicht erreicht werden kann.

Einen zweiten, im Endeffekt folgenträchtigeren Ansatz zur besseren Ausschöpfung der Möglichkeiten zur Potenzialerfassung hatten wir schon beim Speyerer Survey 97 in Verbindung mit der Entdeckung in den Blick bekommen, dass sich eine überwiegende Mehrheit der Engagierten mit einem Zeitaufwand von maximal fünf Stunden pro Woche nur verhältnismäßig geringfügig betätigt. Unsere Vermutung, dass es Sinn macht, auch bei dieser Mehrheit von geringfügig Engagierten nach einem latenten Engagementpotenzial zu fragen, erhielt durch die weitere Entdeckung zusätzliche Nahrung, dass die Zeitintensität des Engagements in einer deutlichen Negativbeziehung zum Bürokratisierungsgrad der jeweiligen Organisationen steht, in denen man tätig ist, dass sich andererseits aber eine positive Beziehung zwischen der Engagementintensität und der Höhe der individuellen Engagementmotivation feststellen läßt. Mit anderen Worten fanden wir: Je motivierter jemand ist, desto mehr ist er/sie auch engagiert.

Natürlich ist bei der Bewertung dieses Zusammenhangs in Betracht zu ziehen, dass man ihn ggf. auch umgekehrt lesen kann („je mehr sich jemand engagiert, desto motivierter wird er aufgrund dessen" - sei es auch nur deshalb, weil er unter Umständen zwangsläufig mehr Motivation entwickeln muß, um intensiveren Verpflichtungen, in die er hineingestellt wird, ohne Frust gewachsen zu sein). Wir entschieden uns allerdings aus Plausibilitätserwägungen dazu, die Möglichkeit einer solchen umgekehrten Lesart außer Betracht zu lassen. Vielmehr gingen wir von der Annahme aus, dass die Höhe der Motivation, die eine Person in ein Engagement investiert, von der Attraktivität bestimmt wird, die es auf sie auszuüben vermag. Wir folgten hierbei - wie auch in anderen Zusammenhängen - einer grundlegenden Erkenntnis der Motivationspsychologie, der zufolge eine besonders aussichtsreiche Erklärung für „nicht-erfolgtes Handeln" darin besteht, nach einem „Mangel an Realisierungsmöglichkeiten wegen eingeschränkter situativer, genauer ökologischer Gegebenheiten in der Lebensumwelt" zu suchen.[3]

Auf dieser Interpretationsgrundlage sahen wir uns in unserer „kontraintuitiven", bislang weder in der Praxis noch in der Wissenschaft ernsthaft in Betracht gezogenen Annahme gestärkt, dass sich die Standorte des Engagementpotenzials nicht nur bei den definitiv Nichtbeteiligten, oder bei den „Aktiven" ohne Engagement auffinden lassen, sondern auch bei den Engagierten im engeren Sinne des Wortes selbst. Wir entschieden uns dementsprechend dazu, in den Fragebogen zum Freiwilligensurvey 1999 die nachfolgenden beiden direkten Fragen an die Engagierten aufzunehmen: „Wären Sie bereit und in der Lage, Ihr eh-

---

[3] Vgl. Heckhausen, Heinz: Motivation und Handeln, 2. Aufl. 1989, S. 6

renamtliches Engagement noch auszuweiten und weitere Aufgaben zu übernehmen, wenn sich etwas Interessantes bietet?" Und unter Bezugnahme auf die derzeit ausgeübte (Haupt-)Tätigkeit: „Wenn es nach Ihnen geht: Würden Sie diese ehrenamtliche Tätigkeit in Zukunft gern noch ausweiten, oder weiterführen wie bisher, oder einschränken, oder am liebsten ganz aufgeben?"

Potenzialerfassung bei früher Engagierten
Bereits im Vorraum des Freiwilligensurveys 1999 wurde von uns ein weiterer sehr wichtiger Schritt zur vollständigeren Potenzialerfassung vollzogen, indem in einer „Machbarkeitsstudie" von Infratest Burke für das Bundesministerium für Familie, Senioren, Frauen und Jugend auf die relativ häufige Bindung des ehrenamtlichen Engagements an bestimmte Lebensphasen hingewiesen wurde. Auch in einer „Machbarkeitsstudie" des Infas-Instituts war auf diesen Sachverhalt hingewiesen worden, wobei zusätzlich die Vermutung ausgesprochen worden war, es gebe u.U. lebensphasenspezifische Engagementbereiche, wie auch typische Unterschiede der Engagementkontinuität zwischen den verschiedenen Engagementbereichen, so insbesondere zwischen dem sog. „alten" und dem sog. „neuen" Ehrenamt.

Unter den vielfältigen Folgerungen, die sich aus solchen Annahmen ableiten lassen, interessiert an dieser Stelle zunächst die eine, dass eine rein auf den Zeitpunkt der Erhebung bezogene Erfassung des ehrenamtlichen Engagements mit ziemlicher Sicherheit nicht die gesamte Engagement-„Disposition" abbilden würde, da hierbei diejenigen Menschen, die sich gerade in einem Lebensabschnitt ohne Engagement befinden, keine Berücksichtigung finden würden. In diesem Zusammenhang ist darüber hinaus aber auch die Annahme des Infas-Instituts von Bedeutung, dass bei denjenigen Menschen, die bereits einmal ins Engagement eingetreten und aus welchen Gründen auch immer wieder aus ihm ausgeschieden waren, eine höhere Wahrscheinlichkeit zukünftiger Tätigkeit im Engagement - und somit auch ein größeres Engagementpotenzial - vorhanden ist als bei den noch nie freiwillig Engagierten, weil bei ihnen vermutlich eine Rückkehrneigung und/oder -bereitschaft vorliegt, welche die anderen nicht besitzen. Würde man die früher Engagierten schlicht zu den Nicht-Engagierten zählen, ohne diese potenzielle Rückkehrneigung und -bereitschaft ins Kalkül zu nehmen, so würde man also mit Sicherheit das Engagementpotenzial an einem strategischen Punkt unterschätzen. Man würde hierbei, nebenbei bemerkt, vor allem das im besonderen Maße vom gesellschaftlichen Wertewandel beeinflußte „neue" Ehrenamt benachteiligen, bei dem erfahrungsgemäß projektbezogene Engagements mit geringer lebenslänglicher Kontinuität eine besondere Rolle spielen.

Bei der Vorbereitung des Freiwilligensurveys 1999 zogen wir zwar nicht die in der Machbarkeitsstudie des Infas-Instituts empfohlene Konsequenz, die geplante Querschnittsuntersuchung unmittelbar durch eine Längsschnittuntersuchung zu ergänzen oder zu ersetzen, da wir davon ausgingen, einer evtl. nachfolgenden Paneluntersuchung nicht vorgreifen zu sollen. Wir entschieden uns jedoch für die Ausstattung des Fragebogens mit einer kompletten Batterie von Fragen, die sich auf evtl. frühere ehrenamtliche Tätigkeiten der im Zeitpunkt der Erhebung Nicht-Engagierten richteten und bei denen die empirische Ermittlung der vermuteten Rückkehrneigung und -bereitschaft im Mittelpunkt stand. Wir erschlossen uns auf diese Weise die Möglichkeit zur Erfassung eines zusätzlichen Standorts von Engagementpotenzial, der sonst verborgen geblieben wäre. Wie sich im weiteren Verlauf zeigen wird, bewährte sich diese Entscheidung auf überzeugende Weise. Sie bewährte sich auch insofern, als sie es uns erlaubte, lebensverlaufspezifische Aspekte der Beziehung zwischen Engagement und Nicht-Engagement ins Auge zu fassen.

Das Erfordernis eines dynamischen Verständnisses des Engagementpotenzials
Um einen realistischen Gesamteindruck von der Bedeutung der Diskontinuität zu erhalten, die beim freiwilligen Engagement - im Unterschied zur beruflichen Tätigkeit - in Erscheinung tritt, muß man zu den lebensverlaufsbezogenen Aspekten noch die Tatsache hinzurechnen, dass - vor allem im Bereich des „neuen" Ehrenamts - zahlreiche Engagements vom Charakter der jeweiligen Aufgabenstellung her von vornherein zeitlich begrenzt sind. Insgesamt gesehen sind es immerhin 26% der Engagierten, die ein solches begrenztes Engagement ausüben. Es läßt sich also absehen, dass ein beträchtlicher Teil derjenigen, die in der Studie als Engagierte erfaßt wurden, schon aus diesem Grund in einem nachfolgenden Zeitpunkt als „nichtengagiert" zu registrieren sein werden, dass andererseits aber viele Menschen nicht erfaßt werden konnten, weil ihr befristetes Engagement ausgelaufen war und ein möglicherweise längst ins Auge gefaßtes Engagement noch nicht begonnen hatten.

Insgesamt gesehen zeigt sich, dass "Engagement" ein in starkem Maße durch sachgebundene Begrenzungen oder lebenszyklische Besonderheiten determinierter und somit dynamischer Sachverhalt ist und dass es - ähnlich wie auch beim Arbeitsmarkt - eines übergreifenden, die verschiedenen Formen des latenten Potenzials einbeziehenden Erfassungsansatzes bedarf, um diesen Sachverhalt vollkommen aufzuklären. So wie man beim Arbeitsmarkt - über die Beschäftigten hinausgreifend -

von „Erwerbspersonen" oder „Personen im erwerbsfähigen Alter" spricht, um die Gesamtzahl der für den Arbeitsmarkt verfügbaren Arbeitskräfte zu erfassen, so muss man auch im Fall des freiwilligen Engagements eine Bezugsgröße wählen, die über die zu einem bestimmten Zeitpunkt Tätigen hinausgreift, um das gesamte gesellschaftliche „Engagementangebot" unverkürzt in den Blick zu bekommen.

Ganz generell gesehen erweist sich von daher, dass die Einbeziehung des nach Bekunden der Bürger/innen verfügbaren Engagementpotenzials unabweisbar ist, wenn man der mit verschiedenartigen Diskontinuitäten verbundenen dynamischen Natur des Engagements gerecht werden will. Die Beschäftigung mit dem Engagementpotenzial ist so betrachtet keine Zusatzthematik, die wissenschaftliche Sonderinteressen widerspiegelt, sondern ein wesentlicher und unabdingbarer Bestandteil der Engagement-Thematik selbst. Das gelegentliche Sträuben, auf das man da und dort noch stößt, wenn die Rede auf das Engagementpotenzial kommt, ist ein zusätzliches Indiz für die Unabgeklärtheit des Engagementverständnisses in Deutschland. Es wird darin erkennbar, dass dem Engagementverständnis in Deutschland vielfach noch eine normative Leitvorstellung lebenslänglicher Kontinuität anhaftet, die aber der Dynamik der wirklichen Verhältnisse nicht - oder nicht mehr - gerecht wird, so dass sie sich gefallen lassen muß, als „statisch" und „traditionalistisch" kritisiert und abgewertet zu werden.

Auch gelegentliche methodische Einwände gegen eine Beschäftigung mit dem Engagementpotenzial, so z.B. die Meinung, bei seiner Abfragung in Repräsentativumfragen komme der Faktor „soziale Erwünschtheit" ins Spiel, indem sich die Befragten zu einer bejahenden Antwort verführen ließen, ist nicht relevant. Der erfahrene Sozialforscher kennt diesen Faktor als eine der zahlreichen Gefahren, welche die Reliabilität und Validität von Umfragedaten hier wie anderswo auch bedrohen. Er kennt aber auch die methodischen Mittel, die eingesetzt werden können, um diesen Faktor so weitgehend wie nötig auszuschalten. Im übrigen muß natürlich hier wie anderswo auch davon ausgegangen werden, dass die Neigung von Befragten, sich im Interview von Annahmen über die soziale Erwünschtheit eines bestimmten Verhaltens leiten zu lassen, ggf. einen recht brauchbaren Indikator für das Vorhandensein einer subjektiven Disposition in der betreffenden Richtung darstellt.[4]

---

4 S. Klages / Gensicke: a.a.O., S. 99 ff.

4 Der Gesamtumfang und die Zusammensetzung des Engagementpotenzials

Wenn man sich auf der Grundlage der vorstehenden Klärungen ein Bild vom Gesamtumfang und der Zusammensetzung des Engagementpotenzials verschaffen will, dann kann man sich der nachfolgenden Abb. 4.1 bedienen.

Abb. 4.1: Engagementpotenzial in Deutschland

Freiwillig Engagierte 34 %	Personen, die derzeit nicht engagiert sind 66%	
⇩	Davon waren...	
	Früher einmal engagiert 31%	Bisher nicht engagiert 67%
Von diesen wären bereit und in der Lage, ihr Engagement auszuweiten 34%	Von diesen wären heute oder zukünftig interessiert...	
	Sich wieder zu engagieren 47%	Sich erstmals zu engagieren 37%
„Expansive"	„Ehemalige"	„Neue"
In % aller Befragten		
11%	10%	16%
Engagementpotenzial gesamt; 37%		
Quelle: © Prof. Dr. Helmut Klages, Freiwilligensurvey 1999		

Die Abbildung weist in der ersten Zeile 34% „freiwillig Engagierte" mit einer verantwortlich wahrgenommenen Tätigkeit, Funktion, oder Aufgabe (oder mit mehreren derartigen Verpflichtungen) jenseits eines bloßen „Aktivseins" aus. Die Größe dieser Gruppe liegt niedriger als die der „Engagierten", die wir im Speyerer Survey 97 - ohne weitere Differenzierung - mit 38% ausweisen konnten, was darauf zurückzuführen ist, dass beim Freiwilligensurvey 1999 eine striktere Eingrenzung vorgenommen wurde. Dieser Gruppe stehen 32% „aktiv" Beteiligte und 34% nicht Beteiligte gegenüber, die weder aktiv noch engagiert sind. Die Bevölkerung Deutschlands ab 14 Jahre teilt sich also auf dieser Differenzierungsebene in drei ungefähr gleich große Gruppen auf.

Die „Aktiven" und diejenigen Befragten, die „weder aktiv noch engagiert" sind, werden in der Abb. 4.1 allerdings zu einer Gesamtgröße zusammengezogen, da die - an und für sich durchaus interessante und untersuchungswerte - Trennung zwischen den beiden Gruppen im weiteren Verlauf des vorliegenden kompakten Textes nicht mehr weiterverfolgt wird. Die Gesamtgruppe der „Nichtengagierten" umfaßt insgesamt 66% der Befragten.

Diese Gesamtgruppe wird auf der nächsten Zeile in diejenigen beiden Gruppen aufgegliedert, die im weiteren Verlauf des Textes unterschieden und gesondert betrachtet werden, nämlich in diejenigen Nichtengagierten, die auf ein früheres Engagement zurückblicken können, wie auch in diejenigen Nichtengagierten, bei denen dies nicht der Fall ist, die also bisher keine Engagementerfahrung besitzen.

In der nachfolgenden Zeile finden sich diejenigen Teilgruppen der Engagierten, die ihr Engagement ausweiten wollen, wie auch der früher engagierten und der bisher noch nie engagierten Nichtengagierten, die an der Aufnahme oder Wiederaufnahme eines Engagements „interessiert" sind. Diese drei Gruppen repräsentieren in ihrer Gesamtheit das Engagementpotenzial im Sinne der hier zugrundegelegten Definition. Zusammengenommen umfassen diese drei Teilgruppen, die den zentralen Gegenstand des vorliegenden Berichtes darstellen, etwa 37% der im Freiwilligensurvey 1999 insgesamt Befragten.

Die Gesamtzahl der am ehrenamtlichen Engagement oder an seiner weiteren Ausdehnung Interessierten ist, wie sich zeigt, rein numerisch, d.h. im Sinne des „Köpfezählens" bemessen, größer als die Gesamtzahl der aktuell ehrenamtlich engagierten Funktionsträger. Natürlich handelt es sich bei diesem Gesamtpotenzial, was ausdrücklich betont werden muß, um eine „virtuelle" Größe, die zunächst nur etwas über vorhandene „Dispositionen" aussagt. Nichtsdestoweniger vermittelt die vorstehende Zusammenschau einen eindrucksvollen Hinweis auf die Größenordnung, die man im Auge haben muß, wenn immer man das Wort „Engagementpotenzial" in den Mund nimmt. Es handelt sich bei diesem Potenzial mit Sicherheit um die mit weitem Abstand größte ungenutzte Humanressource, die in Deutschland heute unter allen nur erdenklichen

Suchbegriffen und in allen nur erdenklichen Lebensgebieten auffindbar sein dürfte.

Die geringe Differenzierungswirkung des Ausmaßes des Interesses am Engagement

Für die Beantwortung der Frage nach einem Interesse am Engagement war im Fragebogen des Freiwilligensurvey 1999 nicht nur eine Ja-Nein-Alternative vorgesehen. Vielmehr war den Befragten die weitergehende Möglichkeit eingeräumt, sich zwischen "ja" (= Interesse definitiv vorhanden) und „vielleicht, kommt darauf an" (= bedingtes, von Vorbedingungen abhängiges Interesse) zu entscheiden. Sie konnten außerdem noch mit „nein" und mit „weiß nicht, habe darüber noch nicht nachgedacht" antworten. Wir waren bei dieser Aufgliederung von der Annahme ausgegangen, vor allem mit den beiden erstgenannten Unterscheidungen unterschiedliche „Grade" - und damit auch verschiedene „Qualitäten" - des Interesses am Engagement einfangen zu können und wir waren dementsprechend darauf vorbereitet, zwischen verschiedenartigen Qualitätsstufen des Potenzials zu unterscheiden, wobei wir - auf der Ebene der Hypothesenbildung - davon ausgingen, denen, die ohne Einschränkung mit „ja" antworten würden, eine „intensivere" und „direktere", näher beim faktischen Umsetzungshandeln angesiedelte Disposition zum Engagement zubilligen zu sollen.

Tatsächlich erweist sich bei einem ersten Blick auf die Daten, dass diese Annahme keineswegs gänzlich falsch war. In praktisch allen Fällen liegen die Zahlenwerte für die mit „vielleicht" Antwortenden zwischen den Werten der mit „ja" Antwortenden und denen der mit „nein" Antwortenden.

Bei einem zweiten, näheren Blick auf die Daten erweist sich allerdings sehr eindeutig, dass in allen Fällen die Werte der mit „vielleicht" Antwortenden erstaunlich nahe bei den Zahlenwerten der mit „ja" Antwortenden liegen, so dass die Abstände zu den Zahlenwerten der definitiv Uninteressierten in der Regel ungleich viel größer sind. Die Differenzierungswirkung der Unterscheidung zweier Gruppen von Interessierten ist also vergleichsweise gering.

Mit anderen Worten wird die ursprüngliche Annahme, mit der Unterscheidung zweier Gruppen von Interessierten zwei deutlich unterscheidbare Qualitätsstufen des Engagementpotenzials in den Blick zu bekommen, nicht in einem solchen Maße bestätigt, dass sich hieraus Konsequenzen für die weitere Analyse oder für die Deutung der Ergebnisse ableiten würden. Es wird deshalb im weiteren Verlauf konsequenterweise darauf verzichtet, auf die in den Zahlen erkennbar werdenden kleineren Differenzen zwischen den beiden Gruppen von Engagierten einzugehen.[5]

Das Engagementpotenzial in den verschiedenen Engagementbereichen

Es liegt nahe, sich die Frage vorzulegen, in welche Richtung das Engagement-Interesse der Potenzialträger zielt. Aus den Daten des Freiwilligensurvey 1999 läßt sich diese Frage nur für die derzeit Nichtengagierten beantworten.

Die nachfolgende Abb. 4.2 vermittelt den Überblick über die Engagementbereiche, an welche die Nichtengagierten dachten, als sie im Interview ihr Interesse am Engagement bekundeten:

Es ist zu erkennen, dass sich die Bereiche „Sport und Bewegung" und „Soziales" mit Anteilen von 16.1% der Nennungen bei den Engagementinteressen den Spitzenplatz teilen. Mit beträchtlichem Abstand folgen die Bereiche „Umwelt-/Tier-/Naturschutz" (7,6%), „Kultur und Musik" und „Politik" (beide 5,4%), „Schule/Kindergarten" (5.3%) und „Gesundheit" (5,2%) nach.

Ihre eigentliche Aussagekraft gewinnen diese Ergebnisse dann, wenn man sie mit den faktischen Bereichszugehörigkeiten der Engagierten vergleicht. Auch bei diesen liegt der Bereich „Sport und Bewegung" an der Spitze. Er wird aber gefolgt von „Freizeit und Geselligkeit", „Kultur und Musik", „Schule/Kindergarten", dem „kirchlichen/ religiösen" Bereich und dann erst von dem Bereich „Soziales", während die Bereiche „Umwelt-/Tier-/Naturschutz" und „Gesundheit" erst an späterer Stelle der 14 Bereiche umfassenden Liste auftauchen. Zwischen dem faktischen und dem potenziellen Engagement gibt es somit - bei einer Reihe von Übereinstimmungen - gravierende Richtungsverschiebungen. Verlierer sind die „traditionellen ‚lebensweltnahen' Bereiche", während diejenigen Bereiche, „die in der Debatte um den Strukturwandel des Ehrenamts - vom ‚alten' zum ‚neuen' Ehrenamt - stärker im Vordergrund stehen", die Gewinner sind.[6]

---

[5] Der guten Ordnung halber soll vermerkt werden, dass die Antwortkategorie „weiß nicht, habe darüber noch nicht nachgedacht" in den nachfolgenden Analysen nicht als Potenzial berücksichtigt, d.h. praktisch der Antwortkategorie „nein" zugeschlagen wurde.
[6] Vgl. Projektverbund Ehrenamt: Freiwilligenarbeit, ehrenamtliche Tätigkeit und bürgerschaftliches Engagement. Überblick über die Ergebnisse, München, Oktober 1999, S. 11f.

Abb. 4.2: Die Richtung des Engagementinteresses

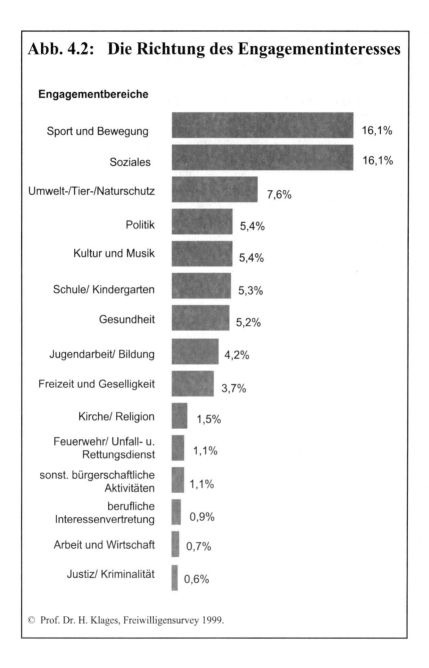

© Prof. Dr. H. Klages, Freiwilligensurvey 1999.

5 Einstieg in die Untersuchung des Engamentpotenzials: Die „Ehemaligen"

Fast jede(r) dritte Nichtengagierte war früher schon einmal engagiert

Die nachfolgenden Abschnitte dieses Berichts konzentrieren sich auf die in der obigen Abb. 4.1 identifizierten drei Hauptgruppen von Engagierten, d.h. auf die früher engagierten Nichtengagierten, auf die Engagierten ohne bisherige Engagementerfahrungen und auf die Engagierten mit Ausweitungsinteressen, da diese Aufgliederung die aussagekräftigsten Unterschiede zwischen den Teilräumen des Engagementpotenzials erschließt.

Wir wenden uns zunächst der ersten Teilgruppe zu und können anhand der Daten des Freiwilligensurvey 1999 feststellen, dass unter den Nichtengagierten, d.h. also unter den nur als Mitglieder Aktiven oder überhaupt nicht Beteiligten, überraschend zahlreiche Menschen sind, die früher einmal engagiert werden, die inzwischen aber aus dem Engagement ausgetreten oder herausgefallen sind und die somit in die Gruppe der Nichtengagierten zurückgewandert sind

Es läßt sich aus der Abbildung ablesen, dass von denjenigen Befragten, die derzeit kein Engagement ausüben, nahezu jeder Dritte (der Anteil liegt exakt bei 30,6%) angibt, er/sie sei früher einmal engagiert gewesen. Es handelt sich bei diesen ehemals Engagierten um 20% oder ein Fünftel der Gesamtbevölkerung Deutschlands ab 14 Jahren, d.h. also um mehrere Millionen Menschen.

5.1 Das Profil der „Ehemaligen" mit Rückkehrinteresse: weiblich, jünger, besser ausgebildet

Die analytische Befassung mit den Potenzialträgern unter den „Ehemaligen" nimmt ihren Ausgangspunkt bei der Untersuchung ihres soziodemographischen Profils, das uns gewissermaßen einen „Steckbrief" dieser Gruppe vermittelt. Zur Gewinnung von Vergleichsmöglichkeiten werden in der nachfolgenden Abb. 5.1 die Mitglieder der Gruppe den Mitgliedern der überraschend großen Restgruppe der Ehemaligen, d.h. denjenigen gegenübergestellt, die keine Rückkehrabsicht geäußert haben:

Abb. 5.1: Sozio-demografische Merkmale der „Ehemaligen" mit und ohne Interesse am Engagement

	Mit Interesse am Engagement	Ohne Interesse am Engagement
Männlich	51%	56%
Weiblich	49%	44%
Alter: 14 bis unter 25	14%	4%
Alter: 25 bis unter 60	72%	49%
Alter: 60 und älter	14%	47%
Volks- od. Hauptschulabschluß	20%	40%
Mittlere Reife	30%	29%
Fachabitur	9%	7%
Abitur	20%	11%
Hochschulstudium	17%	12%
Arbeiter(in)	18%	22%
Angestellte(r)	58%	56%
Beamte(r)	8%	8%
Selbständige(r)	10%	10%
Rentner(in)/Pensionär(in)	14%	31%
Finanzielle Situation (Selbsteinschätzung): gut od. sehr gut	42%	42%

Quelle: © Prof. Dr. H. Klages, Freiwilligensurvey 1999

Die Informationen, die sich dem „Steckbrief" entnehmen lassen, sind sehr aufschlußreich und lassen das Profil der „Ehemaligen" mit Rückkehrinteresse plastisch werden:

– Der notorische Männerüberschuß der Engagierten, der insg. bei fast 30% liegt und der sich bei den Ehemaligen ohne Engagementinteresse immer noch deutlich abzeichnet, ist bei den Ehemaligen mit Rückkehrabsicht fast annulliert. Bei den Frauen ist die Rückkehrbereitschaft also stärker ausgeprägt als bei den Männern.
– Die Ehemaligen mit Rückkehrabsicht sind in einem fast schon krassen Maße jünger als diejenigen, die keine Rückkehrabsicht bekunden. Jüngere Ehemalige sind dementsprechend deutlich stärker rückkehrmotiviert als ältere.

- In Übereinstimmung hiermit ist der Rentner/innenanteil bei ihnen nicht einmal halb so groß wie bei den übrigen.
- „Höhere" Bildungsabschlüsse sind bei ihnen häufiger als bei den übrigen.
- Übereinstimmend ist bei ihnen der Arbeiteranteil niedriger, während sich bei den anderen Sozialgruppen keine nennenswerten Unterschiede finden.
- Sie schätzen nichtsdestoweniger ihre finanzielle Situation gleich gut ein wie die anderen.

Zusammenfassend gesagt sind die Engagierten, die ein Rückkehrinteresse äußern, weiblich, jünger und besser ausgebildet als die übrigen.

5.2 Garantiert ein früheres Engagement den nachfolgenden Wiedereintritt?

Eine naheliegende Hypothese - nennen wir sie die „Sozialisationshypothese" - könnte lauten, dass ein früheres Engagement in der Regel, d.h. von individuell begründeten Ausnahmefällen abgesehen, die Bereitschaft zur Rückkehr nach sich zieht. Zur Begründung dieser Hypothese ließe sich anführen, dass Menschen, die einmal engagiert waren und hierbei positive Erfahrungen gewonnen haben, nach einem durch die Lebensumstände oder mit der Sache selbst zusammenhängende Gründe erzwungenen Abbruch eines Engagements ins Engagement zurückstreben und dass ihnen hierbei die Nutzung ihrer Erfahrungen und ihres Informationsstandes zugute kommt, so dass sich einer Umsetzung ihrer Absichten nur wenige Hemmnisse in den Weg stellen, die bei Menschen ohne Engagementerfahrung eine Rolle spielen können.

Die Information, dass das freiwillige Engagement vielfach nicht kontinuierlich ausgeübt wird, sondern Diskontinuitätsaspekte aufweist, könnte von daher so gedeutet werden, dass viele Menschen in flexibler Anpassung an die jeweiligen Lebensumstände und Sachgegebenheiten ihr Engagement auslaufen lassen, um dann bei einer nachfolgenden Gelegenheit unter Nutzung ihrer Vertrautheit mit dem Tätigkeitsfeld aufgrund eigener Initiative ins Engagement zurückzukehren, sobald die Lebenslage dies wieder gestattet, oder sich neue Aufgaben anbieten, die für sie infrage kommen. Von da aus könnte sich der Eindruck ergeben, dass es bei der Engagementförderung entscheidend darauf ankommt, die Menschen zu einem „Erstkontakt" mit dem Engagement, gewissermaßen zu einem „kick off", zu bewegen und dass es möglich ist, daran anschließend die weitere Entwicklung sich selbst und ihrer Eigendynamik zu überlassen.

In der Tat stellen sich - allerdings nur bei einem ersten Blick, wie einschränkend hinzugefügt werden muss. - bei der Auswertung der Daten des Freiwilligensurvey 1999 eine Reihe von Ergebnissen ein, die für die „Sozialisationshypothese" zu sprechen scheinen.

Die stärkste Bestätigung scheint naturgemäß von der Tatsache auszugehen, dass die Rückkehrbereitschaft, wie die nachfolgende Abb. 5.2 zeigt, bei den „Ehemaligen" deutlich höher liegt als bei den Nichtengagierten ohne Engagementerfahrung:

Abb. 5.2: Die Engagementbereitschaft bei den „Ehemaligen" und den Interessierten ohne Engagementerfahrung		
Bereitschaft zum Engagement:	Früheres Engagement?	
	Ja	Nein
Ja + Vielleicht	47%	37%
Nein	50%	57%
Quelle: © Prof. Dr. H. Klages, Freiwilligensurvey 1999		

Wie sich zeigt, äußern knapp die Hälfte - exakt 47,4% - der Ehemaligen ihr Interesse an einer Rückkehr ins Engagement, während bei den Nichtengagierten ohne Engagementerfahrung die Quote der Rückkehrbereitschaft nur bei 37% liegt. Das ist ein Ergebnis, das - auf den ersten Blick - beeindruckend erscheinen mag und die „Sozialisationshypothese" zu bestätigen scheint.

Weitere Bestätigungen der „Sozialisationshypothese" scheinen nahezulegen, wenn man sich aufgrund der verfügbaren Daten vor Augen führt, dass „Ehemalige" in der Tat ganz überwiegend positive Erinnerungen an das frühere Engagement besitzen, dass sie gleichzeitig aber auch klarere Vorstellungen als bisher Unbeteiligte darüber besitzen, in welchem Bereich sie sich engagieren möchten und dass sie besser darüber Bescheid wissen, mit wem sie Kontakt aufnehmen können, um sich genauer über die Möglichkeiten und Bedingungen eines ehrenamtlichen Engagements zu erkundigen. Zugunsten der Sozialisationshypothese scheint weiterhin zu sprechen, dass bei den „Ehemaligen" sämtliche subjektiven Engagementhemmnisse, die im Freiwilligensurvey 1999 abgefragt wurden, schwächer - teils sogar sehr deutlich schwächer - ausgebildet sind als bei den bisher Unbeteiligten.

Alle diese Fakten, an denen nicht zu zweifeln ist, sind in der nachfolgenden Abb. 5.3 dokumentiert:

Abb. 5.3: Engagmentbezogene Bewertungen und Informationen bei „Ehemaligen" und bei bisher nicht Engagierten

	Ehemalige	Bisher Unbeteiligte
Bewertung des früheren Engagements: sehr positiv oder positiv	89%	-
Bestimmte Vorstellungen über evtl. zukünftigen Engagementbereich vorh.	60%	51%
Kenntnis möglicher Informanten über ein zukünftiges Engagement	78%	65%
Kein Interesse an Engagement, da zu alt	14%	13%
Kein Interesse an Engagement, da keine Zeit	38%	44%
Kein Interesse an Engagement, da zu teuer	8%	16%
Kein Interesse an Engagement, da man nicht richtig versichert ist	14%	15%
„Man hat nur Arbeit und Ärger"	9%	12%
„Für so etwas bin ich nicht geeignet"	7%	14%

Quelle: © Prof. Dr. H. Klages, Freiwilligensurvey 1999

Interessanterweise tritt die Abschwächung der Engagementhemmnisse bei dem Item „So etwas ist nichts für Leute in meinem Alter" praktisch nicht in Erscheinung, während er bei dem Item „Für so etwas bin ich nicht geeignet" am stärksten ist. Man kann erkennen, dass die Enga gementerfahrung, die bei den „Ehemaligen" vorliegt, Ängste und Vorurteile gegenüber dem Ehrenamt, die bei den anderen eine Rolle spielen, weitgehend abgebaut hat, während naturgemäß die eher lebenszyklisch bedingten Hemmnisse - wahrscheinlich auf einer „objektiveren" Bewertungsgrundlage - ihre Bedeutung beibehalten. Dasselbe ist allerdings auch bei dem Hinweis auf mangelnde Versicherung der Fall, hinter dem offensichtlich eine reale Problemerfahrung steht.

Nur knapp jede(r) Zweite will zurück!
Ungeachtet des suggestiven Charakters der vorstehend dargestellten Fakten wird die „Sozialisationshypothese" jedoch, wie vorstehend schon angedeutet, nur „auf den ersten Blick" bestätigt. Die vorstehenden Ergebnisse verlieren - bei einem zweiten, intensiveren Blick - schon dann an Glanz und Signifikanz, wenn man sich vor Augen führt, dass faktisch nur knapp jede(r) zweite „Ehemalige" an einer Rückkehr ins Engagement interessiert ist und dass dieser Anteil nur 13% höher liegt als der Anteil der Engagementwilligen an den Nichtengagierten ohne frühere Engagementerfahrungen.

Auch bei dieser umgekehrten Lesart besagt das Untersuchungsergebnis nichts, was die Aussagekraft der „Sozialisationshypothese" gänzlich annullieren würde. Ohne Zweifel hat der Eintritt ins Engagement Nachhaltigkeitswirkungen, die sich - wie vorstehend geschehen - auf statistischer Ebene nachweisen lassen. Umgekehrt verbürgt aber ein Eintritt ins Engagement keinesfalls mit derjenigen Wahrscheinlichkeit und Sicherheit, die durch die „Sozialisationshypothese" nahegelegt wird, eine nachhaltige Verbindung zum Engagement über die Wechselfälle des Lebens und die dem Engagement selbst anhaftenden Unstetigkeiten hinweg. Verwendet man den Anteil der Rückkehrwilligen an den Ehemaligen als einen Indikator für die Prognosekraft der „Sozialisationshypothese", dann gelangt man zu einem - nicht sonderlich überzeugenden - Wert von weniger als 0,5. Wer einmal engagiert war, will, mit anderen Worten, keineswegs mit hoher Wahrscheinlichkeit von selbst zurückkehren, sondern muß im Zweifelsfall immer wieder von neuem für das Engagement zurückgewonnen werden.

5.3 Der Einfluß des Faktors „Zeit" auf die Rückkehrmotivation

Es läßt sich schon angesichts dieses Aderlasses feststellen, dass eine Gefährdung der weiteren Entwicklung des Engagements unabhängig von seiner bisherigen Expansionsbewegung nicht auszuschließen wäre, wenn sich diese verlustreiche bisherige Entwicklung in die Zukunft fortsetzen sollte. Das „dynamische Bild" des Engagements nimmt angesichts dieses Sachverhalts problematischere Töne an, als beim ersten Blick zunächst zu vermuten war.

Die Frage, in wieweit die „Sozialisationshypothese" zutrifft, in wieweit ein Erstengagement also einen „kick off" vermittelt, der eine nachhaltig wirkende Hinwendung zum Engagement nach sich zieht, ist mit der Ermittlung des Anteils der Rückkehrwilligen an den Ehemaligen allerdings noch keineswegs abschließend beantwortet. Vielmehr erscheint es unvermeidlich, sich auch die Frage vorzulegen, wie hoch die Wahrscheinlichkeit einer Rückkehr bei denen ist, die in der Befragung eine Rückkehrabsicht geäußert haben.

Einen auf der Handlungsebene verorteten und somit sehr aussagekräftigen Ansatz liefern hierzu die Antworten auf die Frage nach dem Zeitraum, der seit dem letzten Engagement verstrichen ist. Es läßt sich die Hypothese aufstellen, dass eine Rückkehr um so unwahrscheinlicher wird, je länger sich der Zeitraum seit der Beendigung eines früheren Engagements hinzieht. Wir können davon ausgehen, dass Menschen, auf welche die „Sozialisationshypothese" uneingeschränkt zutrifft, die also eine ihr Handeln nachhaltig beeinflussende Rückkehrmotivation besitzen, mit einem nachfolgenden Engagement nicht bis zum „Sankt-Nimmerleins-Tag" zuwarten, sondern vielmehr im Anschluß an die Beendigung des Anlasses, der ihr Ausscheiden herbeiführte, „zügig" nach einem Neuengagement suchen.

Natürlich ist es angesichts der Vielfältigkeit der infrage kommenden Anlässe nicht einfach, diese Feststellung in eine konkrete Zahl umzusetzen. Man wird aber kaum fehlgehen, wenn man davon ausgeht, dass von einer „zügigen" Rückkehr ins Engagement unabhängig vom jeweiligen Anlaß nur dann gesprochen werden kann, wenn sie innerhalb eines Zeitraums von maximal fünf Jahren erfolgt. Nach dieser relativ großzügig gewählten Zeitspanne sollten - zumindest in der Mehrzahl der Fälle - alle Anlässe bewältigt sein, die zum Austritt aus einem Engagement führten, handle es sich im einzelnen nun um die Beendigung einer Aufgabe oder die Auflösung einer Gruppe, um zeitweilige berufliche Sonderbelastungen, um die Geburt eines Kindes, um eine Krankheit, oder auch um einen Umzug, um die Hauptanlässe für die Beendigung eines Engagements zu nennen.

Wir können die Frage nach dem seit dem letzten Engagement verstrichenen Zeitraum aufgrund einer entsprechenden Frage im Fragebogen des Freiwilligensurvey 1999 mit aller wünschenswerten Genauigkeit beantworten. Die Ergebnisse lassen sich aus der nachfolgenden Abb. 5.4 ablesen:

Abb. 5.4: Zeitlicher Abstand vom früheren Engagement	
Weniger als 1 Jahr	2,5%
1 Jahr	5,0%
2 Jahre	5,7%
3 Jahre	5,8%
4 Jahre	5,8%
5 bis unter 10 Jahre	21,2%
10 bis unter 15 Jahre	22,6%
15 bis unter 20 Jahre	10,3%
20 Jahre und mehr	20,2%
Quelle: © Prof. Dr. H. Klages, Freiwilligensurvey 1999	

Man kann der Abbildung entnehmen, dass bei der Mehrheit der rückkehrwilligen Ehemaligen von einer zügigen Nutzung von Engagementchancen in flexibler Anpassung an jeweilige Lebensumstände und Engagementmöglichkeiten im Anschluß an einen „kick off" keine Rede sein kann. Wie sich zeigt, liegt das frühere Engagement nur bei ca. einem Viertel der Ehemaligen weniger als fünf Jahre zurück. Bei drei Vierteln, d.h. also bei der überwiegenden Mehrheit von ihnen, sind seit dem Engagement teils wesentlich längere Zeiträume verstrichen, so dass bei einer Rückkehr ins Engagements kaum mehr von einem direkten Wiederanknüpfen an die vorangegangenen Tätigkeiten ausgegangen werden kann.

Eine direkte Bestätigung dieser Interpretation kann man der nachfolgenden Abb. 5.5 entnehmen, welche aufgrund einer Inbeziehungsetzung der entsprechenden Daten erkennen läßt, in welchem Zusammenhang die Rückkehrabsicht mit dem Zeitfaktor steht.

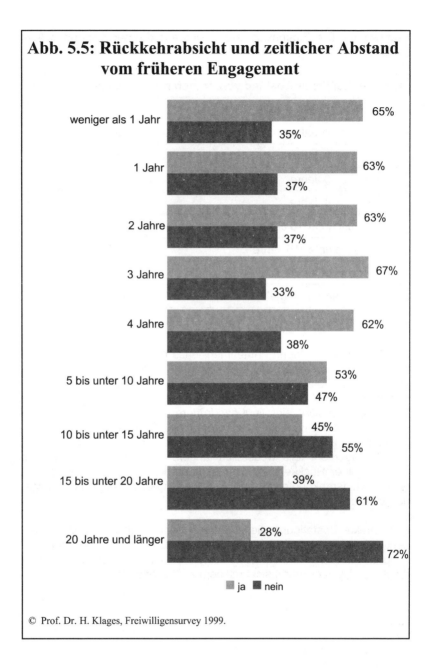

Man kann der Abbildung entnehmen, dass der Anteil der Ehemaligen, die ein Interesse an der Wiederaufnahme des Engagements geäußert haben, nach einem Anstieg in der Zeitspanne zwischen vier und fünf Jahren mit einem weiter zunehmendem zeitlichen Abstand vom früheren Engagement deutlich absinkt, wobei in Übereinstimmung mit der obigen Vermutung der entscheidende Knick nach unten bei einem Abstand von „fünf bis unter zehn Jahren" einsetzt. Wer bis dahin nicht wieder ins Engagement eingetreten ist, verliert es zunehmend aus den Augen und besitzt offenbar nur noch in einem der stark abnehmenden Maße eine sein Handeln maßgeblich beeinflussende Rückkehrmotivation. Augenscheinlich ist dies aber bei der Mehrheit der Ehemaligen der Fall. Der Ersteintritt ins Engagement war bei ihnen - warum auch immer - nicht der eigentlich erhoffbare „kick off", der nachwirkende Startschuß für ein Engagement als überdauerndes Lebensmerkmal, sondern blieb relativ folgenlos.

Natürlich muß in Betracht gezogen werden, dass bei denen, die seit zehn oder mehr Jahren kein neues Engagement mehr aufgenommen haben, u.a. auch das zunehmende Lebensalter zu Buche schlägt, das ganz allgemein gesehen eine sehr kräftig limitierende Einflußgröße des Engagementpotenzials darstellt.

Dass das zunehmende Lebensalter eine entscheidende Rolle spielt, wird mit großer Eindeutigkeit durch die Ergebnisse einer Regressionsanalyse bestätigt. Während der Betawert, d.h. der die Stärke des variablenspezifischen Zusammenhangs anzeigende Meßwert, beim Lebensalter für sich genommen bei .327 liegt, liegt er beim zeitlichen Abstand des früheren Engagements für sich genommen nur bei .099, d.h. also auf einem vergleichsweise sehr niedrigen Niveau. Vor dem Hintergrund des durch die vorangegangenen Entdeckungen fundierten Deutungsansatzes kann diese Feststellung allerdings nicht in Richtung eines „originären" Alterseinflusses interpretiert werden. Vielmehr besagt diese Feststellung, dass diejenigen Faktoren, welche eine zügige Rückkehr der Ehemaligen ins Engagement verhindern, dermaßen langfristig und nachhaltig wirken, dass am Ende das zunehmende Lebensalter - nach dem Motto „jetzt bin ich zu alt dazu" - als verstärkender Faktor hinzutreten und ihre Wirkung gewissermaßen besiegeln kann.

Die „Sozialisationshypothese" erhält durch diese Erkenntnis zum zweiten Mal einen Stoß, der ihre Gültigkeit nochmals erschüttert. Es läßt sich vor dem Hintergrund dieser Erkenntnis mit vergrößerter Sicherheit und Eindeutigkeit feststellen, dass ein Erstengagement entgegen einer anscheinend naheliegenden Vermutung keinesfalls mit einer hohen

Wahrscheinlichkeit als nachhaltig wirkender, verbindliche lebenslängliche Handlungsorientierungen aufbauender „Eintritt ins Engagement" anzusehen ist.

5.4 Direkte Einflüsse des früheren Engagements

Die Zahlen fallen sehr unterschiedlich aus, je nachdem in welchen Bereichen das frühere ehrenamtliche Engagement stattfand. Die geringste Bereitschaft zur Rückkehr ins Ehrenamt findet sich bei denen, die in den Bereichen „Justiz / Kriminalitätsprobleme", „Unfall- / Rettungsdienst, freiwillige Feuerwehr" und „Berufliche Interessenvertretung" tätig waren. Hier liegen die Potenzialquoten nur zwischen 36,4% und 39,5%. Die höchsten Potenzialquoten weisen demgegenüber die Bereiche „Schule / Kindergarten", „Ausserschulische Jugendarbeit", „Bildungsarbeit für Erwachsene", „Umwelt- / Natur- / Tierschutz und „Kirchlicher / Religiöser Bereich" auf. Hier liegen die Potenzialquoten mit deutlichem Abstand höher, nämlich zwischen 59,5% und 56,3%. Die übrigen Bereiche liegen dazwischen. Man kann davon ausgehen, dass dieser Einfluß mit dem Faktor „Aktivität" überlagert ist, so dass die höchsten Potenzialquoten bei den nach wie vor aktiven Abgängern aus den Bereichen „Schule/ Kindergarten", „Ausserschulische Jugendarbeit", „Umwelt-/Natur-/Tierschutz" und „Kirchlicher/Religiöser Bereich" vermutet werden können.

Einflüsse auf das Engagementpotenzial der Ehemaligen gehen weiterhin von den Gründen aus, die zur Aufgabe des früheren Ehrenamts geführt haben. Am geringsten ist verständlicherweise die Bereitschaft zur Rückkehr ins Ehrenamt da, wo gesundheitliche Gründe den Ausschlag gaben. Die Quote erreicht hier nur den relativ niedrigen Wert von 33%. Die höchste Rückkehrbereitschaft findet sich demgegenüber mit einem extrem hohen Wert von 64,0 % dort, wo die ehrenamtliche Tätigkeit durch einen Umzug, d.h. also durch das Intervenieren äußerer Einwirkungen beendet wurde, die mit dem Engagement selbst nicht in Verbindung stehen. Aber auch hier unterliegt die Rückkehrabsicht der abschleifenden Wirkung des Faktors „Zeit". Charakteristischer Weise liegt der Anteil derer, deren früheres Engagement weniger als fünf Jahre zurückliegt, bei denen die aus gesundheitlichen Gründen aufgegeben haben nur unwesentlich niedriger als bei denen, die einen Umzug als Grund für die Beendigung des früheren Engagements angegeben haben (die Zahlenwerte betragen 22,8% für gesundheitliche Gründe bzw. 23,3% für Umzug).

Naturgemäß wird die Größe des vorhandenen Engagementpotenzials auch durch das Vorhandensein von Problemerfahrungen beeinflußt, die sich mit der früheren ehrenamtlichen Tätigkeit verbanden. Der stärkste dämpfende Einfuß geht von einem als zu hoch empfundenen finanziellen Aufwand, von dem Gefühl, ausgenutzt worden zu sein und von Erinnerungen an eine mit der Tätigkeit verknüpfte Überforderung aus. Die Potenzialquote liegt da, wo diese - relativ häufig genannten - Probleme erlebt wurden, nur zwischen 42,9% und 41,6%, während sie da, wo keinerlei Probleme genannt wurden, den sehr hohen Wert von 60,0% erreicht. Man kann davon ausgehen, dass dämpfende Einwirkungen daneben auch von allen anderen genannten Problemen ausgehen. Sie sind jedoch durchgängig schwächer, was interessanterweise auch für die Erfahrung eines „zu hohen" Zeitaufwands (mit einer Potenzialquote von 49,5%) zutrifft, der ohnehin nur relativ selten als Problem erlebt und vermutlich mit besonderen Umständen des damaligen Engagements in Verbindung gebracht wird, die als ehrenamtsuntypisch erachtet werden.

Eine erstaunlich hohe Indifferenz der Potenzialquote gegenüber früheren Erfahrungen mit dem Ehrenamt ergibt sich dagegen aus den Antworten auf die Frage nach der Bewertung des damaligen Engagements „aus heutiger Sicht". Die Potenzialquote erreicht bei denen, die sich für eine „sehr positive" Bewertung entscheiden, 47,5% und bei denen, die „sehr negativ" bewerten, 47,0%, was - auch wenn man beim letzten Wert, dem nur eine sehr kleine Zahl von Nennungen zugrunde liegt, eine relativ hohe Fehlerquote einkalkuliert - kaum einen nennenswerten Unterschied darstellt. Die Erklärung für die Abweichung zwischen den Auswirkungen von Problemerfahrungen und von unterschiedlichen Gesamtbewertungen des Engagements auf die Potenzialquote liefert eine Regressionsanalyse, die sichtbar macht, dass zwischen den beiden Einflußgrößen andere Zusammenhänge bestehen, als man sie aus der gesonderten Untersuchung ihrer Auswirkungen erwarten sollte. Wie die Analyse erweist, schlägt zwar auch bei der rückblickenden Gesamtbewertung das Gefühl durch, ausgenutzt worden zu sein. Dies ist aber nicht der Fall bei einem als zu hoch empfundenen finanziellen Aufwand und bei Erinnerungen an eine mit der Tätigkeit verbundene Überforderung. Was auf der Ebene der Gesamtbewertung zusätzlich durchschlägt, sind vielmehr „Spannungen und Schwierigkeiten in der Zusammenarbeit mit hauptamtlichen Kräften", wie auch „Spannungen und Schwierigkeiten in der Gruppe", d.h. also Problemerfahrungen, die im ganzen genommen weniger häufig auftreten und die deren Durchschnittsbild und direkte Nachwirkung somit auch weniger beeinflussen können.

Mobilitätsbedürfnisse im freiwilligen Engagement

Das von der „Sozialisationshypothese" wegführende Faktenbild läßt sich weiter durch die Hinzufügung der in der Befragung ermittelten Tatsache anreichern, dass die Menschen, die gern ins Engagement zurück wollen, keineswegs immer an denselben Ort, d.h. in dieselbe Organisation, oder in dieselbe Gruppe zurück wollen, sondern überwiegend etwas ganz anderes als früher machen wollen.

Abb. 5.6 Interesse an einer Rückkehr in den früheren Engagementbereich (nach Bereichen)

Bereich	Anteil der Rückkehrwilligen insgesamt
Sozialer Bereich	42%
Sport und Bewegung	39%
Feuerwehr/Unfall-/Rettungsdienste	32%
Gesundheit	30%
Umwelt/Tierschutz/Naturschutz	30%
Kultur und Musik	27%
Politik/Politische Interessenvertretung	26%
Freizeit und Geselligkeit	25%
Ausserschulische Jugendarbeit u. Bildung	16%
Kirchlicher/Religiöser Bereich	16%
Kindergarten und Schule	15%
Berufliche Interessenvertretung	4%

Die Prozentsätze für die Bereiche „Justiz / Kriminalität" und „Wirtschaft-liche Selbsthilfe" sind angesichts der Kleinheit der zufrunde liegenden Zahlen nicht ausgewiesen
Quelle: © Prof. Dr. H. Klages, Freiwilligensurvey 1999

Wir wollen das hier sichtbar werdende Bedürfnis nach „Mobilität im freiwilligen Engagement" ausschnittsweise - und mit Sicherheit nur sehr partiell - anhand der Zahlen verdeutlichen, die sich einstellen, wenn man die Antworten auf die Fragen nach den früheren Tätigkeitsbereich und nach den Ziel- oder Wunschbereichen einer evtl. zukünftigen freiwilligen Tätigkeit zueinander in Beziehung setzt. Wie hoch - oder vielmehr: wie niedrig - das Interesse an einer Rückkehr in denselben Engagementbereich ist, ist Abb. 5.6 zu entnehmen.

5.5 Warum haben sich die „Ehemaligen" nicht bereits wieder engagiert?

Zusammenfassend gesagt wirken sich die verschiedenen Einflußfaktoren, deren Kontrolle aufgrund der Daten des Freiwilligensurvey 1999 möglich ist, einzeln wie auch insgesamt nur in einem relativ begrenzten Maße modifizierend auf das allgemeine Bild aus, das durch eine eingeschränkte, durch Mobilitätswünsche gekennzeichnete Rückkehrbereitschaft bei den Ehemaligen gekennzeichnet ist, deren Intensität bei längerem Andauern der Engagementlosigkeit weiter abnimmt.

Natürlich muß an dieser Stelle die Frage gestellt werden, um welche Faktoren es sich hierbei handelt, welche Einflüsse letztlich dafür maßgeblich sind, dass für eine Unzahl von Menschen die Einmündung ins Engagement eine relativ folgenlose Lebensepisode bleibt, d.h. also verhindern, dass bei ihnen eine stabile „Engagementdisposition" entsteht, welche den Rückzug aus einem Engagement überdauert und stark genug ist, um den Wiedereintritt ins Engagement herbeizuführen.

Die vorliegenden Ergebnisse lassen darauf schließen, dass es sich überwiegend nicht um „Push"-Faktoren handelt, welche - vor dem Hintergrund von Negativerfahrungen - zu einer Zerstörung der Engagementmotivation führen würden. Im Gegenteil fällt, wie festgestellt werden konnte, die rückblickende Bewertung auf das frühere Engagement sehr positiv aus. Wie zuvor festgestellt wurde, sind bei den Ehemaligen mit Rückkehrinteresse auch die allgemeinen Hemmungsfaktoren, die sich bei den Nichtengagierten finden, schwächer ausgeprägt. Darüber hinaus läßt sich feststellen, dass ihr Interesse am Engagement stärker entwickelt ist als das der Nichtengagierten, die keine Engagementerfahrungen haben. Das frühere Engagement reichte zwar nicht aus, um eine dauerhafte und auf der Handlungsebene durchsetzungskräftige Engagementdisposition zu erzeugen. Immerhin reichte es aber aus, um eine nachhaltig erhöhte Attraktivität des Engagements herbeizuführen.

Von daher gesehen spitzt sich aber die Frage weiter zu. Sie lautet nunmehr: Warum treten die Ehemaligen nicht wieder ins Engagement ein, obwohl sie - zumindest da, wo sie sich „interessiert" zeigen - einer

Attraktivitäts-Nachwirkung des früheren Engagements unterliegen? Was hindert sie hieran, obwohl bei ihnen auch keine spezifischen Hemmungsfaktoren ausmachbar sind, obwohl, genauer gesagt, auch aus ihrer eigenen subjektiven Einschätzungsperspektive keine stichhaltigen Hinderungsgründe hierfür vorhanden sind?

In Anbetracht der Grenzen einer „völlig abgesicherten" Erklärung auf der Grundlage der empirischen Daten bleibt nur die Möglichkeit, den unabgeklärten „Rest", der nach der Datenanalyse noch offen ist, unter Zuhilfenahme der allgemeinen Motivations- und Handlungstheorie ins Licht zu rücken und zu benennen. Man wird hierbei erstens in Betracht zu ziehen haben, dass die Attraktivitätsnachwirkung des früheren Engagements ungeachtet aller positiven Rückerinnerungen per Saldo nicht stark genug ist, um eine ausreichend starke, handlungsauslösend wirkende Rückkehrmotivation zu erzeugen. Zweitens wird man aber mit Sicherheit auch das Fehlen informatorischer „Verbindungsglieder" zur aktuellen Engagementwirklichkeit, wie auch das Fehlen von „Bahnungen" und konkreten „Zugängen" in Richtung der angestrebten andersartigen Engagementmöglichkeiten in Rechnung stellen müssen, die man zwar als Zukunftsperspektive im Auge hat, zu denen aber die eigene Vergangenheitserfahrung nicht unmittelbar hinführt. Die Tatsache, dass es bei den Ehemaligen mit Engagementinteresse eine starke Neigung zur „Mobilität im Engagement" gibt, wird man in diesem Zusammenhang als einen gewichtigen Faktor in Rechnung zu stellen haben.

6 Engagementpotenzial bei den interessierten Nichtengagierten ohne Engagementerfahrung, bei den „Neuen"

6.1 Das Profil: Die „Neuen" als Kontrastgruppe

Wir werden auf diese Punkte zurückzukommen haben, sobald wir uns den Perspektiven einer zukünftigen Engagementförderung zuwenden. Vorerst haben wir uns noch mit der weiteren Abklärung des Engagementpotenzials zu beschäftigen, das wir uns zunächst in seinen allgemeinen Umrissen und Proportionen und anschließend unter Hervorhebung gestörter Austauschbeziehungen zwischen den Austritten aus dem Engagement und den Wiedereintritten ins Engagement vor Augen geführt haben. Vergegenwärtigen wir uns nochmals die vorstehende Abb. 4.1, dann können wir feststellen, dass wir uns bisher nur mit einer von drei Teilgruppen des Engagements, nämlich mit den früher engagierten Nichtengagierten näher beschäftigt haben, die sich gern wieder engagieren wollen.

Wenden wir uns nunmehr zunächst der zweiten Teilgruppe der bisher nicht Engagierten zu, die ihr Interesse am Engagement bekunden (wir werden sie der Einfachheit halber gelegentlich als die „Neuen" bezeichnen), dann stoßen wir - funktional gesehen - auf ein völlig anderes Feld innerhalb des dynamischen Gesamtsystems „freiwilliges Engagement". Handelte es sich bei den früher Engagierten gewissermaßen um den „Recycling"-Aspekt dieses Systems, um seine Fähigkeit, sich ungeachtet der Diskontinuitäten aufgrund der Befristungen des individuellen Engagements aus eigenem Bestand zu regenerieren und stabil zu halten, so geht es nunmehr um die Frage, in wieweit es diesem System gelingt, aus dem Reservoir der „Gesellschaft" ständig neue Kräfte, gewissermaßen „frisches Blut" aufzunehmen und an sich zu binden, um seine Stabilität und Leistungskraft zusätzlich zu sichern und gleichzeitig Wachstumsprozesse zu ermöglichen, welche die Übernahme neuer Aufgaben gestatten.

Die Fragestellungen, die wir an die zweite Personengruppe der bisher unbeteiligten Interessierten, der „Neuen" also, heranzutragen haben, sind dementsprechend zumindest teilweise andere. Bezüglich dieser Gruppe interessieren in einem besonderen Maße Strukturfragen, mit denen wir uns bisher nicht vorrangig zu beschäftigen brauchten. Wir hatten hinsichtlich der an der Rückkehr ins Engagement interessierten „Ehemaligen" oben festgestellt, dass sie - zumindest tendenziell - weiblich, jünger und besser ausgebildet sind als die Uninteressierten. Fragen wir uns nun, wie es diesbezüglich bei den bisher gänzlich Unbeteiligten steht, dann liegt es nahe, als Vergleichsgruppe die Engagierten zu verwenden. Es bieten sich nämlich zwei sehr unterschiedliche Hypothesen an:

Die erste Hypothese lautet, dass wir bei dieser Personengruppe auf dasselbe Bild stoßen werden, wie bei den Engagierten, weil das freiwillige Engagement prinzipiell Menschen mit bestimmten Merkmalen anspricht und andere nicht, so dass es zu einer sozialen „Schlagseite" kommt, die man als unveränderlich hinzunehmen hat, weil sie mit tief fundierten gesellschaftlichen Selektionsprozessen verbunden ist.

Die zweite Hypothese lautet demgegenüber, dass wir bei den bisher Unbeteiligten - ähnlich wie bei den an der Wiederaufnahme des Engagements interessierten „Ehemaligen" - auf eine Kontrastgruppe stoßen, in welcher die bisher im Engagement unterrepräsentierten sozialen Gruppen eine größere Rolle spielen als bei den aktuell Engagierten, weil sich bei denen, die heute ins Engagement wollen, gesellschaftliche Wandlungsprozesse niederschlagen, die sich bei den Etablierten noch nicht im selben Maße auswirken konnten.

Überprüfen wir vor dem Hintergrund dieser beiden Hypothesen das verfügbare Datenmaterial, so stoßen wir auf das folgende Bild: Der Hypothesentest auf der Grundlage der vorstehenden Daten führt zu einem unerwartet eindeutigen Ergebnis:

- Wir können zunächst feststellen, dass der Männerüberschuß bei den aktuell Engagierten und den Ehemaligen bei den bisher Unbeteiligten, bei den „Neuen" also, in einen eindeutigen Frauenüberschuß umgewandelt ist, der sogar den Frauenanteil in der Gesamtbevölkerung bei weitem übersteigt. Bei den Interessierten ohne Engagementerfahrung dominiert, vereinfacht ausgedrückt, das weibliche Geschlecht, so dass man fast schon von einer „kompensatorischen" Situation sprechen kann.
- Große Unterschiede weist auch die Alterszusammensetzung der beiden Gruppen auf, wobei vor allem auffällt, dass bei der Gruppe der bisher Unbeteiligten der Anteil der Jungen zwischen 14 und 24 fast verdoppelt ist, während die Anteile der Älteren deutlich reduziert sind. Von Seiten der bisher unbeteiligten Interessierten ist dementsprechend auch beim Altersaufbau eine Korrektur in Richtung des Abbaus einer bisher vorhandenen einseitigen Selektion „privilegierter" Bevölkerungsgruppen zu erwarten.

Abb. 6.1: Strukturvergleich zwischen den Nichtengagierten ohne früheres Engagement (den „Neuen") und den Engagierten

	„Neue"	Engagierte
Männer	43%	56%
Frauen	57%	44%
Alter: 14 bis unter 25	26%	16%
Alter: 25 bis unter 60	62%	66%
Alter: 60 und älter	12%	18%
Volks- od..Hauptschulabschluß	25%	20%
Mittlere Reife	34%	34%
Fachhochschulreife	7%	9%
Abitur	17%	17%
Hochschulstudium	9%	16%
Arbeiter/in	22%	16%
Angestellte(r)	58%	57%
Beamte(r)	6%	11%
Selbständige(r)	7%	11%
Rentner(in)/Pensionär(in)	10%	16%
Finanzielle Situation (Selbsteinschätzung): Gut oder sehr gut	38%	47%

Quelle: © Prof. Dr. H. Klages, Freiwilligensurvey 1999 / Angaben in %

- Ähnliches gilt bei den Bildungsabschlüssen. In der Gruppe der „Neuen" sind die Volks- und Grundschulabsolventen deutlich stär-

ker, die Besitzer höherer Bildungsabschlüsse deutlich schwächer repräsentiert als bei den „Ehemaligen". Wohlgemerkt liegt der Anteil der Volks- und Grundschulabsolventen auch bei den „Neuen" immer noch niedriger als in der Gesamtbevölkerung, so dass die soziale „Schlagseite" des freiwilligen Engagements auch in dieser Gruppe immer noch besteht. Auch hier läßt sich aber eine Korrektur in Richtung seines Abbaus feststellen.
- Dasselbe gilt bezüglich des Merkmals „Stellung im Beruf". Bei den „Neuen" ist der Arbeiteranteil deutlich höher als bei den „Ehemaligen", während die Anteile aller anderen Gruppen (von den Angestellten abgesehen) mehr oder weniger reduziert sind. Auch hier gilt zwar, dass bei den „Neuen" der Arbeiteranteil an der gesamten Erwerbsbevölkerung Deutschlands, der 1998 bei 33% lag, noch keinesfalls erreicht wird. Immerhin kann man aber von einer eindeutigen Annäherung sprechen.
- Das sich abzeichnende Bild wird durch die Reduzierung derjenigen Menschen abgerundet, die ihre finanzielle Situation als „gut" oder „sehr gut" bezeichnen. Geht man davon aus, dass sich beim faktischen Zugang zum Engagement keine merkmalsspezifisch wirkenden Auslesefilter einstellen, dann ist aufgrund der abweichenden Zusammensetzung der „Neuen" damit zu rechnen, dass sich über kurz oder lang in Verbindung mit dem Zustrom „jungen Blutes" der bisherige Männerüberschuss im Engagement immer mehr reduzieren wird, dass mehr Junge ins Engagement eintreten und dass in ihm die bisher eher schwach beteiligten Sozialschichten eine zunehmende Rolle spielen werden.

Zusammenfassend geurteilt bestätigt sich die Kontrastgruppen-Hypothese in einem noch viel eindeutigeren und durchgängigeren Sinne, als dies zunächst erwartet werden konnte. Die „stille Reserve" des Engagements bei den bisher gänzlich unbeteiligten „Neuen" bringt Gruppen ins Spiel, die im bisherigen Engagement unterrepräsentiert sind. Die „Aktualisierung" des hier vorhandenen Potenzials muß schon von daher eine Reihe von Sonderfragen aufwerfen, die für die Aktualisierung des Potenzials bei den „Ehemaligen" eine geringere Rolle spielen.

Erwartungen der „Neuen" an das Engagement
Wir wollen den Einstieg in die Bearbeitung dieser Fragen bei einem Vergleich der Engagementmotivation der „Ehemaligen" und der „Neuen" nehmen, wobei uns die Antworten auf die Frage im Fragebogen des Freiwilligensurvey 1999, was im Falle eines Engagements an der aufgenommenen Tätigkeit „wichtig" wäre, als Material dienen sollen.

Abb. 6.2: Engagementmotive bei den „Ehemaligen" und den „Neuen"

	„Ehemalige" (Mittelwerte)	„Neue" (Mittelwerte)
Etwas für das Gemeinwohl tun können	4.13	4.06
Anderen Menschen helfen können	4.40	4.45
Eigene Interessen vertreten	3.02	3.18
Eigene Probleme selbst in die Hand nehmen	3.05	3.41
Spaß an der Tätigkeit haben	4.62	4.59
Mit sympathischen Menschen zusammenkommen	4.29	4.30
Eigene Kenntnisse und Erfahrungen erweitern	4.13	4.20
Nutzen für berufliche Möglichkeiten	2.71	3.18
Verantwortung und Entscheidungsmöglichkeiten wahrnehmen	3.65	3.74
Für die Tätigkeit Anerkennung finden	3.49	3.50

Quelle: © Prof. Dr. H. Klages, Freiwilligensurvey 1999

Abb. 6.2 erbringt zunächst das für sich betrachtet überraschende Ergebnis, dass der „Motivationsdruck" in Richtung des Engagements bei den „Neuen" in der Mehrzahl der Fälle höher liegt als bei den „Ehemaligen". In Klammern läßt sich hinzufügen, dass sich dieses Ergebnis wiederholt, wenn man die „Neuen" mit den Engagierten vergleicht. Auch ihnen gegenüber zeichnen sich die „Neuen" durch ein etwas höher liegendes Motivationsniveau aus.

Bei einer näheren Betrachtung differenziert sich das Bild. Es erweist sich sehr eindeutig, dass die Engagementmotive der „Neuen" in einer Reihe von Fällen mit denen der „Ehemaligen" identisch sind, in bestimmten anderen Fällen aber deutlich von ihnen abweichen. Kurz gesagt sind sich die „Neuen" mit den „Ehemaligen" überall da einig, wo es um den in beiden Fällen stark ausgeprägten Wunsch nach emotional erfüllenden Erfahrungen und Erlebnisgehalten des Engagements, um seine helfende Wirkung, wie auch um seine gesellschaftliche Anerkennung geht. Deutlich stärkere Erwartungen bringen die „Neuen" aber überall da ein, wo der persönliche Nutzen ins Spiel kommt, wobei besonders auffällt, dass der Abstand bei der Erwartung eines Nutzens für die beruflichen Möglichkeiten am größten ist.

Mit anderen Worten tragen die „Neuen" an das freiwillige Engagement neben „intrinsischen" Motiven, welche auf den gesellschaftlichen Wertewandel zurückverweisen in einem stärkeren Maße auch eine Reihe von handfesteren Motiven heran, bei denen es nicht unbedingt ums Geld gehen muß, bei denen jedoch die generelle Erwartung, dass die freiwillige Tätigkeit für einen selbst etwas „bringen" muß, deutlich materiellere Züge annimmt. Es handelt sich hier um einen Unterschied der Motivlage, den man als eine „Nuance" betrachten mag, der aber mit Sicherheit in demjenigen Augenblick in Rechnung zu stellen sein wird, in welchem man sich Gedanken über eine zukünftige Engagementförderung macht, die in der Lage ist, eine Attraktivitätswirkung zu entfalten.

6.2 Engagementhemmnisse bei den „Neuen"

Es war bereits darauf hingewiesen worden, dass die früher bereits einmal Engagierten den bisher Unbeteiligten manches voraus haben, was ihnen aufgrund ihrer Erfahrungen mit dem Engagement verfügbar ist. Insgesamt gesehen gibt es bei ihnen weniger Informationsmängel und Mißverständnisse hinsichtlich des Charakters des Engagements und der Anforderungen, die sich mit ihm verbinden. In Verbindung hiermit, so stellten wir schon fest, fallen manche Hemmnisse weg, die bei anderen bestehen, die diesen Erfahrungshintergrund nicht besitzen. Wie bereits an früherer Stelle angedeutet sehen die „Neuen - ungeachtet ihres Interesses an der Aufnahme einer freiwilligen Tätigkeit - durchgängig mehr Gründe als die „Ehemaligen", die sie „daran hindern könnten, sich irgendwo zu engagieren" (Zitat aus der betreffenden Frage im Fragebogen). Die Frage, wie es mit diesen Hemmnissen konkret gesehen steht, erscheint gewichtig genug, um sie an dieser Stelle in einer systematischeren Weise aufzugreifen.

Als Erkenntnishilfe soll abermals der Vergleich mit den früher engagierten Interessierten benutzt werden, dem wir uns zunächst zuwenden wollen, wobei wir die Daten in der obigen Abb. 5.3 einer genaueren Betrachtung unterziehen wollen. Hierbei wollen wir herausfinden, ob und in wieweit das Nichtvorhandensein eines Engagementhintergrunds evtl. als „Handicap" bei der Umsetzung des Engagementinteresses wirkt und die Wahrscheinlichkeit eines spontanen Eintritts ins Engagement absenkt, so dass ggf. besondere Anstrengungen im Bereich der Engagementförderung erforderlich sind, um das vorhandene Potenzial zu erschließen und zu aktualisieren.

Abstände zwischen den beiden verglichenen Gruppen sind insbesondere da deutlich, wo es um die Frage der verfügbaren Zeit, um den Kostenaufwand der freiwilligen Tätigkeit und um die Frage der persönlichen Eignung geht. Während die „Ehemaligen" diesen Fragen auf ihrem persönlichen Erfahrungshintergrund mit einiger Gelassenheit gegenüberstehen können, offenbaren die „Neuen" dann, wenn sie daraufhin angesprochen werden, eine gewisse Irritation und Unsicherheit. Zusammen genommen beschäftigt sie die Frage, ob sie sich nicht überfordern, verzetteln und somit letztlich selbst schaden, wenn sie sich für das - grundsätzlich bejahte - Engagement entscheiden.

Hinzu kommt aber auch eine erhebliche Uninformiertheit darüber, welche Möglichkeiten es im Engagement gibt, ob man also mit ausreichender Treffsicherheit diejenige Tätigkeit finden kann, die auf einen selbst „paßt". Erwartungsgemäß besitzen die „Neuen" - es war auch hierauf an früherer Stelle bereits hingewiesen worden - eine weniger klare Vorstellung darüber, in welchem Bereich sie sich ggf. engagieren würden. Während die betreffende Frage bei den „Ehemaligen" - auch diese Zahl ist eigentlich erstaunlich niedrig und nur erklärlich, wenn man eine Absicht zur „Mobilität im Engagement" (vgl. oben) unterstellt - von 59% bejaht wird, sind es bei den „Neuen" letztlich nur 51%. Die „Neuen" wissen darüber hinaus weniger gut als die „Ehemaligen", mit wem sie Kontakt aufnehmen könnten, um sich genauer über die Möglichkeiten und Bedingungen des freiwilligen Engagements zu informieren. Die betreffende Frage wird von 78% bzw. 65% der Befragten in den jeweiligen Gruppen bejahend beantwortet. Kenntnisse über Informations- und Kontaktstellen für Bürger/innen, die nach einer Möglichkeit für freiwilliges Engagement suchen, haben bei den „Ehemaligen" immerhin 50%, bei den „Neuen" dagegen nur 41.

Summa summarum tragen diese Einzelhemmnisse dazu bei, dass sich die gute Absicht, sich zu engagieren, mit einer noch geringeren Wahrscheinlichkeit als bei den „Ehemaligen" in die Tat umsetzt, dass man also eher in einem Zustand des „Attentismus" verharrt, mit dem man insofern komfortabel leben kann, als man ja nicht gedrängt wird, zu einer Entscheidung zu gelangen.

7 Das Engagmentpotenzial bei den Engagierten

Hypothesenbildung beim Speyerer Survey 1997
Wenn wir uns nunmehr dem dritten Teilbereich des Engagementpotenzials, dem Potenzial bei den Engagierten selbst zuwenden, so soll nicht unerwähnt bleiben, dass wir in dieser Richtung bereits bei der Analyse der Daten aus dem Speyerer Survey 97 sensibilisiert wurden, obwohl der Fragebogen diesbezüglich keine direkten Fragen enthielt. Den Anlaß für entsprechende Überlegungen lieferte das überraschende Ergebnis, dass von der überwiegenden Mehrzahl der Engagierten auf die Frage nach dem ins Engagement investierten Zeitaufwand nur eine relativ niedrig liegende Stundenzahl von maximal fünf Stunden pro Woche angegeben wurde. In Verbindung hiermit spielte aber auch die weitere Entdeckung eine Rolle, dass zwischen dem zeitlichen Aufwand für das Engagement und der Stärke der Engagementmotivation eine deutliche Beziehung besteht. Das unmißverständliche - und keinesfalls selbstverständliche - Ergebnis unserer damaligen Analyse lautete, dass die Engagierten um so mehr Zeit investieren, je motivierter sie sind. Von daher stellte sich unvermeidlich die Folgefrage, warum die Engagementmotivation bei der Mehrzahl der Engagierten nicht stark genug ist, um einen höheren Zeiteinsatz zu tragen.

Natürlich hatten wir in Betracht zu ziehen, dass dieser Zusammenhang auch umgekehrt gelesen werden kann („Je mehr Zeit die Engagierten investieren, desto engagierter sind sie auch"). Die Volksweisheit kennt diesen umgekehrten Kausalzusammenhang und drückt ihn in Sätzen aus wie „Der Appetit kommt beim Essen", oder „Die Lust kommt beim Arbeiten". Allerdings gingen wir davon aus, uns auf die Seite der höheren Wahrscheinlichkeiten zu begeben, wenn wir die Motivation als die „verursachende" und den Zeitaufwand fürs Engagement als die „abhängige" Variable ansahen. In dieser Annahme wurden wir durch die Entdeckung bestärkt, dass die Motivationsstärke der Engagierten in den verschiedenen Engagementbereichen unterschiedlich hoch ist und in denjenigen relativ informell organisierten Bereichen kulminiert, wo nach den vorliegenden Erkenntnissen insbesondere Menschen mit „neuen" Selbstentfaltungswerten optimale Betätigungsbedingungen finden können.

Interesse an der Ausweitung der „Tätigkeit" oder des „Engagements"
Im Freiwilligensurvey 1999 zogen wir aus den Erkenntnisgrenzen, auf die wir beim Speyerer Survey gestoßen waren, die Konsequenz, indem wir zur direkten Frage nach eventuell bestehenden Bereitschaften zur

Ausweitung des Engagements übergingen. Wir stellten den Engagierten zwei einschlägige Fragen. Wir fragten erstens „Wären Sie bereit und in der Lage, Ihr ehrenamtliches Engagement noch auszuweiten und weitere Aufgaben zu übernehmen, wenn sich etwas Interessantes bietet?". Weiter stellten wir aber auch unter direktem Bezug auf die jeweils abgefragte Tätigkeit die folgende Frage: „Wenn es nach Ihnen geht: Würden Sie diese ehrenamtliche Tätigkeit in Zukunft gerne noch ausweiten / oder weiterführen wie bisher / oder einschränken / oder am liebsten ganz aufgeben?"

Überraschenderweise erbrachten die beiden Fragen höchst unterschiedliche Ergebnisse. Während 34%, d.h. also gut 1/3 der freiwillig Engagierten, die erste Frage bejahten, wollten nur 15%, d.h. also relativ wenige von ihnen, die gegenwärtig ausgeübte Tätigkeit - genauer gesagt, diejenige Haupttätigkeit, für die sie am meisten Zeit aufwenden - ausweiten. Interessant ist hierbei, dass die beiden Fragen von den einzelnen Befragten keineswegs gleichartig beantwortet wurden. Von denen, die an der Erweiterung ihres Engagements im allgemeinen interessiert sind, wollen nur 24% gleichzeitig auch die gegenwärtige Haupttätigkeit ausweiten. 65% von ihnen wollen diese Tätigkeit weiterführen wie bisher, 10% wollen diese Tätigkeit sogar einschränken oder ganz aufgeben. Umgekehrt wollen nur 55% derjenigen, die gern ihre Haupttätigkeit ausweiten würden, gleichzeitig auch ihr Engagement im ganzen ausweiten, obwohl es ja eigentlich nur „logisch" gewesen wäre, wenn auch diese zweite Frage von ihnen mit „ja" beantwortet worden wäre.

Mit anderen Worten differenzieren die Befragten unerwartet deutlich zwischen der gerade ausgeübten Tätigkeit und dem freiwilligen Engagement im allgemeinen, wobei besonders auffallen muß, dass sie dessen Ausweitung unter Wechsel der bisherigen Tätigkeit, oder auch unter Verwandlung bisheriger Nebentätigkeiten in Haupttätigkeiten viel eher zuneigen als einer Ausweitung der aktuellen Haupttätigkeit. Auch bei den Engagierten findet sich also - und das ist ein sehr überraschendes Ergebnis für sich - diejenige Neigung zur „Mobilität im Engagement", die wir bereits bei den „Ehemaligen" festgestellt hatten.

Man wird den unterschiedlich ausfallenden Ausweitungswünschen in den verschiedenen Engagementbereichen die ihnen gebührende Aufmerksamkeit zu schenken haben. Besonders hoch fällt der Ausweitungswunsch im Bereich „Justiz / Kriminalitätsprobleme" (33%) und im „Gesundheitsbereich" (22%) aus, besonders niedrig dagegen im Bereich der „bürgerschaftlichen Aktivitäten am Wohnort" (4%) und der "außerschulischen Jugendarbeit und/oder Bildungsarbeit" (7%), während sich die Prozentsätze in den übrigen Bereichen zwischen 13% und 17% bewegen.

Unabhängig von diesen Unterschieden, die für sich betrachtet interessant und aufschlußreich sind, haben aber die Antworten auf diejenige Frage, welche die auf den Gesamtbereich des Engagements bezogenen Ausweitungswünsche anspricht, im vorliegenden Zusammenhang den größeren Aussagegehalt. Schon der bloße Unterschied zwischen den beiden Bejahungsquoten macht deutlich, dass die auf das freiwillige Engagement im ganzen bezogene Frage das größere Erfassungsvolumen besitzt als die tätigkeitsbezogene Frage. Diese besitzt ganz offensichtlich - nicht nur semantisch, sondern auch von den Daten her beurteilt - einen „spezielleren" Aussagegehalt als die auf das freiwillige Engagement im ganzen bezogene Frage, die auch von den Daten her gesehen die „allgemeinere" Frage ist.

Die Antworten auf diese Frage, die im weiteren Verlauf als Basisfrage dienen wird, werden deshalb nachfolgend in den Vordergrund gerückt.

7.1 Das Profil der „Expansiven": Ungeduldige Jüngere im Wartestand

Prüft man die Zusammensetzung der an der Ausweitung ihres Engagements Interessierten, die wir im weiteren Verlauf der Einfachheit halber als die Gruppe der „Expansiven" ansprechen wollen, dann stößt man zunächst auf einige Sachverhalte, die sich als Steigerungen derjenigen Merkmalsausprägungen ansehen lassen, welche die Engagierten im ganzen gegenüber den Nur-Aktiven und den Nichtengagierten charakterisieren:

- Sie besitzen durchschnittlich gesehen ein noch höheres Ausbildungsniveau als die Engagierten ohne Ausweitungswunsch (der Anteil der Volks-/Hauptschüler liegt bei ihnen nur bei 16,0%, bei den Übrigen dagegen bei 24,9%);
- sie sind in geringerem Maße als diese durch pflegebedürftige Personen im Haushalt in Anspruch genommen;
- sie sind im lebensräumlichen Umfeld etwas stärker verwurzelt als die Übrigen;

Diese Übereinstimmungen werden allerdings bei einer Reihe anderer Merkmale relativiert und teils direkt durchkreuzt. So sind die „Expansiven"

- mit einem allerdings nur marginalen Abstand etwas „weiblicher" als die Engagierten ohne Ausweitungswunsch, während diese sich von den Nicht-Engagierten durch einen höheren Männeranteil abheben;
- sie sind sehr eindeutig jünger, während die Engagierten im Vergleich zu den Nichtengagierten älter sind (bei den unter 20-jährigen beträgt die Potenzialquote 57,5%, bei den über 60-jährigen dahingegen 25,3%, wobei sich über die Altersgruppen hinweg ein relativ kontinuierlicher Rückgang abzeichnet);
- sie weisen einen höheren Arbeiteranteil auf als die übrigen, während sich die Engagierten im Vergleich mit den Nichtengagierten gerade umgekehrt durch einen wesentlich geringeren Arbeiteranteil auszeichnen;
- sie sind ihrem eigenen Eindruck zufolge finanziell nicht besser gestellt als die Übrigen, während die aktuell Engagierten im ganzen durchschnittlich ihre finanzielle Situation günstiger einstufen als die Nichtengagierten.

Hinzuzurechnen ist, dass sich ihre mentalen Basisfaktoren deutlich von denen der Übrigen unterscheiden. Während die Wertedimension „Konventionalismus" bei beiden Gruppen ziemlich exakt gleich hoch ausfällt, sind die „neuen" Wertedimensionen „Hedonistischer Materialismus" und „Selbstentfaltung/Engagement/prosoziale Orientierung" bei den Potenzialträgern signifikant höher ausgeprägt.[7]

Von diesen Ergebnissen her gesehen sind die „Expansiven" nicht ohne weiteres als merkmalskonforme Repräsentanten der Gesamtgruppe der Engagierten ansprechbar. Eher legt sich die Vermutung nahe, dass es sich bei ihnen - zumindest zum großen Teil - um hochmotiviert - und wahrscheinlich auch ungeduldig - nachdrängende relativ jugendliche Aktive handelt, die zwar bereits „einen Fuß in die Ehrenamtstür" stellen konnten, die aber nicht im Vollbesitz der begehrten Eintrittskarte zu den Ämtern des Ehrenamts sind, weil sie die beiden „Handicaps" aufweisen, dafür noch „zu jung" zu sein und kein ausreichendes soziales Ansehen in die Waagschale werfen zu können. Es charakterisiert die Expansiven, dass bei ihnen der Anteil der Tätigkeiten, „in die man gewählt wird", nur bei 37% und der Anteil von „Leitungs- und Vorstandsfunktionen" bei 33% liegt, während die entsprechenden Zahlen für die übrigen Engagierten 45% bzw. 42% lauten.

---

7 Vgl. Gensicke, Band 2, Teil 1

7.2 Engagementmotive und -hemmnisse bei den „Expansiven"

Fragt man zunächst nach dem Zeitaufwand, den die Expansiven ins Ehrenamt investieren, dann findet man, dass er überraschenderweise mit durchschnittlich 17,41 Std./Monat deutlich erkennbar niedriger liegt als der Zeitaufwand der Übrigen, die 18,93 Std./Monat erreichen.

Nach der allgemeinen Regel, die wir bei der Auswertung des Speyerer Survey 97 fanden, sollte von daher eigentlich auch das Niveau ihrer Engagementmotivation niedriger liegen. Wie die folgende Abb. 7.1 sichtbar macht, trifft diese allgemeine Regel aufgrund der Daten der Projektverbundsstudie für die Engagierten insgesamt in der Tat mit einer geradezu unmissverständlichen Deutlichkeit zu:

Abb. 7.1: Wichtigkeit des Engagements und Zeitaufwand (Engagierte insgesamt)

Zeitaufwand	Wichtigkeit, die dem Engagement zugemessen wird			
	sehr wichtig	wichtig	weniger wichtig	gar nicht wichtig
Bis zu 5 Std.	21,0%	51,0%	24,0%	3,0%
5 bis 10 Std.	37,0%	53,0%	8,0%	0,9%
11 bis 15 Std.	45,0%	47,0%	7,0%	0,4%
Über 15 Std.	57,0%	37,0%	7,0%	-

Quelle: © Prof. Dr. H. Klages, Freiwilligensurvey 1999

Man kann deutlich erkennen, dass sich die Wichtigkeitsgrade, die dem Engagement zugemessen werden, mit zunehmendem Zeitaufwand für das Engagement dramatisch erhöhen.

Während also auf die Gesamtgruppe der freiwillig Engagierten bezogen die allgemeine Regel, dass Engagementhemmnisse die Engagementmotivation senken, uneingeschränkt zutrifft, kehrt sich diese Regel aber um, sobald man die Gruppe der Expansiven ins Auge faßt. Wenn die allgemeine Regel für die Engagierten lautet, dass Engagementhemmnisse und Engagementmotivation kovariieren, so lautet die abweichende Regel für die Expansiven, dass Engagementhemmnisse - welcher Art auch immer - bei ihnen gerade umgekehrt zu einer Verstärkung der Engagementmotivation führen. Ihr Wunsch nach der Ausweitung des freiwilligen Engagements ist als subjektiver Widerstand gegen die Erfahrung besonders deutlich ausgeprägter Engagementhemmnisse zu verstehen.

Anders ausgedrückt erweisen sich die Expansiven als diejenigen - zahlenmäßig in der Minderheit befindlichen - Mitglieder der Gesamtgruppe der Engagierten, bei denen sich das Erlebnis von Hemmnissen nicht wie bei der Mehrheit in einer situationskonformen Begrenzung der Engagementbereitschaft und einer damit verbundenen Selbsteingrenzung äußert, die als ein „bequemer" defensiver Mechanismus in der Auseinandersetzung mit Schwierigkeiten und Problemen zu verstehen ist. Sie erweisen sich vielmehr als eine *Kontrastgruppe*, bei der sich das Erlebnis von Hemmnissen in ein proaktives Verbesserungsstreben unter Aufrechterhaltung innerer Leitvorstellungen und Zielgrößen und unter Hinnahme derjenigen Spannungen umsetzt, die sich damit unvermeidlich verbinden.

Die Expansiven müssen von daher konsequenterweise als *„manifeste"* Potenzialbesitzer angesprochen werden, denn natürlich gibt es unter den Übrigen viele, die den alternativen Weg der Selbsteingrenzung eingeschlagen haben und die insofern eigentlich als *„latente"*, im Rahmen unserer Befragung „unsichtbare" Potenzialbesitzer angesprochen werden müssen.

Logischerweise ist aus dem Vorangegangenen zu folgern, dass die Engagementhemmnisse, um die es geht, *äußerer* Art sind und dass sie mit hoher Wahrscheinlichkeit in den *Tätigkeitsbedingungen* zu suchen sind, auf welche die Engagierten stoßen. Dass bei denen, die in der Befragung als Expansive erfaßt werden konnten, der Anteil der Jungen und der Anteil der „unteren" Sozialschichten höher ist als bei den übrigen Ehrenamtlichen, wird man als einen Hinweis darauf ins Auge zu fassen haben, dass bei der Wahl des proaktiven Wegs der Auseinandersetzung mit gegebenen Hemmnissen ihre untypischen, die „Karrierechancen" im Engagement beeinträchtigenden Personenmerkmale (vgl. oben) eine Rolle spielen.

7.3 Die Zielrichtung der Ausweitungswünsche

Bevor wir diesen Vermutungen weiter nachgehen, wollen wir zunächst die Frage aufgreifen, in welche Richtung eigentlich die unausgeschöpften Engagementbereitschaften zielen. Dass hierbei Wechselabsichten eine erhebliche Rolle spielen, haben wir bereits festgestellt. Im Hinblick auf die weitere Beantwortung dieser Frage legen sich zwei sehr unterschiedliche, ja entgegengesetzte *Hypothesen* nahe, zwischen denen zu entscheiden ist:

Hypothese 1: Die an Ausweitung interessierten Ehrenamtlichen, die Expansiven also, fühlen sich - aus welchen Gründen auch immer - *unausgelastet* und wünschen sich eine zeitlich „ausfüllendere" Tätigkeit;

Hypothese 2: Die Expansiven fühlen sich *qualitativ unterfordert* und wünschen sich eine Tätigkeit, die ihren Interessen - wie immer sie auch gelagert sein mögen - mehr entgegenkommt und vor diesem Hintergrund ihr Motivationspotenzial stärker und/oder angemessener ausschöpft;

Auf den *ersten Blick* scheint die Tatsache, dass die Expansiven weniger Zeit ins Ehrenamt investieren, für eine gewisse Bedeutung der Hypothese 1 zu sprechen. Bei ihnen ist offensichtlich eine größere „Zeitreserve" vorhanden als bei den Übrigen und man könnte von daher erwarten, dass es ihnen primär darum geht, sich der ausgeübten Tätigkeit intensiver als bisher widmen zu können. Dies ist allerdings, wie bei einem *zweiten Blick* festgestellt werden kann, nicht der Fall. Den entscheidenden Beleg hierfür liefert die vorstehend diskutierte Differenzierung der Fragestellungen im Freiwilligensurvey 1999. Dass nur eine verhältnismäßig kleine Minderheit von 24,2% der Expansiven an eine Ausweitung der gegenwärtig ausgeübten Tätigkeit denkt, läßt mit großer Eindeutigkeit erkennen, dass die *überwiegende Mehrheit* von ihnen eine *qualitative Verbesserung und Veränderung* anstrebt. Anders ausgedrückt scheint es den Betroffenen - ungeachtet ihrer größeren Zeitreserve - mehrheitlich weniger um eine erhöhte quantitative „Auslastung" als vielmehr um die Beseitigung einer qualitativen *„Unterforderung"* zu gehen.

Wenn wir die Frage nach den Ausweitungsmotiven der Mehrheit in den Vordergrund stellen, können wir also die *Hypothese 1* als relativ ertragsarm „abhaken" und ad acta legen.

Die damit in den Vordergrund rückende *Hypothese 2* erfährt eine weitere Bestätigung in der Tatsache, dass die Unterschiede zwischen den Erwartungen und den wahrgenommenen Erwartungserfüllungen (die sogenannten „Wichtigkeits-Zufriedenheits-Differenziale") bei den Expansiven in praktisch allen Fällen größer sind als bei den übrigen Engagierten. Abb. 7.2 liefert hierfür einen eindeutigen Beleg.

Abb. 7.2: Wichtigkeits-Zufriedenheitsdifferenziale bei den „Expansiven" und den übrigen Engagierten

Erwartungen/ Erfüllungen	Differenziale bei den „Expansiven"	Differenziale bei den übrigen Engagierten
Tätigkeit macht Spaß	0.09	0.08
Mit sympathischen Menschen zusammenkommen	0.08	0.03
Etwas für das Gemeinwohl tun	0.26	0.23
Anderen Menschen helfen	0.22	0.18
Eigene Kenntnisse und Erfahrungen erweitern	0.36	0.31
Verantwortung und Entscheidungsmöglichkeiten haben	0.12	0.08
Für Tätigkeit Anerkennung finden	- 0.08	- 0.19
Eigene Interessen vertreten	0.28	0.06
Eigene Probleme selbst in die Hand nehmen	0.16	0.08
Nutzen für berufliche Möglichkeiten	0.10	0.08

Quelle: © Prof. Dr. H. Klages, Freiwilligensurvey 1999

Es ist zu erkennen, dass es sich um kleine, im Einzelfall auch marginale Unterschiede handelt, wobei zu ergänzen ist, dass die zugrunde liegenden Differenzen ihrerseits sehr klein sind, so dass sich geradezu von „Marginalien von Marginalien" sprechen läßt. Immerhin überrascht - und überzeugt - jedoch die *lückenlose Durchgängigkeit* der Unterschiede.

Von daher läßt sich mit gutem Gewissen von einer grundsätzlichen Bestätigung der Hypothese 2 sprechen. Man kann also mit weiter gesteigerter Sicherheit davon ausgehen, dass sich die an einer Ausweitung interessierten Engagierten qualitativ unterfordert fühlen und sich eine Tätigkeitschance wünschen, die ihren Interessen mehr entgegenkommt, die, mit anderen Worten, ihr Motivationspotenzial stärker und/oder angemessener ausschöpft.

Unerfüllte „Karriere"-Erwartungen
Die Daten des Freiwilligensurvey 1999 erlauben verschiedene Ansätze für die Überprüfung der Vermutung, dass die äußeren Schwierigkeiten, die der Realisierung dieser Disposition entgegenstehen, zumindest zum großen Teil im Engagement selbst zu suchen sind.

In Abb. 7.3 sind zunächst verschiedene Daten zusammengetragen, welche - aus der Perspektive der Befragten - verschiedene Defizit- und Unterforderungserfahrungen kenntlich machen. Der Blick auf die Grafik bestätigt die Vermutung sehr eindeutig, dass Sachverhalte, welche die „Karrierechancen" der Expansiven beeinträchtigen, bei den Wünschen nach qualitativer Veränderung und Verbesserung eine wichtige Rolle spielen.

Dies kommt zunächst mit besonderer Eindeutigkeit darin zum Ausdruck, dass die Potenzialträger in einem geringeren Maße als die Übrigen *Zugang zu Vorstandsämtern* bzw. zu solchen zentralen Ämtern haben, in die man durch eine *Wahl* hineingelangt. Ganz offenbar wirken die besonderen Personenmerkmale, die sie haben, d.h. ihre größere Jugendlichkeit und das geringere soziale Ansehen, das sie in die Waagschale legen können, als Handicaps beim engagementinternen Wettbewerb um diese Positionen.

Die in der vorstehenden Grafik nachfolgenden Daten, bei denen es sich um Indikatoren des *Anspruchsgehalts der Tätigkeit* handelt, lassen nun aber erkennen, in wiefern die Expansiven gegenüber den übrigen Engagierten im Bereich der Tätigkeitsqualitäten ein Unterforderungserlebnis haben. Sie erreichen über nahezu alle ausgewiesenen Dimensionen des Anspruchsgehalts der Tätigkeit hinweg nur niedrigere Werte als die Übrigen, wobei aufschlußreich ist, dass ein Gleichstand ausschließlich bei dem Erfordernis der Einsatzbereitschaft erzielt wird. Mit anderen Worten wird den Expansiven aus ihrer Erfahrungsperspektive gleichviel Motivation abverlangt, ohne dass ihnen jedoch das gleiche Ausmaß von „Motivatoren", d.h. von bekanntermaßen motivierenden *„intrinsischen" Tätigkeitsmerkmalen*, zugestanden wird.

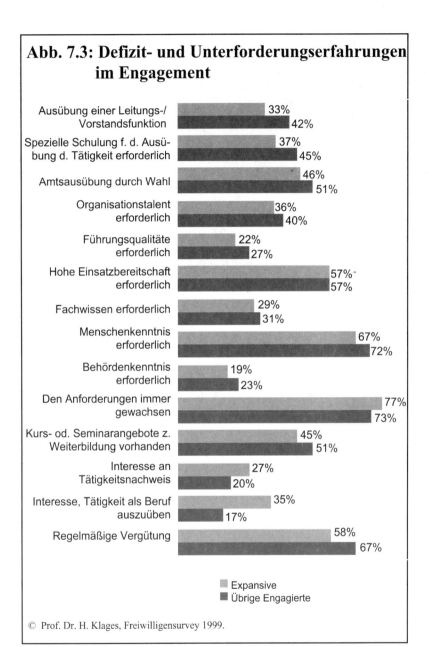

Das subjektive Gewicht dieses Sachverhalts wird durch die überraschende Entdeckung unterstrichen, dass die „Expansiven" in einem höheren Maße als die Übrigen das Gefühl haben, den Anforderungen „immer gewachsen" zu sein. Des weiteren steht den „Expansiven" aber auch in einem geringeren Maße als den Übrigen die Möglichkeit zur Verfügung, ihre Position im gewählten Tätigkeitsfeld durch den Besuch geeigneter *Fort- und Weiterbildungsveranstaltungen* zu verbessern. Zumindest haben sie bezüglich solcher Angebote eine verminderte Wahrnehmung, was darauf schließen läßt, dass sie diesbezügliche Zugriffsprobleme haben, oder auch die Verwertungsmöglichkeiten von Fortbildungsaufwendungen niedriger einschätzen.

Sehr aufschlußreich ist natürlich weiter, dass bei den Expansiven - oder jedenfalls bei Teilen von ihnen - ein deutlich größeres Interesse an einer *Verberuflichung der ehrenamtlichen Tätigkeit* vorliegt. Man wird bei der Interpretation dieses Ergebnisses Vorsicht walten lassen müssen. Ganz sicherlich wäre es übertrieben, wenn man feststellen würde, dass die Expansiven von der Freiwilligkeit und Ehrenamtlichkeit wegstreben. Viel eher wird man in Rechnung zu stellen haben, dass sie sich, wie man der letzten Zeile der Abbildung entnehmen kann, im Engagement finanziell benachteiligt fühlen, da sie nur in einem geringerem Maße als die Übrigen eine regelmäßige Vergütung erhalten. Man kann davon ausgehen, die Daten angemessen zu interpretieren, wenn man den Mittelweg wählt und den Expansiven ein Interesse daran zuschreibt, unter Ausgleich von Benachteiligungen im Engagement ein *höheres Professionalisierungsniveau* zu erreichen.

Es kann hinzugefügt werden, dass ein Professionalisierungsinteresse bei den Engagierten angesichts der gegebenen Entwicklungstendenzen im Ehrenamt objektiv dringlich nahegelegt erscheint. Legt man nämlich die Diagnosen von Behler, Liebig und Rauschenbach zugrunde, dann muß man zu dem Schluß gelangen, dass z.B. in Verbindung mit einem „Einzug betriebswirtschaftlicher Rationalität, Verfahren und Instrumentarien in die Organisationsstrukturen der Wohlfahrtsverbände" in einigen Tätigkeitsfeldern ein Modernisierungs- und Professionalisierungsdruck besteht, der das ehrenamtliche Engagement tendenziell zugunsten von Hauptamtlichen zurückdrängen muß, sofern es nicht selbst einen Professionalisierungsschub bewerkstelligt.

7.4 Organisatorische und ehrenamtspolitische Engagementhemmnisse im Blickfeld der „Expansiven"

In Abb. 7.4 sind solche Merkmale zusammengestellt, die sich als Indikatoren für organisatorische und engagement- bzw. ehrenamtspolitische Engagementhemmnisse verstehen lassen.[8]

Es wird sichtbar, dass die Expansiven bei nahezu allen Merkmalen in einem besonderen Maße *Defiziterfahrungen* signalisieren. Sehr aufschlußreich ist natürlich weiter, dass bei den Expansiven - oder jedenfalls bei Teilen von ihnen - ein deutlich größeres Interesse an einer Verberuflichung der ehrenamtlichen Tätigkeit vorliegt. Man wird bei der Interpretation dieses Ergebnisses Vorsicht walten lassen müssen. Ganz sicherlich wäre es übertrieben, wenn man feststellen würde, dass die Expansiven von der Freiwilligkeit und Ehrenamtlichkeit wegstreben. Viel eher wird man in Rechnung zu stellen haben, dass sie sich, wie man der letzten Zeile der Abb. 7.3 entnehmen kann, im Engagement finanziell benachteiligt fühlen, da sie nur in einem geringerem Maße als die Übrigen eine regelmäßige Vergütung erhalten.

Sie monieren noch stärker als die übrigen Engagierten Mängel bei der Unterstützung durch Hauptamtliche, wie auch bei der Zusammenarbeit mit ihnen, Mängel bei der Ausstattung des Ehrenamts mit Sach- und Finanzmitteln, Mängel im Bereich der gesellschaftlichen und politischen Anerkennung und Absicherung des Ehrenamts, wie auch in einem herausragenden Maße Mängel bei der Information und Beratung über die Möglichkeiten des Zugangs zum Engagement.[9]

Zum Teil handelt es sich auch hier wiederum um die Sichtbarmachung einer Schlechterstellung und Ungleichbehandlung der Gruppe der Expansiven in Verbindung mit ihren sozio-ökonomischen Handicaps. Es kann allerdings - auch in Anbetracht der Nachdrücklichkeit, mit der auch die übrigen Engagierten Defiziterfahrungen anmelden - nicht übersehen werden, dass es hier zum überwiegenden Teil um Sachverhalte geht, die mit Sicherheit nicht nur die Expansiven, sondern vielmehr *das freiwillige Engagement im ganzen* betreffen. Dass die Expansiven diese Defizite stärker betonen als die Übrigen, kann nicht nur mit einer bei ihnen vorliegenden stärkeren „objektiven" Betroffenheit erklärt werden, sondern weist auf eine stärkere *Sensibilität* der Expansiven für allge-

---

[8] Vgl. Behler / Liebig / Rauschenbach: Strukturwandel des Ehrenamts, Weinheim u. München 2000, S. 44 ff.
[9] Vgl. Abt / Braun, Band2, Teil 3

Abb. 7.4: Allgemeine Problemerfahrungen im Engagement

	Expansive	Übrige Engagierte
In der eigenen Organisation drückt der Schuh bei...		
der fachlichen Unterstützung	40	36
der menschlichen und psychischen Unterstützung	35	35
der Weiterbildung	43	37
der Anerkennung durch Hauptamtliche	33	31
d. Bereitstellung v.Sachmitteln für Projekt- u. Gruppenarbeit	50	44
der Bereitstellung. von Finanzmitteln für Projekte	65	61
Der ehrenamtspolitische Schuh drückt bei.....		
der Freistellung durch den Arbeitgeber	42	40
Der Absicherung durch Haftpflicht- u. Unfallversicherung	45	44
Der Anerkennung d.Tätigkeit für die Rentenversicherung	47	45
Der Anerkennung d. Tätigkeit als berufliches Praktikum oder als Weiterbildung	51	44
Der Anerk. d.Tätigkeit f. Wehrdienst/Zivildienst	44	38
Der steuerlichen Absetzbarkeit von Aufwandsentschädigungen	56	53
Der öffentl. Anerkennung	50	45
Der Information und Beratung über Möglichkeiten zum Ehrenamt	59	55

Die bei der Befragung verwendeten Vorgabekategorien sind an dieser Stelle um der transparenteren Darstellung willen nicht vollständig einbezogen.
Quelle: © Prof. Dr. H. Klages, Freiwilligensurvey 1999

meine Problemlagen des Ehrenamts hin. Die expansiven, an der Ausweitung ihres Engagements interessierten Engagierten sind - aus welchen Gründen auch immer - in einem höheren Maße als die Übrigen *subjektiv* von diesen Problemlagen betroffen und artikulieren sie deshalb auch in einem höheren Maße als die Übrigen.

Fazit
Die höheren Prozentzahlen, die die Expansiven erzielen, sollen dementsprechend an dieser Stelle nicht ausschließlich als Indikatoren für eine höhere gruppenspezifische Problembelastung interpretiert werden, sondern vielmehr, darüber hinausgehend, als *Indikatoren für reale Problemlagen des Engagements in Deutschland im ganzen.* Bezieht man die weiter oben formulierten Erkenntnis ein, dass die Engagierten mit Ausweitungswünschen eigentlich nur die „manifesten" Potenzialbesitzer sind und dass sich unter den übrigen Engagierten mit Sicherheit sehr viele „latente", sich nicht zu Wort meldende Potenzialbesitzer befinden, dann kann man zu der Einsicht gelangen, es hier mit Engagementdefiziten zu tun zu haben, welche die Entwicklung des Engagements in Deutschland in einem noch viel stärkeren Maße hemmen als dies die Zahlen des Freiwilligensurveys 1999 oder anderer bisheriger Umfragen belegen können. *Im Prinzip* kommt an dieser Stelle *die gesamte Riesenmenge der nur geringfügig Engagierten als Potenzial* ins Blickfeld.

Wie die Daten beweisen, ist das Engagementsystem *in vielfältiger Weise „optimierbar".* Es geht hierbei aber nicht nur um Verbesserungen im Interesse einer „angemesseneren" oder „würdigeren" Ausgestaltung des Ehrenamts, wie man manchmal hört, sondern vielmehr in substanzieller Weise um *Defizitbeseitigungen,* welche die Engagementbereitschaft beschneiden bzw. die Austragung solcher Bereitschaften hemmen. Es kann als eine Vermutung mit Hypothesencharakter festgehalten werden, dass die Engagierten in ihrer überwiegenden Mehrheit zu einem verstärkten Engagement bereit wären. Die entscheidende Frage, vor die wir heute gestellt sind, besteht also nicht so sehr darin, wie Manche meinen, diese Bereitschaft als einen inneren Verpflichtungs- und Motivationssachverhalt zu steigern, als vielmehr diejenigen *sozialorganisatorischen Bedingungen* herbeizuführen, unter denen diese Bereitschaft sich weiter entfalten und in handfeste Realität umsetzen kann.

Es kann von daher gesehen Beher, Liebig und Rauschenbach Recht gegeben werden, wenn sie von einer ausschließlichen Fokussierung der Frage nach der Situation des Engagements „auf die Ehrenamtlichen selbst" abraten und dafür plädieren, „das Augenmerk verstärkt auf die „Kontext- und Rahmenbedingungen des Ehrenamts" zu legen. Allerdings kann nicht völlig einsichtig erscheinen, weshalb sie in diesem Zusammenhang einer gegenläufigen Fokussierung der Erörterungen auf eine „subjekt*abgewandte*" Seite das Wort reden. Die „subjektiven" Wahrnehmungen der Engagierten und Interessierten und die situativen und organisatorischen Gegebenheiten der freiwilligen Engagements stehen mit Sicherheit in einem sehr engen wechselseitigen Bedingungszusammenhang, der keinesfalls auseinandergerissen werden sollte.[10]

---

[10] Vgl. Behler / Liebig / Rauschenbach: a.a.O., S. 7 ff.

8 ZWISCHENBILANZ

Optimistische Grundannahmen bestätigt
Die Untersuchung des Gesamtumfangs und der Struktur des Engagementpotenzials in Deutschland hat einerseits das *optimistische Grundverständnis* bestätigt, von dem wir ausgegangen sind. Es läßt sich auf dem Hintergrund der Untersuchung mit Überzeugung und Nachdruck davon sprechen, dass nicht nur ein großer Teil der Menschen in Deutschland bereits engagiert ist. Darüber hinaus gibt es eine relativ gut abgrenzbare und beschreibbare „stille Engagementreserve", die mehrere Millionen Menschen umfaßt und die ein „Sozialkapital" von enormen Ausmaßen darstellt, das aktuellen Perspektiven der Entwicklung einer „Bürgergesellschaft" eine höchst aussichtsreiche Ausgangsgrundlage vermittelt. Dass der gesellschaftliche Wertewandel entgegen einer weit verbreiteten falschen Auffassung die Entwicklung dieses Sozialkapitals nicht behindert, sondern gerade umgekehrt begünstigt und befördert, sei an dieser Stelle nochmals herausgestrichen.

„Attentismus" als Problembefund
Auf der anderen Seite hat die nähere Untersuchung der drei Gruppen von Menschen, bei denen wir die Standorte des Engagementpotenzials in Deutschland finden, der „Ehemaligen", der „Neuen" und der „Expansiven", aber auch unsere anfängliche Vermutung bestätigt, dass die überraschend große Zahl der am Engagement oder an seiner Ausweitung Interessierten Menschen auf ein *Problem* hinweist, das man sehr deutlich in den Blick nehmen muß, wenn man nicht einem illusionären Optimismus verfallen will: Die „stille Reserve" besteht nicht aus „Reservisten", die sich im Bedarfsfall zuverlässig in Bewegung setzen lassen. In einem sehr großen Teil der Fälle liegt vielmehr eine Bereitschaft vor, die sich nicht spontan in ein entsprechendes Verhalten, sondern vielmehr nur in einen unentschiedenen Schwebezustand zwischen Wollen und Handeln (in einen „Attentismus") umsetzt, der lange Jahre andauern kann, der aber dann, wenn er allzu lange andauert, auch abklingen kann, ohne dass die Ebene des aktiven Handelns jemals erreicht, oder - im Fall der „Ehemaligen" - wieder erreicht wird. Dass so viele Menschen, die am Engagement „interessiert" sind, nicht, wie man eigentlich erwarten und hoffen sollte, „zügig" ins Engagement einmünden oder zurückkehren, sondern aktionslos in seinem Vorraum verharren, kann man, so hat die Untersuchung bestätigt, nur dann verstehen, wenn man das Vorhandensein von „Hemmnissen" in Betracht zieht, die die Menschen - ungeachtet ihres Wollens - nicht dazu gelangen lassen, oder im Grenzfall auch davor zurückschrecken lassen, tatsächlich tätig zu werden.

Engagementhemmnisse bei den „Neuen" und den „Ehemaligen"
Am ehesten ist dies noch bei den *„Neuen"* verständlich, die einerseits unter dem Druck konkurrierender Lebensangebote und -chancen, wie auch etablierter Gewohnheiten und Verpflichtungen anderer Art stehen, die andererseits aber auch, wie die Untersuchung gezeigt hat, meist nur über wenige, häufig unklare und öfters auch falsche und bedenkenerregende Informationen über das Engagement verfügen und denen meist der konkrete „Anstoß" fehlt, der ihnen über die allgemeine - aber letztlich unverbindlich bleibende - „Engagementmotivation" hinaus denjenigen „kick off" vermitteln würde, den man benötigt, um den Graben zu überwinden, der vor jedem neuen Anfang liegt.

Schwieriger ist dies bei den an der Wiederaufnahme des Engagements grundsätzlich interessierten *„Ehemaligen"* verständlich, die diesen Graben bereits einmal überwunden hatten, die aber dennoch zum größeren Teil ebenfalls im tatenlosen Attentismus verharren. Sie wurden meist durch äußere Umstände, durch die Beendigung der Aufgabe, durch Umzug, Krankheit, oder auch durch berufliche und familiäre Verpflichtungen, nicht also durch Konflikte oder Enttäuschungen, zur Beendigung ihres früheren Engagements veranlaßt. Sie besitzen ausserdem zumeist ein positiv gefärbtes Erinnerungsbild. Warum kehren sie also - ungeachtet einer besseren Informationslage und in Abwesenheit falscher Vorurteile - nicht zügig ins Engagement zurück?

Eine sehr wichtige erste Ursache hierfür entdeckten wir in der Tatsache, dass der Wunsch zur Rückkehr in den früheren Tätigkeitsbereich, oder gar zur Wiederaufnahme der früheren Tätigkeit an der Stelle, an der man früher tätig war, relativ schwach ausgeprägt ist. Es gibt vielmehr umgekehrt einen Wunsch nach „Mobilität im Engagement", der überraschend stark ausgeprägt ist, einfacher gesagt einen starken Willen, „etwas anderes" zu machen, jenseits der bloßen Routine neue Erfahrungen zu sammeln, neue interessante Menschen kennen zu lernen, seine Fähigkeiten umfassender auszuleben, etc., d.h. also in Verbindung mit der Rückkehr ins Engagement „Selbstentfaltungswerten" Rechnung zu tragen, die eher eine Variabilität des Verhaltens als Kontinuität begünstigen. Wer nach anderen Möglichkeiten Ausschau hält, verliert konsequenterweise aber diejenigen Informations- und Erfahrungsvorsprünge, die ihm die frühere Tätigkeit vermittelt hat und muß in gewisser Weise wieder von vorn anfangen. Von daher betrachtet ist also ein großer Teil der „Ehemaligen" - von ihrer Engagementdisposition her betrachtet - exakt in der Situation der „Neuen" (vgl. Kap. 5). Auch sie sind somit - ähnlich wie diese - auf Informationen über Engagementmöglichkeiten, wie auch auf konkrete Anstöße angewiesen, wenngleich der Anschein dagegen zu sprechen scheint.

Zum zweiten kommt natürlich der Altersfaktor ins Spiel. Es läßt sich schlicht nicht von der Hand weisen, dass die „Ehemaligen" durchschnittlich älter sind als die „Neuen". Dass bei ihnen die Potenzialquote dennoch höher liegt als bei diesen, muß ihnen eigentlich sehr positiv angerechnet werden.

Zum dritten bleibt aber dennoch ein Rest-Erklärungsbedarf übrig, der nur durch die Annahme abzudecken ist, dass das frühere Engagement in vielen Fällen eben nicht als „kick off", als Brückenkopf in zukünftige Handlungsfelder wirkte, dass es anders gesagt, nicht in der Lage war, diejenige prägende und nachhaltige Attraktivitäts- und Bindungswirkung zu entfalten, die ausreichte, um ein „zügiges" Anschlusshandeln sicherzustellen.

Die unvermeidliche Anschlußfrage, warum dem früheren Engagement dieses Defizit zuzurechnen ist, führt nach Auffassung des Autors letztlich u.a. auch auf das „semantische" Problem des Engagements in Deutschland zurück . In einer sehr großen Zahl von Fällen ist es den engagierten Menschen gar nicht bewußt, dass sie ein „Engagement" ausüben. Sie sind somit nicht dazu in der Lage, ihre Tätigkeit einem „allgemeineren" oder „höheren" Bedeutungshorizont zuzuordnen, sondern tun - auf der Bewusstseinsebene - schlicht das was sie - auf der Handlungsebene - machen. Von daher sind sie auch nicht in der Lage, ihr Handeln mit einem generalisierten Bewußtsein gesellschaftlicher Leistungen und Verpflichtungen zu verbinden und eine „Engagementmotivation" in demjenigen Sinne zu entwickeln, der von den „Profis" der Engagementdiskussion vermutlich unterstellt wird, der aber keinesfalls so selbstverständlich ist, wie diese oft anzunehmen scheinen. Diejenige Motivation, die bei einem Großteil der Engagierten vorhanden ist, ist, mit anderen Worten allzu eng und überkonkretisiert mit der jeweils ausgeübten Tätigkeit verschmolzen, um die Aufgabe dieser Tätigkeit unbeschädigt überdauern zu können. Was erforderlich erscheint, ist dementsprechend eine „Generalisierung" und „Entkontextualisierung" der Engagementmotivation, oder anders ausgedrückt, die Erzeugung einer *„reflexiven" Engagementmotivation*.

Institutionalisierungsdefizite des freiwilligen Engagements
Bei der Analyse des Engagementpotenzials bei den *Engagierten* kamen Faktoren ins Spiel, deren Diagnose - ungeachtet ihrer scheinbaren Andersartigkeit - letztlich genau zu diesen Überlegungen zurückführt.

Wir stellten fest, dass die an der Ausweitung ihres Engagements interessierten Engagierten nicht in einem ausreichenden Maße diejenigen qualitativen Entfaltungschancen vorfinden, die sie sich wünschen und die sie - vor dem Hintergrund individueller Entfaltungswerte - auch benötigen. Wir brachten diese Diagnose mit der Feststellung eines institutionellen Entwicklungs- und Wandlungsdefizits im Engagement in Verbindung. Es besteht im Engagement bisher erstens noch eine allzu stark ausgeprägte traditionalistische Orientierung am Leitbild des „selbstlosen Helfers". Zweitens gibt es in Verbindung hiermit aber auch noch einen allzu stark ausgeprägten organisatorischen Traditionalismus, der sich in einem überzogenen Autoritätsanspruch der „Hauptamtlichen" gegenüber den „Laien", in einer defizienten Statuszuweisung an die Engagierten und in einer den Erfordernissen nicht gerecht werdenden Definition ihrer „Rolle" im jeweiligen institutionellen und organisatorischen Kontext niederschlägt.

Man könnte zu dem weiterführenden Schluß gelangen, dass *das „(Sub-)System" des freiwilligen Engagements* bisher überhaupt noch nicht mit der nötigen Eindeutigkeit und Autonomie zur Entstehung und zur „Ausdifferenzierung" (N.Luhmann) gelangt ist. „Das" Engagement, von dem heute so häufig die Rede ist, ist auf der Realitätsebene der vielfältigen und höchst unterschiedlichen Organisationen, in denen es sich handlungsaktiv niederschlägt, *als solches* in einem institutionell verbindlichen Sinne vielfach noch gar nicht existent.

Das freiwillige Engagement kann nicht einmal mit völliger Eindeutigkeit als ein gesellschaftliches *„Handlungsfeld"* mit ausreichender Binnenstrukturierung und Selbststeuerungsfähigkeit angesehen werden.

Den konkreten Beweis für diese sicherlich sehr weit gehende und für manche Ohren „radikal" anmutende Folgerung kann man entdecken, sobald man sich nur die *Testfrage* vorlegt, ob und in wieweit in den Großorganisationen, in denen freiwillige Helfer tätig sind, bereits eine Interessenvertretung der Freiwilligen, wie auch eine Freiwilligenrepräsentanz in den Leitungsgremien existiert und ob es diesbezüglich eine Regelung auf Satzungsebene gibt.

Diese Frage wird von manchen mit dem Hinweis darauf zurückgewiesen werden, dass das freiwillige Element aufgrund der *„Ehrenamtlichkeit"* der Leitungsgremien keiner gesonderten Vertretung bedarf. In Wahrheit kann jedoch die „ehrenamtliche" Tätigkeit in Leitungsgremien nicht als repräsentativ für das *„freiwillige Engagement" im ganzen* angesehen werden, was die Engagierten selbst sehr deutlich erkennen, wenn sie es mehrheitlich ablehnen, ihre eigene Tätigkeit mit dem Begriff „Ehrenamt" zu belegen (vgl. Kap. 1).

Man kann an diesem Punkt zu der abschließenden Diagnose gelangen, dass dem Bewußtseinsdefizit bei den Engagierten ein Institutionalisierungsdefizit im Bereich der das Engagement „einsetzenden" Organisationen entspricht, die ihm bisher keine ausreichende Eigenständigkeit zuerkennen, die ihm vielmehr vielfach - als einer willkommenen „Verstärkung" ihrer personellen Ressourcen - bisher häufig nur eine *„Gastarbeiterposition" ohne organisatorische und rechtspersönliche Eigenqualität* zugestehen.

9 Leitziel für die zukünftige Engagementförderung

Wir sind mit dieser Zwischenbilanz bereits sehr nahe an die Ableitung von Folgerungen für die zukünftige Engagementförderung herangerückt. Es soll jedoch – grundsätzlichen Einsichten der Modernisierungspraxis folgend - vermieden werden, vom Problembefund aus direkt zur Formulierung von Zielvorstellungen vorzustoßen, da hierbei die Gefahr droht, sich unausgesprochenerweise an einem „erhaltungskonservativen" Leitbild des bloßen Bessermachens unter Beibehaltung bisheriger Ziele zu orientieren. Wer heute in die Zukunft denken will, muß unter allen Umständen die Ziele mitdenken, die grundsätzlich zur Disposition gestellt werden müssen, auch wenn sie sich im Endeffekt vielleicht als tragfähig und in die Zukunft fortschreibbar erweisen. Mit anderen Worten sollte die Schaffung eines Leitzieles - oder zumindest einer Leitlinie - am Anfang stehen.

Wenn man von der Maxime ausgeht, dass am Anfang der Entwicklung einer Leitlinie die Formulierung eines zentralen Gedankens stehen sollte, dann kann man aus der hier vorgelegten Diagnose die allgemeine Folgerung ableiten, dass es in Zukunft darum gehen muß, das *unausgeschöpfte Engagementpotenzial* in den drei beschriebenen Gruppen möglichst weitgehend zu aktualisieren und zu nutzen und das Zielsystem der bisherigen Engagementförderung durch dieses Ziel zu erweitern. Diese Folgerung muß vor dem Hintergrund der hier vorgelegten Untersuchung als richtig und notwendig erscheinen. Sie bedarf allerdings einer eingehenden Interpretation, denn die Leitlinie und Zielsetzung einer zukünftigen Engagementförderung ist mit ihr zunächst nur sehr vage umschrieben. Um zu einer Leitlinie zu gelangen, das Zielableitungen auf operationaler Ebene gestattet, muß das allgemeine Leitziel einer möglichst weitgehenden Potenzialausschöpfung in einen Kontext gestellt werden, der die Abwägung von Bedingungen und Folgen mit einem ausreichenden Konkretheitsgrad erlaubt und nahelegt. Hierbei soll bewußt von einem „System"- und „Handlungsfeld"-Konzept des freiwilligen Engagements ausgegangen werden, obwohl - oder gerade weil - dem Engagement ein definitiver System- oder Handlungsfeldcharakter bisher noch weitgehend abgeht. Die konstitutiven Elemente dieses System- und Handlungsfeldkonzepts können aus dem, was über die Beschaffenheit und aktuelle Verfassung des Engagementpotenzials bereits bekannt geworden ist, ohne weiteres entnommen werden:

Es gibt in der Bevölkerung Deutschlands eine starke und insgesamt anwachsende Engagementbereitschaft, die dazu geführt hat, dass zunehmend viele Menschen während ihres Lebensverlaufs ein Engagement aufgenommen haben. Es handelt sich bei diesem Engagement allerdings keinesfalls immer um eine Tätigkeit auf Lebenszeit. Vielmehr muß man offenbar davon ausgehen, dass sich sehr viele Menschen aus einem bestimmten Anlaß, oder auch in einer bestimmten Lebenssituation *auf Zeit* engagieren, wobei sie entweder von vornherein davon ausgehen, dass es sich nur um ein befristetes Engagement handelt, oder aufgrund von Umständen, die sich im Laufe des Lebenszyklus einstellen, zur Aufgabe des Engagements veranlaßt werden - sei es weil sie Kinder bekommen, denen sie zeitweilig ihre verfügbare Kraft widmen müssen, sei es, weil sie besonderen beruflichen Ansprüchen genügen müssen, oder sei es auch, weil sie krank werden, oder umziehen.

Zu den „normalen" Funktionsbedingungen eines solchen auf befristeten Aktivitäten aufbauenden Systems muss es gehören, dass ein überwiegender Teil dieser Menschen „zügig" ins Engagement zurückkehrt. Man erhält, wenn man dies voraussetzt, das Bild einer fortwährend laufenden Zirkulationsbewegung ins Engagement hinein, aus dem Engagement heraus und wieder ins Engagement zurück, zu der immer wieder Neueintritte ins Engagement hinzuzurechnen sind, die irgendwann zu Austritten und nachfolgend zu Wiedereintritten führen.

Dieses Bild eines „normalen" Funktionieren des Systems und Handlungsfelds des freiwilligen Engagements läßt sich durch die Hinzufügung der in der Befragung ermittelten Tatsache anreichern, dass die Menschen, die ins Engagement zurück wollen, keineswegs immer an denselben Ort, d.h. in dieselbe Organisation, oder in dieselbe Gruppe zurück wollen, und dass sie vielfach - in Verbindung mit einem Wechsel - etwas ganz anderes als früher machen wollen, Man erhält, wenn man dies alles einbezieht, ein äußerst *dynamisches Möglichkeitsbild des Handlungsfelds „freiwilliges Engagement"*, welches von starken Ein- und Austrittsbewegungen erfüllt ist, die sich mit Mobilitätsprozessen und einer Wachstumstendenz verbinden. Es handelt sich hierbei allerdings nicht um ein Wachstum, bei dem sich gewissermaßen immer neue „Jahresringe" um bestehen bleibende ältere Jahresringe lagern. Vielmehr muß man ein *Bild ineinander greifender Strömungen und Austauschbewegungen* zugrundelegen, wenn man diese Dynamik richtig verstehen will. In gewisser Weise ähnelt dieses Bild den Strömungen und Austauschvorgängen, die sich am *Arbeitsmarkt* vollziehen, bei dem es ebenfalls ständige Neueintritte, Austritte und Wiedereintritte gibt, die man in den Blick fassen muß, wenn man seine Dynamik verstehen will.

In der *Realität* erweist sich dieses dynamische Möglichkeitsbild allerdings an einem strategischen Punkt als *blockiert,* weil die Rückkehr „Ehemaliger" ins Engagement und die Zuführung neuer Kräfte aus den nachwachsenden gesellschaftlichen Humanressourcen ungeachtet verbreiteter Bereitschaften zum Engagement nur in einem allzu geringen Maße stattfinden. Mit anderen Worten wird das vorhandene Engagementpotenzial, auf dessen Aktivierung das Engagementsystem angesichts seines dynamischen, auf diskontinuierlicher Tätigkeit aufbauenden Charakters in einem hohem Maße angewiesen ist, nur ungenügend ausgeschöpft, so dass die Systemdynamik auf der Seite der „Inputs" in das Handlungsfeld hinkt. Das System „verbraucht" und „entläßt" fortwährend Humanressourcen, ohne dass deren ausreichender Rückfluß und Neuzugang gewährleistet ist. Ausserdem ist das System aber auch nicht zu einer vollen Ausschöpfung der Bereitschaften der Engagierten in der Lage. Bildhaft ausgedrückt funktioniert das unvollkommene Handlungsfeld „freiwilliges Engagement" wie ein Auto mit leckender Benzinleitung, das mit einem stotternden, nur mit halber Kraft arbeitenden Motor durch ein Ölfeld mit großen Ölreserven fährt, von denen es aber aufgrund mangelnder Raffinerien und Tankstellen keinen Gebrauch machen kann.

Es läßt sich von daher folgern, dass das System einen Reformbedarf auf strategischer Ebene besitzt, der seinen System- und Handlungsfeldcharakter selbst mitbetrifft. Hierbei handelt es sich an vorderster Stelle um die Sicherstellung derjenigen Austausch- und Wachstumsprozesse des Engagementpotenzials, welche im Zentrum der Systemdynamik stehen, wie auch um die effiziente Nutzung des jeweils verfügbaren Potenzials der Engagierten. Es läßt sich weiterhin folgern, dass es zur Erreichung dieser Ziele der Organisierung von Prozessen des Ersteintritts, weiter aber - auch zur Sicherung eines „zügigen" Wiedereintritts ins Engagement - der Organisierung von „Recycling"-Prozessen mit einer hohen Informations- und Anstoßkapazität bedarf. Es kann die Einsicht hinzugefügt werden, dass die Nutzung des Engagementpotenzial im Engagement selbst so organisiert werden muß, dass nachhaltige Attraktivitäts- und Bindungswirkungen entstehen. Es kann endlich auch noch die Hypothese hinzugefügt werden, dass diese Attraktivitäts- und Bindungswirkungen und die Aufwendungen zur Sicherung eines zügigen Wiedereintritts bis zu einem gewissen Grade in einem Substitutionsverhältnis stehen, denn je stärker die engagementinterne Bindung der Engagierten entwickelt ist, desto weniger große Anstrengungen sind offensichtlich erforderlich, um diese nach einem Ausscheiden wieder ins Engagement hineinzubringen.

Es läßt sich von daher eine Leitlinie der Engagementförderung formulieren, die folgendermaßen lautet:

Ein Leitziel ist die bestmögliche Organisierung von Eintritts-, Austritts- und Wiedereintrittsprozessen, die - im Interesse der Herausbildung eines vollgültigen Handlungsfelds „freiwilliges Engagement" - eine dynamische Nutzung verfügbarer Engagementpotenziale auf einem höchstmöglichen Niveau individueller Motivation und unter höchstmöglicher Erfüllung individueller Mobilitätsbedürfnisse unter möglichst weitgehender Vermeidung von Energie- und Zeitverlusten gewährleisten, die auf das Wirken eigentlich beeinflußbarer und minimierbarer Engagementhemmnisse innerer und äußerer Art zurückzuführen sind.

Es kann ergänzt werden, dass diese zunächst nur relativ abstrakt formulierte Leitlinie von breiter Relevanz für die Politik auf Bundes-, Länder- und Gemeindeebene ist (vgl. Kap. 10.).

10 Erfolgverbürgende Ansätze der Engagementförderung

10.1 Identifizierung von Maßnahmekomplexen anhand der Defizitwahrnehmungen der Engagierten: Allgemeine Leitsätze

Zur Ableitung konkreter Folgerungen für die zukünftige Engagementförderung sei zunächst auf die Antworten der Engagierten auf diejenigen beiden Fragen im Fragebogen des Freiwilligensurvey 1999 zurückgegriffen, bei denen es darum ging, herauszufinden, wo sie „der Schuh drückt" (vgl. Abb. 7.4):

Erstens: Es fällt auf, dass von den Engagierten *„Anerkennungs"*-Fragen mit teils erheblichen Gewichten belegt werden. Hierbei geht es keineswegs nur um Fragen symbolischer Anerkennung, die eher im Hintergrund stehen, sondern vielmehr vorrangig auch um rechtliche und materielle Fragen, die mit Problemen der Absicherung, oder mit der Anerkennung des freiwilligen Engagements als Praktikum oder Wehrersatzleistung, mit Wünschen nach beruflicher Freistellung, oder auch mit der steuerlichen Anerkennung von finanziellen Aufwendungen im Rahmen des Engagements zu tun haben.

Im Grunde genommen weisen alle diese sehr verschiedenartigen Anerkennungs- (oder Anrechnungs-)Fragen auf das in der obigen „Zwischenbilanz" angesprochene fundamentale *Institutionalisierungsdefizit* des freiwilligen Engagements hin, zu dem hinzugehört, dass das Engagement bisher ein weitgehend rechtsfreier Raum ist, in welchem es - aus der Sicht der Bürger/innen - einen enormen, im öffentlichen Bewusstsein ungeachtet aller Begeisterung für die „Bürger- oder Zivilgesellschaft" bisher weitgehend verdrängten Klärungs- und Regelungsbedarf gibt,

Zu den Unabgeklärtheiten, die - aus der Sicht der Bürger/innen - erkennbar werden, gehören auch die von den Engagierten angesprochenen *Absicherungsprobleme*, wie auch letztlich die in vielen mehr oder weniger frustrierten Äußerungen auftauchenden Fragen der *Aufwandsentschädigung* und einer eventuellen *Honorierung freiwilliger Tätigkeiten*. Zwar gehört das Kriterium der Unbezahltheit zu den Definitionskriterien des „freiwilligen bürgerschaftlichen Engagements" hinzu. Nichtsdestoweniger enthält bereits der Begriff der „Aufwandsentschädi gung" Unabgeklärtheiten, die - aus Sicht der Bürger/innen - kaum mehr länger hingenommen werden können, weil sie Unsicherheit erzeugen und - im Sinne der „Hygienefaktoren" der Arbeitswissenschaft - Beteiligungsmotivation blockieren können.

Auf der Grundlage der Analyse der Daten des Freiwilligensurvey 1999 kann berichtet werden, dass - aus der Sicht der Bürger/innen - bei der Kostenerstattung und bei den Vergütungen - so weit sie überhaupt gezahlt werden - die *persönliche finanzielle Situation der Engagierten* bisher noch allzu wenig berücksichtigt wird. Paradoxerweise erhalten diejenigen, die nach eigener Aussage in „sehr guten" finanziellen Verhältnissen leben, durchschnittlich sogar etwas häufiger „regelmäßige" Vergütungen als diejenigen, die sich nach eigener Aussage in „schlechten" finanziellen Verhältnissen befinden. Nur bei den „gelegentlichen" Vergütungen wird die letztere Gruppe stärker bedacht. Auch bei den Kostenerstattungen kommt die letztere Gruppe eher schlechter weg, wobei auffällt, dass sie in einem höheren Maße als die Gruppe der Bessergestellten angibt, „keine Auslagen" zu haben. Offenbar gehen die „armen" Engagierten lieber mal zu Fuß, als dass sie sich um Kostenersatz bemühen. Natürlich kann das Engagement unter solchen Bedingungen für sie nicht im gleichen Maße attraktiv sein, wie für die Bessergestellten. Man braucht sich deshalb auch gar nicht darüber zu wundern, dass der Prozentsatz der Engagierten, wie auch der Anteil der „Interessierten" bei den unteren Einkommensgruppen deutlich abfällt.

Zweitens: In einem besonderen Maße muß auffallen, dass in der Spitzengruppe der Wünsche der Befragten die Forderung nach „*besserer Information/Beratung über Gelegenheiten zum ehrenamtlichen Engagement*" auftaucht. In der Tat mangelt es hieran - aus der Sicht der Bürger/innen - beim freiwilligen Engagement in einem bislang noch kaum nachdrücklich und deutlich genug erkannten und ausgesprochenen Maße.

Man kann wiederum das Vergleichsbeispiel des Arbeitsmarktes heranziehen, um das Defizit zu entdecken, das beim freiwilligen Engagement bezüglich des Ausmaßes und der Qualität von Informationen besteht. Zur Information, Beratung und Vermittlung von Arbeitslosen wird in der Arbeitsverwaltung ein umfangreicher Apparat unterhalten, der auf dichte Weise flächendeckend ist und der in seinen Dimensionen darauf angelegt ist, in jedem Einzelfall eine zuverlässige Erfassung zu gewährleisten und die jeweiligen Möglichkeiten einer Rückführung in die Beschäftigung lückenlos auszuschöpfen.

Fragt man sich, wie es diesbezüglich beim freiwilligen bürgerschaftlichen Engagement steht, dem heute bezüglich seines gesellschaftlichen und politischen Funktionswerts eine Spitzenposition zugesprochen wird, dann gelangt man zu einem vergleichsweise enttäuschenden Ergebnis.

Gewiß gibt es in Deutschland inzwischen einige hundert Freiwilligenbörsen, Informations- und Beratungsstellen, Ehrenamts- und Freiwilligenagenturen usw. Man kann insofern von Ansätzen zu einer informations- und beratungsfähigen „Infrastruktur" sprechen. Von einer ausreichenden, den Wünschen und Bedürfnissen der Bürger/innen gerecht werdenden Angebotsdichte für Informations- und Beratungsleistungen kann aber bisher keine Rede sein. Die öffentlichen Fördermittel, die in diese meist kleinen Pioniereinrichtungen fließen, sind bisher noch viel zu begrenzt. Charakteristischerweise gibt es über die Zahl der mit öffentlichen Mitteln geförderten Stellen dieser Art bisher noch keine zuverlässigen Informationen. Es ist aber davon auszugehen, dass weniger als die Hälfte von ihnen öffentliche Fördermittel erhält. Zwar hat man zunehmend erkannt, dass man mit der Förderung des freiwilligen Engagements viel Geld sparen kann. Es wurde aber bisher noch nicht in einem ausreichenden Maße erkannt, dass wirksames Sparen - auch im Fall des freiwilligen Engagements - kostet, dass, mit anderen Worten, in das freiwillige Engagement erst einmal investiert werden muß, bevor von ihm nennenswerte Leistungsbeiträge erwartet werden können. Engagement ist nicht zum Nulltarif zu haben. Was wir aus der Sicht der Bürger/innen brauchen, ist eine *ausreichend dichte, auf kommunaler Ebene angesiedelte „Infrastruktur"* von Informations- und Kontaktstellen für freiwilliges Engagement (oder Freiwilligen- bzw. Ehrenamtsagenturen und -börsen) in allen Bundesländern. Es läßt sich die These aufstellen, dass sich der „aktivierende Staat" von dem heute zu Recht die Rede ist, erst dann mit wirklicher Kraft entfalten kann, wenn in Deutschland eine dichte Infrastruktur von Engagementförderungsstellen vorhanden ist, die Informations-, Beratungs- und Vermittlungsaufgaben leisten können.

Im *Vorraum* einer solchen Infrastruktur, die wir brauchen, muß es in Zukunft aber eine *breitenwirksame Information und Aufklärung* unter Einsatz der *Medien* geben. Man spricht heute - nicht zu Unrecht - davon, dass wir in einer „Informations- und Mediengesellschaft" leben. Wo und wie ist aber das freiwillige bürgerschaftliche Engagement, von dem nach zunehmender Überzeugung so viel abhängt, in der *Medienszene* deutlich wahrnehmbar präsent? Wird im Medienbereich für das Engagement auch nur ein Bruchteil dessen getan, was für die Herstellung eines rein konsumtiven und anstrengungslosen, der individuellen Bequemlichkeit gewidmeten und letztlich egoistischen Freizeitgenusses getan wird? Und konterkarieren die Medien mit ihrer vorherrschenden Unterhaltungs-, Erlebnis- und Freizeitorientierung nicht die Entstehung eines von Blockierungen befreiten und somit „gesunden" und leistungsfähigen Engagementsystems in unserer Gesellschaft?

Die Antwort muß lauten: Ja, sie tun dies, ohne sich an ihre Gemeinwohlverpflichtung zu erinnern, der sie zumindest dort explizit unterliegen, wo sie auf einer öffentlich-rechtlichen Grundlage arbeiten.

Drittens: Neben diesen fundamentalen Erfordernissen einer künftigen Engagementförderung dürfen einige weitere Dinge nicht vergessen werden, welche die Attraktivität des freiwilligen Engagements und somit auch die Chancen zu einer Realisierung von Engagementinteressen beeinflussen und konsequenterweise von den engagierten Bürgern und Bürgerinnen eingefordert werden.

Hierbei spielen die *Weiterbildungsmöglichkeiten*, die in der Tat bisher noch unterentwickelt sind, eine herausragende Rolle. Wer Freiwillige als ungelernte „Laien" behandelt und sie in diesem Status belassen will, verkennt die sachlichen Erfordernisse, wie auch die bei den Engagierten selbst bestehenden Erwartungen. Wenngleich es sich auch nicht darum handeln kann, den Unterschied zwischen „Professionellen" und „freiwilligen Helfern" abzubauen, so erscheint eine breit ansetzende Qualifizierung von Freiwilligen auch in Anbetracht eines breiten Interesses der engagierten Bürger und Bürgerinnen an der Erweiterung eigener Kenntnisse durch die Nutzung von Weiterbildungsmöglichkeiten unabdingbar.

Viertens: Sehr wichtig sind aber auch andere Dinge, die - aus der Sicht der engagierten Bürger/innen - innerhalb der Organisationen der Freiwilligentätigkeit selbst geleistet werden müssen. Bei der - ebenfalls in den Wunschlisten der Engagierten auftauchenden - *„fachlichen Unterstützung der Tätigkeit"* geht es nicht nur ums Geld, sondern auch um ein verändertes Verhältnis zwischen Hauptamtlichen und Freiwilligen. Charakteristischerweise ist dieser Wunsch mit dem Wunsch nach „mehr Anerkennung durch Hauptamtliche" eng korreliert. Allzu oft sehen die Hauptamtlichen noch „von oben" auf die Freiwilligen herab, weil sie meinen, aufgrund ihres Abschlußzertifikats dazu berechtigt zu sein. Dies muß sich mit Gewißheit ändern, wenn das freiwillige Engagement für die Interessierten ausreichend attraktiv sein soll. Die Hauptamtlichen müssen lernen, neben den ihnen speziell obliegenden Aufgaben als Helfer der Freiwilligen tätig zu sein, nicht als deren Vorgesetzte und

Meister. Es betrifft dies die sogenannte *„Kultur der Freiwilligkeit"*, von der ebenfalls heute oft die Rede ist, in einem ganz zentralen Maße.

Zu dieser Kultur gehört aber auch, dass man bei der Gestaltung der Tätigkeitsbedingungen der Freiwilligen in Zukunft viel stärker als heute auf die geänderten *Wertvorstellungen* der Bürger und Bürgerinnen Rücksicht nimmt. In vielen Organisationen hat man immer noch das Vergangenheitsbild des „selbstlosen" Helfers vor Augen, wenn man an Freiwillige denkt. Man kann dann natürlich nicht für Menschen mit Selbstentfaltungswerten, die „Spaß am Helfen" haben wollen, attraktiv sein. Vielmehr muß man Ihnen nicht nur Chancen zum Kompetenzgewinn anbieten, sondern auch überlegen, wie man ihnen Selbständigkeits- und Selbstverantwortungsspielräume verschaffen kann. Man muß weiterhin auf ihr Bedürfnis nach Zeitsouveränität Rücksicht nehmen und die Hauptamtlichen und die Funktionäre zu einem „aktivierenden" Führungsstil befähigen, der zwar durch eigenes Beispiel anspornt und motiviert, der im übrigen aber unterstützend ist und zwar durch Aufklärung, Beratung und Supervision, wie auch durch ein im modernen Sinne führungsfähiges Management, das den Freiwilligen Informationen über die Ergebnisse ihrer Tätigkeit vermittelt und sie zu einem selbständigen Weiterlernen befähigt.

Fünftens: Zusammenfassend gesagt muß man den Bürger/innen, die sich für das Engagement interessieren, die Wahrnehmung von *„Verantwortungsrollen"* anbieten, die sich, in aller Kürze formuliert, durch die folgenden Merkmale charakterisieren lassen:

1. Spielraum für selbständiges und eigenverantwortliches Handeln und Entscheiden;
2. Chance zur Einbringung eigener Neigungen und Fähigkeiten;
3. Chance, auch und gerade subjektiv etwas „Sinnvolles" zu tun;
4. Chance zum ergebnisorientierten Handeln, d.h. zur Einbringung eines Interesses am Resultat der Tätigkeit – sei es auch nur um der Befriedigung des „idealistischen" Motivs, über ein „feedback" verfügen zu können, das eine Selbstbewertung anhand selbstgewählter Erfolgsmaßstäbe erlaubt;
5. Zuerkennung von Verantwortlichkeit im Sinne der Möglichkeit, sich die Folgen eigenen Handelns - auch im Sinne rechtlicher Verbindlichkeiten - selbst zurechnen zu können;
6. Chance zum selbstorganisierten Teamwork;
7. Chance zur Selbstkontrolle;
8. Gewährleistung eines ausreichenden Könnens und Wissens; Einräumung von Chancen zu seiner Weiterentwicklung (Qualifizierungskriterium);

9. Einräumung großzügiger Flexibilitätschancen in zeitlicher Hinsicht (= Chance zur Ausübung von „Zeitsouveränität");
10. Chance zur Beteiligung an der Festlegung von Tätigkeitszielen;
11. Gewährleistung einer „aktivierenden" Führung;
12. Chance zum Wechsel, zum Austritt (zur „Untreue") ohne Rechtfertigungszwang.

10.2 Die Gewinnung von jungen Menschen, Frauen und Einkommensschwachen als Aufgabe der Engagementförderung

Bei der Behandlung aller drei Gruppen von Potenzialträgern, der „Ehemaligen", der „Neuen" und der „Expansiven", hatte die Strukturanalyse zur Feststellung von Abweichungen von den Engagierten geführt. Insbesondere bei den „Neuen" - in einem etwas weniger dramatischen, - wenngleich deutlich wahrnehmbaren - Sinne aber auch bei den beiden anderen Gruppen - wurde hierbei erkennbar, dass sich im Vorraum des Engagements Menschen stauen, die u.a. auch deshalb nicht ins Engagement hineinfinden, weil das Engagement, wie wir einige Male sagten, eine soziale „Schlagseite" hat, d.h. also allein schon aufgrund einer etablierten sozialen Zusammensetzung der Engagierten eine Selektionswirkung gegenüber unterrepräsentierten Gruppen entfaltet. Wie wir feststellten, betrifft dies insbesondere Menschen mit dem Merkmal „Jugendlichkeit", wie auch Frauen und Einkommensschwache, wobei davon auszugehen ist, dass sich in einem Teil der Fälle diese Merkmale überlagern und verstärken. Man kann dementsprechend davon ausgehen, dass einkommensschwache junge Frauen in einem besonderen Maße von den Selektionsmechanismen (oder den sozialen Zugangsbarrieren) des Engagements betroffen sind.

Man kann von daher die These aufstellen, dass eine zukünftige Engagementförderung nur dann auf die Erreichung des Ziels einer Ausschöpfung vorhandener Engagementpotenziale hoffen kann, wenn sie die allgemeinen Leitsätze ihrer Strategie daraufhin kontrolliert, in wieweit sie die Erfordernisse berücksichtigen, welche die Engagementförderung bei bestimmten Bevölkerungsgruppen betreffen, wobei die Sozialmerkmale Jugendlichkeit, Geschlecht und Einkommenshöhe eine ausschlaggebende Rolle spielen müssen. Mit anderen Worten muß man sich die *Frage* vorlegen, *was man tun kann, um in Zukunft eine Fortschreibung bisheriger sozialer Selektionswirkungen zu vermeiden*. Es gilt einzusehen, dass es nicht nur darum gehen kann, in Zukunft *„mehr Menschen"* ins Engagement hineinzubekommen. Vielmehr geht es darum, auch *„andere Menschen"* zum Engagement zu bewegen, die bisher eher draußen standen, wobei bei manchen von ihnen durchaus der Eindruck eine Rolle spielen mochte, das freiwillige Engagement sei de facto eine teils von älteren Männern dominierte „Mittelschichtveranstaltung".

Fragt man sich also, was konkret zu tun ist, um einen stärkeren Zustrom bisher unterrepräsentierter sozialer Gruppen ins Engagement zu fördern, dann legen sich - unter Berücksichtigung der Befragungsergebnisse und damit der Sicht der Bürger/innen selbst - vor allem drei Gesichtspunkte nahe, die ins Strategiekonzept einzubeziehen sind:

Erstens: Man muß sich erstens darauf vorbereiten, in der breit ansetzenden Werbung für und Information über das Engagement die bisher unterrepräsentierten Gruppen vorrangig *anzusprechen*. Hierbei geht es einerseits um die Ansprachformen, weiter aber auch um die Anspracheinhalte, die vermittelt werden. Die Aktualisierung des Interesses junger Männer und Frauen und die Stärkung ihrer Engagementbereitschaft setzt voraus, dass man den bei ihnen besonders stark entwickelten Selbstentfaltungswerten eine vorrangige Rolle zuweist, d.h. also den „Spaß am Helfen" und den durch das Helfen erzielbaren Persönlichkeitsgewinn betont.(Fußnote Picot)

Zweitens: Man muß sich aber auch darauf vorbereiten, den bisher unterrepräsentierten Gruppen innerhalb des Engagements selbst *Handlungschancen* anzubieten, welche auf deren spezifische Wertorientierungen, Bedürfnisse und Erwartungen zugeschnitten sind. Bei jungen Menschen männlichen und weiblichen Geschlechts bedeutet dies zunächst einmal, ihnen in einem besonderen Maße die mit dem Angebot von „Verantwortungsrollen" verbundenen Chancen für selbständiges und eigenverantwortliches Handeln, für die Einbringung eigener Neigungen und Fähigkeiten und für ergebnisorientiertes Handeln zu gewähren. Vor allem bei Frauen kommt die Notwendigkeit zur Gewährung von „Zeitsouveränität" hinzu, die erforderlich ist, um die verschiedenartigen Verpflichtungen in Beruf, Familie/Partnerschaft und Engagement mit der notwendigen Flexibilität ausbalancieren und unter ein gemeinsames Zeitbudget-Dach bringen zu können.

Drittens: Man wird aber den spezifischen Bedürfnissen und Erwartungen der Bürger/innen auch bei der *Gestaltung der Rahmenbedingungen des Engagements* Rechnung zu tragen haben. Wie oben festgestellt wurde, tragen vor allem die „Neuen" an das freiwillige Engagement neben „intrinsischen" Motiven, welche auf den gesellschaftlichen Wertewandel zurückverweisen, in einem stärkeren Maße auch eine Reihe von handfesteren Motiven heran, bei denen es nicht unbedingt ums Geld gehen muß, bei denen jedoch die generelle Erwartung, dass die freiwillige Tätigkeit für einen selbst etwas „bringen" muß, deutlich materiellere Züge annimmt. Es handelt sich hier um einen Unterschied der Motivlage, den man als eine „Nuance" betrachten mag, der aber mit Sicherheit in demjenigen Augenblick in Rechnung zu stellen sein wird, in welchem man sich Gedanken über eine zukünftige Engagementförderung macht, die in der Lage ist, eine Attraktivitätswirkung zu entfalten. Man wird hierbei u.a. möglichst schnell den kontra-produktiven Zustand zu überwinden haben, dass vielfach ausgerechnet die Schlechtergestellten bei Vergütungen und Unkostenerstattungen benachteiligt werden.

Viertens: Man wird, wenn man den Erwartungen und Bedürfnissen der Bürger/innen gerecht werden will, aber auch an Anpassungsleistungen im Bereich der Strukturen des Engagements zu erbringen haben. Hierbei spielt eine Rolle, dass die rechtlich abgesicherten Vereinsstrukturen in der Regel eine strikte Abgrenzung zwischen „Verantwortungsträgern" und anderen begünstigen, denen im institutionellen Kontext allenfalls Wahlrechte verbleiben. Ausserdem begünstigen diese Strukturen aber auch die Wiederwahl „bewährter" Vorstände etc., die ihre Ämter erfahrungsgemäß früher oder später als individuellen „Besitz" zu betrachten beginnen. Man übersieht immer noch allzu oft, dass die bestehenden Regelungen gleichzeitig auch „Exklusionsregelungen" sind, durch welche die Chance zur Ausübung von „Verantwortungsrollen" auf Minderheiten eingeengt wird. Hier zu einer Auflockerung zu gelangen und damit die institutionellen Voraussetzungen für ein *an alle gerichtetes Angebot zur Ausübung aktiver Mitverantwortung* zu schaffen, ist eine Aufgabe, die sich in einem Großteil der Organisationen stellt, die Freiwillige beschäftigen. Dass sich hiermit u.a. auch die oben bereits erwähnte Einrichtung von Freiwilligenvertretungen in Leitungsgremien verbinden sollte, soll an dieser Stelle nur am Rande erwähnt werden. Im vorliegenden Zusammenhang erscheint wichtiger, dass - in Entsprechung zu den Wünschen und Erwartungen der Bürger/innen - in Zukunft die strikte Trennung zwischen (Nur-) „Aktiven" und „Engagierten" (oder „Ehrenamtlichen"), die auch in das Untersuchungskonzept des Freiwilligensurveys 1999 Eingang fand, zugunsten fließender Übergänge überwunden wird, die - je nach individueller Fähigkeit und Neigung - unterschiedliche Grade von Verantwortungsausübung erlauben. In Bezug auf die Schaffung von Verantwortungsrollen sollte die Devise „eher zu viel als zu wenig" gelten. Künstliche Verknappungen von Verantwortungschancen, wie sie vor dem Hintergrund herkömmlicher Organisationskonzepte immer noch vorherrschen, sollten als solche erkannt und als kontra-produktiv eliminiert werden.

10.3 Notwendigkeiten „aktiver" Interessenweckung und -verstärkung

Bei der Formulierung und Umsetzung einer Strategie zur Gewinnung der interessierten Bürger und Bürgerinnen für das Engagement wird man weitere Unterschiede zwischen den verschiedenen in Frage kommenden Bevölkerungsgruppen zu beachten haben. Dies betrifft in einem besonderen Maße die *Unterschiede zwischen Menschen verschiedenen Alters,* auf die - ungeachtet ihrer gesonderten Behandlung an anderer Stelle der Berichte des Projektverbunds - mit wenigen Worten eingegangen werden soll, weil sie einen guten Zugang zu den allgemeineren Aspekten vermitteln, um die es in diesem abschließenden Abschnitt gehen soll.

Sonderprobleme bestehen vor allem bei den *älteren Menschen über 70,* bei denen nicht nur das Ausmaß des Engagements, sondern auch die Rückkehrbereitschaft und das Interesse an der Erstaufnahme eines Engagements im Verhältnis zu den Jüngeren deutlich absinken. Je älter die Menschen sind, desto weniger leiden sie zwar unter Zeitmangel, desto mehr berufen sie sich jedoch auf ihr Alter (bei allen anderen abgefragten Gründen gibt es keine merklichen Unterschiede zwischen den Altersgruppen). Grob gesagt gilt für die Älteren, dass sie sich paradoxerweise um so weniger engagieren und engagieren wollen, je mehr Zeit sie haben. Was ist hier im Spiel? Ist es das absinkende Selbstvertrauen im Alter, das man in der Tat bei vielen Älteren beobachten kann? Steht dahinter das Gefühl, nicht mehr gebraucht zu werden, das eine seiner Hauptwurzeln darin hat, dass man aus dem Erwerbsleben ausscheiden muß, wenn man eigentlich noch „fit" ist und dass man dann vielfach auch in der Familie keinen Platz mehr findet, an dem man für andere „da" sein kann?

Man kann an diesem Beispiel erkennen, dass man sich nicht unbedingt mit der bei den Menschen vorhandenen Bereitschaft zum Engagement, oder auch mit ihrem „Interesse" am Engagement zufrieden geben darf, sondern dass es Gründe dafür gibt, sich Gedanken darüber zu machen, wie man dieses „Interesse", *verstärken* kann, was man also z.B. tun kann, um die Älteren ab 70 in einem stärkeren Maße für das Engagement zu interessieren, von dem sie selbst schon deshalb profitieren würden, weil es u.a. ein für sie vielfach lebensnotwendiges Sinnangebot beinhaltet. Man wird diese Perspektive in Zukunft „aktiv" an die Menschen heranzubringen haben, um ihr Interesse zu „wecken". Es läßt sich hinzufügen, dass sich die *Medien* eher für diese Aufgabe interessieren sollten als z.B. dafür, den Älteren ein passiv-rezeptives Dahindämmern vor dem Fernsehschirm zu ermöglichen.

Analoge Erfordernisse lassen sich aber auch für die Jüngeren feststellen. Auch mit dem „*Zeitmangel*", den die jüngeren Nicht-Interessierten sehr häufig als Begründung für ihr Nichtengagement und mangelndes Interesse angeben, hat es seine eigene Bewandtnis. Wir fragten die Nicht-Engagierten schon im Speyerer Survey 97, wieviel Zeit sie denn evtl. in ein Engagement investieren könnten und wir fanden zu unserer Überraschung, dass die Durchschnittszeit, die sie nannten, gar nicht viel niedriger lag als die Zeit, die von den Engagierten - durchschnittlich gesehen - faktisch aufgewendet wird. Was hier im offenbar Spiele ist, sind *falsche Vorstellungen* über den Aufwand, der für das Engagement zu erbringen ist. Man fürchtet, als Person vereinnamt zu werden, wenn man den kleinen Finger hinhält und man hält ihn deshalb erst gar nicht hin. Die Bedeutung der bereits angesprochenen breitenwirksamen Information und Aufklärung über das Engagement wird an diesem Beispiel nochmals erkennbar.

Für die *Medien* bietet sich hier abermals die Übernahme einer wichtigen Aufgabe an, die allerdings wohl letztlich eine Umdefinition ihres Selbstverständnisses in Richtung der Übernahme gesellschaftlicher Verantwortung voraussetzt.

11 Zusammenfassung

Ein dynamisches Modell des freiwilligen Engagements
Es gibt in der Bevölkerung Deutschlands eine starke und insgesamt anwachsende Engagementbereitschaft, die dazu geführt hat, dass zunehmend viele Menschen während ihres Lebensverlaufs ein freiwilliges Engagement aufgenommen haben. Es handelt sich bei diesem Engagement allerdings keinesfalls immer um eine Tätigkeit auf Lebenszeit. Vielmehr muss man offenbar davon ausgehen, dass sich sehr viele Menschen aus einem bestimmten Anlass, oder auch in einer bestimmten Lebenssituation *auf Zeit* engagieren, wobei sie entweder von vornherein davon ausgehen, dass es sich nur um ein befristetes Engagement handelt, oder aufgrund von Umständen, die sich im Laufe des Lebenszyklus einstellen, zur Aufgabe des Engagements veranlasst werden – sei es, weil sie Kinder bekommen, denen sie zeitweilig ihre verfügbare Kraft widmen müssen, sei es, weil sie besonderen beruflichen Ansprüchen genügen müssen, oder sei es auch, weil sie krank werden, oder umziehen. Geht man einmal fiktiverweise davon aus, dass tatsächlich die Hälfte dieser Menschen irgendwann ins Engagement zurückkehrt, dann erhält man das Bild einer fortwährend laufenden Zirkulationsbewegung ins Engagement hinein, aus dem Engagement heraus und wieder ins Engagement zurück, zu der immer wieder Neueintritte ins Engagement hinzuzurechnen sind, die irgendwann zu Austritten und nachfolgend zu Wiedereintritten führen.

Dieses Bild lässt sich durch die Hinzufügung der in der Befragung ermittelten Tatsache anreichern, dass die Menschen, die ins Engagement zurück wollen, keineswegs immer an denselben Ort, d.h. in dieselbe Organisation oder in dieselbe Gruppe zurück wollen und dass sie vielfach etwas ganz anderes als früher machen wollen. Man erhält, wenn man dies alles einbezieht, ein *dynamisches Möglichkeitsbild* des Engagements, welches von starken Ein- und Austrittsbewegungen erfüllt ist, die sich mit einer Wachstumstendenz verbinden. Es handelt sich hierbei allerdings nicht um ein Wachstum, bei dem sich gewissermaßen immer neue „Jahresringe" um bestehen bleibende ältere Jahresringe lagern. Vielmehr muss man ein Bild ineinander greifender Strömungen und Austauschbewegungen zugrundelegen. In gewisser Weise ähnelt dieses Bild den Strömungen und Austauschvorgängen, die sich am Arbeitsmarkt vollziehen, bei dem es ebenfalls ständige Neueintritte, Austritte und Wiedereintritte gibt, die man in den Blick fassen muss, wenn man seine Dynamik verstehen will.

Die vorliegende Untersuchung war primär als eine Querschnittserhebung angelegt, die Umfang und Strukturen des Engagements zu einem bestimmten Zeitpunkt Mitte 1999 beschreibt. Dabei wurden jedoch auch Verlaufsaspekte einbezogen, also Fragen des Zugangs ins freiwillige Engagement, Dauer und zeitliche Befristung der derzeitigen Tätigkeit, Zeitpunkt der Beendigung eines früheren Engagements und Gründe hierfür, wie auch Interessen an einem zukünftigen oder erweiterten Engagement. Das vorliegende Kapitel stellt die prospektive Sicht, also den Blick auf bestehende Engagementpotenziale, in den Mittelpunkt.

Der überraschend große Umfang des Engagementpotenzials
Als „Engagementpotenzial" bezeichnen wir diejenigen Personen, die nach eigener Angabe heute oder künftig bereit und interessiert wären, Aufgaben und Arbeiten im Bereich des freiwilligen, bürgerschaftlichen Engagements zu übernehmen. Ein solches Potenzial gibt es in verschiedenen Teilgruppen der Bevölkerung mit unterschiedlichen Ausgangsbedingungen und Erfahrungen in diesem Bereich:

- Unter den derzeit Engagierten sagt jeder dritte, er bzw. sie „wäre bereit und in der Lage, sein bzw. ihr ehrenamtliches Engagement noch auszuweiten und weitere Aufgaben zu übernehmen, wenn sich etwas Interessantes bietet". Diese Teilgruppe des Potenzials kann man die „Expansiven" nennen, sie umfasst 11 % aller Befragten.
- Unter den früher einmal engagierten Personen sagt fast jeder zweite, er bzw. sie wäre „heute oder zukünftig interessiert, sich in Vereinen, Initiativen, Projekten oder Selbsthilfegruppen zu engagieren und dort Aufgaben oder Arbeiten zu übernehmen, die man freiwillig oder ehrenamtlich ausübt".[11] Diese Teilgruppe des Potenzials kann man die „Ehemaligen" nennen; sie umfasst 10 % der Befragten.
- In der großen Gruppe derer, die bisher nie Tätigkeiten im Bereich des freiwilligen Engagements ausgeübt haben, wäre gut ein Drittel grundsätzlich daran interessiert, sich in dieser Weise zu engagieren. Diese Teilgruppe des Potenzials kann man die „Neuen" nennen; sie umfasst 16 % der Befragten.

Diese drei Teilgruppen bilden zusammen das *Engagementpotenzial in Deutschland*. Es umfasst 37 % der Bevölkerung, hochgerechnet also über 20 Mio. Menschen. Das Potenzial ist damit sogar größer als die Gesamtgruppe der derzeit Engagierten.

---

[11] Neben denjenigen, die diese Frage mit einem klaren „Ja" beantworten, sind dabei auch diejenigen einbezogen, die mit „Vielleicht, kommt drauf an" antworten. Wie die Analyse zeigt, sind sich die „Ja" und die „Vielleicht"-Antworten in vieler Hinsciht sehr ähnlich.

Dieses Ergebnis ist beeindruckend und weist auf die möglichen Erfolgschancen hin, die sich einer zukünftigen Engagementförderung bieten.

Eine genauere Untersuchung der drei Teilgruppen des Potenzials erbringt allerdings auch eine Reihe von Befunden, die die Notwendigkeit einer aktiveren Engagementförderung erkennen lassen und zugleich auf spezifische Erfolgsfaktoren hinweisen, die bei einer Engagementförderung beachtet werden müssten (vgl. Abb. 4.1).

Das Rückkehrproblem der „Ehemaligen"

Wie schon erwähnt, wird freiwilliges Engagement zunehmend „auf Zeit" ausgeübt – sei es weil die Aufgabe selbst befristet ist oder sei es, weil Ereignisse der individuellen Lebensführung – Kinder, Krankheiten, zeitweilige berufliche Sonderbelastungen oder Umzüge – zur Beendigung eines Engagements zwingen. Unter solchen Bedingungen einer ausgeprägten Diskontinuität kommt es entscheidend darauf an, dass Menschen, die einmal ins Engagement eingemündet sind, eine stabile Engagementdisposition aufbauen können, die die Fluktuation der Aufgabenstellungen und die Wechselfälle des Lebens überdauert und die stark genug ist, um sie zu Bemühungen um die Rückkehr ins Engagement zu veranlassen, sobald sich hierzu eine Gelegenheit ergibt.

Wäre diese Bedingung tatsächlich erfüllt, dann müsste sich bei der überwiegenden Mehrzahl der „Ehemaligen" ein Interesse an der Wiederaufnahme des Engagements finden. Tatsächlich ist dies aber, wie die obige Abb. 4.1 zeigt, nicht der Fall. Es sind nicht einmal 50 % der ehemals Engagierten, die ein solches Interesse äußern, obwohl die Rückerinnerung an das frühere Engagement bei den allermeisten positiv gefärbt ist und in der Regel kaum irgendwelche gravierenden subjektiven Engagementhemmnisse geltend gemacht werden.

Es kommt aber hinzu, dass der überwiegende Teil der „Ehemaligen", die ein Rückkehrinteresse äußern, bereits seit mehr als 5 Jahren kein Engagement mehr ausgeübt hat, d.h. also bereits diejenige Zeitschwelle überschritten hat, vor deren Erreichung noch von einem direkten „Wiederanknüpfen" an die früheren Kontakte, Kenntnisse und Erfahrungen ausgegangen werden konnte. Mit anderen Worten funktioniert das "„normative" Bild einer Fluktuation, welche die Menschen auf eine „glatte" und „zügige" Weise ins Engagement hinein, aus dem Engagement heraus und in nachfolgende Engagements hineinführt, in der Praxis nicht in einem ausreichenden Maße. Die Erstengagements entfalten offenbar nicht diejenige „Sozialisationswirkung", die zu dem wünschenswerten Aufbau einer Engagementdisposition führen würde, welche stark genug wäre, um im geeigneten Augenblick ein spontanes individuelles Handeln in Richtung von Nachfolge-Engagements in Gang zu setzen. Die „Ehemaligen" besitzen zwar nachweislich ein höheres Engagementinteresse als die bisher nicht Engagierten. Dieses Interesse führt aber – soweit es vorhanden ist – in einem Großteil der Fälle nur zu einem unentschiedenen Schwebezustand zwischen Wollen und Handeln und klingt, wie die Daten des Freiwilligensurvey 1999 zeigen, konsequenzenlos ab, wenn sich der zeitliche Abstand allzu sehr vergrößert.

Es kommt weiter hinzu, dass ein überraschend großer Teil der Ehemaligen gar nicht an derselben Stelle ins Engagement zurückkehren will, sondern ein Interesse daran äußert, ggf. etwa anderes zu machen, d.h. in andere Engagementfelder, andere Organisationen und andere Aufgabenbereiche einzumünden. Diese Tendenz zur „Mobilität im Engagement" kompliziert das Bild und lässt die rein individuelle, nicht von Unterstützungsstrukturen mitgetragene Lösung des sich abzeichnenden „Rückkehrproblems" noch unwahrscheinlicher werden.

Ungeachtet des beeindruckenden Bildes, welches der Grobüberblick über den Umfang des Engagementpotenzials vermittelt, zeichnet sich hier ein Problemsachverhalt ab, welcher dem Ausblick auf die weitere Entwicklung des Engagements ein Fragezeichen hinzufügt. Die Diagnose muss lauten, dass eine mangelnde Austauschdynamik als ein Systemdefizit des Engagements vorliegt. Die relativ große Zahl von rückkehrwilligen „Ehemaligen", über die man sich im ersten Augenblick freuen mag, erweist sich einerseits als zu niedrig, repräsentiert aber gleichzeitig auch einen „Stau" von Menschen, die zwar im Prinzip rückkehrwillig sind, die aber den Weg zurück nicht mehr rechtzeitig finden.

Das Engagementsystem arbeitet aufgrund dieses Sachverhalts mit einer Verlustquote, die eigentlich intolerabel ist und die darüber hinaus dazu veranlasst, ihm ungeachtet gegenwärtiger Wachstumstendenzen eine schlechte Prognose zu stellen.

Die „Neuen" als Kontrastgruppe
Die zweite Teilgruppe der Potenzialträger, die Gruppe der bisher noch nicht Engagierten „Interessierten", hebt sich überraschend deutlich durch eine Reihe von strukturellen Besonderheiten von den Engagierten ab und lässt sich insofern geradezu als eine Kontrastgruppe ansprechen.

Kurz zusammen gefasst zeichnen sich die „Neuen" – in teils krassem Unterschied zu den Engagierten – durch eine Dominanz der Frauen, durch einen sehr hohen Anteil junger Menschen, durch einen relativ hohen Anteil von Volks- und Grundschulabsolventen und Arbeiter(innen), wie auch durch ein beträchtliches Gewicht der Schlechterverdienenden aus. Die „stille Reserve" des Engagements bei den bisher nicht Engagierten bringt also Gruppen ins Spiel, die im Engagement bisher unterrepräsentiert sind.

Die Aktualisierung des hier vorhandenen Potenzials muss dementsprechend eine Reihe von Sonderfragen aufwerfen, mit denen sich die Überlegungen zur Intensivierung der Engagementförderung bisher noch relativ wenig beschäftigt haben. Insbesondere ist damit zu rechnen, dass man die Menschen, um die es in dieser Gruppe geht, nur unter der Bedingung gewinnen kann, dass man den spezifischen Erwartungen gerecht wird, die sie an das Engagement herantragen.

Bei der Untersuchung dieser Erwartungen lässt sich feststellen, dass sich die „Neuen" mit den „Ehemaligen" überall da einig sind, wo es um den in beiden Fällen stark ausgeprägten Wunsch nach emotional erfüllenden Erfahrungen und Erlebnisgehalten des Engagements, um seine helfende Wirkung, wie auch um seine gesellschaftliche Anerkennung geht. Deutlich stärkere Erwartungen bringen die „Neuen" aber überall da ein, wo der persönliche Nutzen ins Spiel kommt, wobei besonders auffällt, dass der Abstand bei der Erwartung eines Nutzens für die beruflichen Möglichkeiten am größten ist.

Mit anderen Worten tragen die „Neuen" an das freiwillige Engagement neben „intrinsischen" Motiven, welche auf den gesellschaftlichen Wertwandel zurückverweisen, in einem stärkeren Maße auch eine Reihe von handfesteren Motiven heran, bei denen es nicht unbedingt ums Geld gehen muss, bei denen jedoch die generelle Erwartung, dass die freiwillige Tätigkeit für einen selbst etwas „bringen" muss, deutlich materiellere Züge annimmt. Es handelt sich hier um einen Unterschied der Motivlage, den man als eine „Nuance" betrachten mag, der aber mit Sicherheit in demjenigen Augenblick in Rechnung zu stellen sein wird, in welchem man sich Gedanken über eine zukünftige Engagementförderung macht, die in der Lage ist, eine Attraktivitätswirkung zu entfalten.

Für die Engagementförderung ist das weitere Ergebnis von Bedeutung, dass sich bei den „Neuen" – im Unterschied zu den „Ehemaligen" – erhebliche Engagementhemmnisse finden, die überwunden werden müssen, wenn mit ihrer Gewinnung für das Engagement gerechnet werden soll.

Abstände zwischen den beiden Gruppen sind insbesondere da deutlich, wo es um die Frage der verfügbaren Zeit, um den Kostenaufwand der freiwilligen Tätigkeit und um die Frage der persönlichen Eignung geht. Während die „Ehemaligen" diesen Fragen auf ihrem persönlichen Erfahrungshintergrund mit einiger Gelassenheit gegenüberstehen, offenbaren die „Neuen" dann, wenn sie daraufhin angesprochen werden, eine gewisse Irritation und Unsicherheit. Zusammen genommen beschäftigt sie die Frage, ob sie sich nicht überfordern, verzetteln und somit letztlich selbst schaden, wenn sie sich für das – grundsätzlich bejahte – Engagement entscheiden.

Hinzu kommt aber auch eine erhebliche Uninformiertheit darüber, welche Möglichkeiten es im Engagement gibt, ob man mit ausreichender Treffsicherheit diejenige Tätigkeit finden kann, die auf einen selbst „passt". Erwartungsgemäß besitzen die „Neuen" weniger klare Vorstellung darüber, in welchem Bereich sie sich ggf. engagieren würden. Während die betreffende Frage bei den „Ehemaligen" – auch diese Zahl ist eigentlich erstaunlich niedrig und nur erklärlich, wenn man eine Absicht zur „Mobilität im Engagement" (vgl. oben) unterstellt – von 59 % bejaht wird, sind es bei den „Neuen" nur 51 %. Die „Neuen" wissen darüber hinaus weniger gut als die „Ehemaligen", mit wem sie Kontakt aufnehmen könnten, um sich genauer über die Möglichkeiten und Bedingungen des freiwilligen Engagements zu informieren. Die betreffende Frage wird von 78 % bzw. 65 % der Befragten in den jeweiligen Gruppen bejahend beantwortet. Kenntnisse über Informations- und Kontaktstellen für Menschen, die nach einer Möglichkeit für freiwilliges Engagement suchen, haben bei den „Ehemaligen" immerhin 50 %, bei den „Neuen" dagegen nur 41 %, d.h. deutlich weniger als die Hälfte von ihnen.

Unerfüllte Karriereerwartungen bei den „Expansiven"
Die Engagierten, die ein Interesse an der Ausweitung ihres Engagements kundtun, legen eher ein Bedürfnis nach der Beseitigung qualitativer Unterforderungen als nach vermehrter Auslastung zugrunde. Gleichzeit ist der Wunsch nach „Mobilität im Engagement" (vgl. oben) bei ihnen sehr ausgeprägt. Es handelt sich bei ihnen großenteils um hochmotiviert nachdrängende relativ jugendliche Aktive, die nicht im Vollbesitz der herkömmlichen Zugangsvoraussetzungen zu den Ämtern des Ehrenamts sind, weil sie die Handicaps aufweisen, dafür noch „zu

jung" zu sein und kein ausreichendes soziales Ansehen in die Waagschale werfen zu können.

Aufschlussreich ist weiter, dass bei den Expansiven – oder jedenfalls bei Teilen von ihnen – ein deutlich größeres Interesse an einer *Verberuflichung der ehrenamtlichen Tätigkeit* vorliegt. Man wird bei der Interpretation dieses Ergebnisses Vorsicht walten lassen müssen. Ganz sicherlich wäre es übertrieben, wenn man feststellen würde, dass die Expansiven von der Freiwilligkeit und Ehrenamtlichkeit wegstreben. Viel eher wird man in Rechnung zu stellen haben, dass sie sich im Engagement finanziell benachteiligt fühlen, da sie nur in einem geringerem Maße als die Übrigen eine regelmäßige Vergütung erhalten. Man kann davon ausgehen, die Daten angemessen zu interpretieren, wenn man den Mittelweg wählt und den Expansiven ein Interesse daran zuschreibt, unter Ausgleich von Benachteiligungen im Engagement ein höheres Professionalisierungsniveau zu erreichen.

Auf dem Hintergrund ihrer unerfüllten Tätigkeits- und Geltungsansprüche neigen die „Expansiven" zu einer vermehrten Sensibilität für die ehrenamtspolitischen und organisatorischen Defizite des Engagements. Man wird es deshalb mit besonderer Aufmerksamkeit zu registrieren haben, dass sie stärker als die übrigen Engagierten Mängel bei der Unterstützung durch Hauptamtliche, Mängel bei der Ausstattung des Ehrenamts mit Sach- und Finanzmitteln, Mängel im Bereich der gesellschaftlichen und politischen Anerkennung und Absicherung des Ehrenamts, wie auch in besonderem Maße Mängel bei der Information und Beratung über die Möglichkeiten des Zugangs zum Engagement kritisieren.

Folgerungen für die Engagementförderung
Aus den Ergebnissen der Untersuchung über das Engagementpotenzial lassen sich neuartige Orientierungsgesichtspunkte für die zukünftige Engagementförderung ableiten, die nur aus dieser Perspektive sichtbar werden können.

Angesichts der Beobachtung schwerwiegender Fluktuationshemmnisse und „Staus" im gesellschaftlichen Umfeld des Engagements und unausgeschöpfter Aktivitätspotenziale in seinem Innern legt es sich zunächst nahe, die allgemeine Zielsetzung der Engagementförderung zu überdenken. Abstrakt formuliert sollte das zentrale Leitziel der Engagementförderung die bestmögliche Organisierung von Eintritts-, Austritts- und Wiedereintrittsprozessen sein, die eine dynamische Nutzung verfügbarer Engagementpotenziale auf einem höchstmöglichen Niveau individueller Motivation und unter höchstmöglicher Erfüllung individueller Mobilitätsbedürfnisse unter möglichst weitgehender Vermeidung von Energie- und Zeitverlusten gewährleisten, welche auf das Wirken eigentlich beeinflussbarer und minimierbarer Engagementhemmnisse innerer und äußerer Art zurückzuführen sind.

Im einzelnen wird aus den Äußerungen der Befragten erstens erkennbar, dass sich das Engagement bisher noch weitgehend in einer unzureichenden finanziellen Situation befindet und zwar *einerseits* aufgrund einer bisher noch allzu mangelhaften Ausstattung mit Räumen und Sachmitteln, wie auch anderseits aufgrund einer bisher noch allzu schwachen und mehr oder weniger zufällig erfolgenden finanziellen Unterstützung, Entlastung und Absicherung der Engagierten.

Zweitens muss aber in einem besonderen Maße auffallen, dass in der Spitzengruppe der Nennungen die Forderung nach „besserer *Information / Beratung* über Gelegenheiten zu ehrenamtlichen Engagement" auftaucht.

In der Tat mangelt es hieran beim freiwilligen Engagement in einem bislang noch kaum nachdrücklich und deutlich genug erkannten und ausgesprochenen Maße.

Man kann das Vergleichsbeispiel des Arbeitsmarktes heranziehen, um das Defizit zu entdecken, das beim freiwilligen Engagement bezüglich des Ausmaßes und der Qualität von Informationen besteht. Zur Information, Beratung und Vermittlung von Arbeitsuchenden wird in der Arbeitsverwaltung ein umfangreicher Apparat unterhalten, der auf dichte Weise flächendeckend ist und der in seinen Dimensionen darauf angelegt ist, in jedem Einzelfall eine zuverlässige Erfassung zu gewährleisten und die jeweiligen Möglichkeiten einer Rückführung in die Beschäftigung lückenlos auszuschöpfen.

Fragt man sich, wie es diesbezüglich beim freiwilligen bürgerschaftlichen Engagement steht, dem heute bezüglich seines gesellschaftlichen und politischen Funktionswert große Bedeutung zugesprochen wird, dann gelangt man zu einem vergleichsweise enttäuschenden Ergebnis.

Gewiß gibt es in Deutschland inzwischen einige hundert Freiwilligenbörsen, Informations- und Beratungsstellen, Ehrenamts- und Freiwilligenagenturen usw. Man kann insofern von Ansätzen zu einer informations- und beratungsfähigen „Infrastruktur" sprechen. Von einer ausreichenden Angebotsdichte für Informations- und Beratungsleistungen kann aber bisher keine Rede sein und die öffentlichen Fördermittel, die in diese meist kleinen Pioniereinrichtungen fließen, sind bisher sehr begrenzt. Charakteristischerweise gibt es über die Zahl der mit öffentlichen Mitteln geförderten Stellen dieser Art bisher noch keine zuverlässigen Informationen. Es ist aber davon auszugehen, dass weniger als die Hälfte von ihnen öffentliche Fördermittel erhält. Zwar hat man zunehmend erkannt, dass man mit der Förderung des freiwilligen Engagements viel Geld sparen kann. Es wurde aber bisher noch nicht in einem ausreichenden Maße erkannt, dass wirksames Sparen – auch im Fall des freiwilligen Engagements erst einmal investiert werden muss, bevor von ihm nennenswerte Leistungsbeiträge erwartet werden können. Engagement ist nicht zum Nulltarif zu haben.

Was wir heute brauchen, ist eine *ausreichend dichte, auf kommunaler Ebene angesiedelte „Infrastruktur"* von Informations- und Kontaktstellen für freiwilliges Engagement (oder Freiwilligen- bzw. Ehrenamtsagenturen und – börsen) in allen Bundesländern. In welcher Weise diese Informations- und Kontaktstellen organisatorisch ausgestaltet sein sollen, bei welchen Trägern sie am besten anzusiedeln sind usw., diese Fragen können an dieser Stelle völlig offen bleiben. Sie sind am besten in der Praxis unter den lokalen Akteuren selbst zu klären. An dieser Stelle geht es lediglich um die allgemeine Perspektive. Es lässt sich die These aufstellen, dass der „aktivierende Staat" von dem heute zu Recht die Rede ist, erst dann zur Realität wird, wenn in Deutschland eine dichte Infrastruktur von Engagementförderungsstellen vorhanden ist, die Informations-, Beratungs- und Vermittlungsaufgaben leisten können.

Im Vorraum einer solchen Infrastruktur, die wir brauchen, muss es in Zukunft *drittens eine breitenwirksame Information und Aufklärung unter Einsatz der Medien* stehen. Man spricht heute – nicht zu Unrecht – davon, dass wir in einer „Informations- und Mediengesellschaft" leben. Wo und wie ist aber das freiwillige bürgerschaftliche Engagement, von dem nach zunehmender Überzeugung so viel abhängt, in der Medienszene deutlich wahrnehmbar präsent? Wird im Medienbereich für das Engagement auch nur ein Bruchteil dessen getan, was für die Herstellung eines rein konsumtiven und anstrengungslosen, der individuellen Bequemlichkeit gewidmeten und letztlich egoistischen Freizeitgenusses getan wird? Und konterkarieren die Medien mit ihrer vorherrschenden Unterhaltungs-, Erlebnis- und Freizeitorientierung nicht die Entstehung eines von Blockierungen befreiten und somit „gesunden" und leistungsfähigen Engagementsystems in unserer Gesellschaft?

Neben diesen fundamentalen Erfordernissen einer künftigen Engagementförderung dürfen viertens einige weitere Dinge nicht vergessen werden, welche die Attraktivität des freiwilligen Engagements und somit auch die Chancen zu einer Realisierung von Engagementinteressen beeinflussen und konsequenterweise von den Engagierten als den Kennern des Systems eingefordert werden.

Hierbei spielen die Weiterbildungsmöglichkeiten, die in der Tat bisher noch unterentwickelt sind, eine herausragende Rolle.

Sehr wichtig sind aber auch Dinge, die innerhalb der Organisationen der Freiwilligentätigkeit selbst geleistet werden. Bei der – ebenfalls in den Wunschlisten der Engagierten auftauchenden – „fachlichen Unterstützung der Tätigkeit" geht es nicht nur ums Geld, sondern auch um ein verändertes Verhältnis zwischen Hauptamtlichen und Freiwilligen. Die Hauptamtlichen müssen lernen, als Helfer der Freiwilligen tätig zu sein, nicht als deren Vorgesetzte und Meister. Es betrifft dies die sogenannte *„Kultur der Freiwilligkeit",* von der ebenfalls heute oft die Rede ist, in einem ganz zentralen Maße.

Zu dieser Kultur gehört auch, dass man bei der Gestaltung der Tätigkeitsbedingungen der Freiwilligen in Zukunft viel stärker als heute auf die geänderten Wertvorstellungen der Menschen Rücksicht nimmt.

In vielen Organisationen hat man immer noch das Vergangenheitsbild des „selbstlosen" Helfers vor Augen, wenn man an Freiwillige denkt. Man kann dann natürlich nicht für Menschen mit Selbstentfaltungswerten, die „Spaß am Helfen" haben wollen, attraktiv sein. Die Leitgesichtspunkte, die man in Zukunft im Auge haben sollte, lassen sich zu 12 Erfordernissen von „Verantwortungsrollen" zusammenfassen, die grundsätzlich für alle Engagierten verfügbar sein sollten:

1. Spielraum für selbständiges und eigenverantwortliches Handeln und Entscheiden;
2. Chance zur Einbringung eigener Neigungen und Fähigkeiten;
3. Chance, auch und gerade subjektiv etwas „Sinnvolles" zu tun;
4. Chance zum ergebnisorientierten Handeln, d.h. zur Einbringung eines Interesses am Resultat der Tätigkeit – sei es auch nur um der Befriedigung des „idealistischen" Motivs, über ein „feedback" verfügen zu können, das eine Selbstbewertung anhand selbstgewählter Erfolgsmaßstäbe erlaubt;
5. Zuerkennung von Verantwortlichkeit im Sinne der Möglichkeit, sich die Folgen eigenen Handels – auch im Sinne rechtlicher Verbindlichkeiten – selbst zurechnen zu können;

6. Chance zum selbstorganisierten Teamwork;
7. Chance zur Selbstkontrolle;
8. Gewährleistung eines ausreichenden Könnens und Wissens; Einräumung von Chancen zu seiner Weiterentwicklung (Qualifizierungskriterium);
9. Einräumung großzügiger Flexibilitätschancen in zeitlicher Hinsicht (= Chance zur Ausübung von „Zeitsouveränität");
10. Chance zur Beteiligung an der Festlegung von Tätigkeitszielen;
11. Gewährleistung einer „aktivierenden" Führung;
12. Chance zum Wechsel, Austritt (zur „Untreue") ohne Rechtfertigungszwang.

Teil 3: Zugangswege zu Bereichen und Formen des freiwilligen Engagements
Hans Günter Abt, Joachim Braun

1 Aktuelle Situation der Förderung des freiwilligen Engagements in Kommunen

Lange Zeit gingen Politik und Verwaltung davon aus, dass sich freiwilliges Engagement ohne besondere Voraussetzungen von selbst erhalten würde. Ob überhaupt und auf welchem Weg die Bürger/innen zum Engagement fanden, war überwiegend entweder den Organisationen überlassen, in denen sich die freiwillig Engagierten zusammenfinden konnten, oder aber deren freier Assoziation anheim gestellt, sich - vor allem in Form von Vereinen - zusammenzuschließen, um ihren spezifischen Interessen nachzugehen. Die Bedingungen des Zugangs zum Engagement waren und sind jedoch von der organisatorischen wie auch von der sozialen Einbindung der Engagierten und ihres potentiellen Nachwuchses her sehr heterogen und überdies Veränderungen infolge des sozialen Wandels unterworfen.

In den Kommunen haben sich verschiedene Formen der Unterstützung und Stabilisierung von freiwilligem Engagement entwickelt. Ihre Ziele reichen von der Erhaltung wichtiger Dienstleistungen bis zur aktiven Gestaltung der kommunalen Lebensqualität. Die Leistungen von freiwilligen Feuerwehren sowie anderen Hilfs- und Rettungsorganisationen werden beispielsweise finanziell und durch Gerätebeschaffung unterstützt, um wichtige Schutzfunktionen und Hilfeleistungen zu erhalten. Die Alternative dazu würde in der aufwendigen Vorhaltung und Finanzierung hauptberuflichen Personals bestehen. Im Sport wird freiwilliges Engagement vielfach durch finanzielle Zuwendungen und durch die Bereitstellung von Sportstätten unterstützt, um für die Bürgerinnen und Bürger attraktive Sportangebote zu erhalten oder zu fördern. Wohlfahrtsverbände erhalten ebenfalls Zuwendungen zur Förderung des freiwilligen Engagements, um soziale Dienstleistungen im kommunalen Rahmen aufrecht zu erhalten. Des weiteren werden Vereinen Nutzungsmöglichkeiten für kommunale Räumlichkeiten angeboten, um das kulturelle und freizeitorientierte Bürgerengagement zu stabilisieren. Insgesamt erweisen sich viele dieser Engagement unterstützenden Maßnahmen jedoch als selektiv, wenig transparent und zufällig. Die infrastrukturelle Förderung der Engagementbereitschaft und -aktivierung findet häufig noch keinen Niederschlag in der kommunalen Förderpolitik.

Neue Formen des Engagements in Initiativen bildeten sich neben und teilweise im Protest gegen die vorhandenen Strukturen heraus. Bürgerinitiativen konnten sich wegen ihres Protestpotenzials oft des Misstrauens seitens politischer Verantwortungsträger sicher sein. Langsam verbreitete sich die Erkenntnis, dass sich durch die Partizipation betroffener und interessierter Bürgerinnen und Bürger an kommunalen Entwicklungs- und Entscheidungsprozessen auch qualitativ bessere Planungsergebnisse erzielen lassen.

Anders als diese Initiativen werden Selbsthilfegruppen und –organisationen seit den 80er Jahren von breiten politischen und fachlichen Kreisen in ihrer positiven Bedeutung für die Bewältigung schwieriger Lebenssituationen erkannt und wertgeschätzt (Trojan 1986). Konsequent wurde nicht nur die Zuwendungspraxis weiterentwickelt, sondern es wurden Möglichkeiten ihrer infrastrukturellen Förderung praktisch erprobt und wissenschaftlich begleitet (Braun / Kettler / Becker 1996). Daneben erhielten Selbsthilfegruppen und –organisationen durch Hinweise therapeutischer Berufe einen starken Zulauf von Betroffenen, die allerdings nicht durchgängig die Bereitschaft zum Engagement mitbrachten, sondern teilweise nur zusätzliche Hilfeleistungen erwarteten. Deshalb wuchs der Selbsthilfebereich insgesamt stärker als die Zahl der dort freiwillig Engagierten.

Vor dem demografischen Hintergrund einer Zunahme der höheren Altersgruppen findet auch die Förderung des freiwilligen Engagements bei Menschen nach Abschluss der Erwerbsphase immer größeren Zuspruch in den Kommunen, etwa in Form der „Seniorenbüros". Durch Seniorenbüros fördern Kommunen die zielgruppenorientierte Förderung des freiwilligen Engagements, indem sie den Zugang zum Engagement durch verbesserte Transparenz und Beratung der Interessierten erleichtern. Gleichzeitig vermitteln die Seniorenbüros jedoch auch solche älteren Bürger/innen in Angebote, die daran zwar aktiv partizipieren wollen, jedoch (noch) keine Bereitschaft zu erkennen geben, sich darüber hinaus selbst freiwillig zu engagieren (Braun / Claussen 1997).

Die seit längerer Zeit anhaltenden Befürchtungen, dass das freiwillige Engagement sich insgesamt rückläufig entwickelte, gab darüber hinaus den Anstoß, auf kommunaler oder Verbandsebene sogenannte Freiwilligenagenturen oder -zentren zu gründen. Diese sollten den vermuteten Mangel an Transparenz zwischen freiwilligen Betätigungsmöglichkeiten auf der einen Seite und den interessierten Bürgerinnen und Bürgern auf der anderen Seite überbrücken helfen. Sie setzen ihrerseits allerdings bereits ein ausgeprägtes Interesse in der Bevölkerung voraus, damit es überhaupt zu einer Kontaktaufnahme kommt.

Die Entwicklungsprognosen für freiwilliges Engagement sind uneinheitlich. Beobachtungen und Erwartungen eines Rückgangs werden überwiegend beim Ehrenamt in Massenorganisationen gesehen. Dafür werden sowohl eine Veränderung der Zeitbudgets bei der Erwachsenenbevölkerung infolge vermehrter Erwerbsarbeit als auch eine rückläufige Bereitschaft zu unentgeltlichem Engagement verantwortlich gemacht. Bei einer Ausweitung des Blickfeldes wird neben der Zunahme der Erwerbsarbeit eher eine Umschichtung des freiwilligen Engagements zugunsten neuer Formen und Inhalte erwartet. An die Stelle freiwilliger Leistungen im Umfeld von Großorganisationen werden danach stärker selbstbestimmte Formen von Engagement in kleineren, überschaubaren Organisationsformen treten (Beher / Liebig / Rauschenbach 1998, 2000).

Vor dem Hintergrund knapper finanzieller Ressourcen der Kommunen sind Entscheidungen zu treffen, inwieweit und auf welchen Wegen die Engagementförderung im kommunalen Rahmen weiterentwickelt werden soll. Die vorhandene parallele und sektorale Unterstützung und Förderung des freiwilligen Engagements und der Selbsthilfe steht aktuell auch mit Blick auf das erstmalig ausgerufene Internationale Jahr der Freiwilligen 2001 zur Diskussion. Mit den vorliegenden Befragungsergebnissen zum freiwilligen Engagement der Bürger/innen in Deutschland bietet sich die Chance,

– zu zeigen, auf welchen Wegen die Bürger/innen ihren Zugang zum freiwilligen Engagement finden und welche fördernden Faktoren das Engagement erleichtern bzw. erschweren,
– Antworten auf die Frage einer angemessenen Konzeption für eine Engagement fördernde kommunale Politik aus Sicht der Bürger/innen zu geben,
– zu klären, wie groß das Interesse der Bürger/innen an Informations- und Kontaktstellen für freiwilliges Engagement und Selbsthilfe ist und wie diese Stellen derzeit genutzt werden.

2 Ehrenamt, Freiwilligenarbeit, Selbsthilfe und Bürgerengagement im Verständnis der Bürgerinnen und Bürger

Da es im deutschen Sprachgebrauch keinen einheitlichen Begriff für diejenigen Tätigkeiten gibt, die freiwillig und unentgeltlich in Vereinen, Initiativen und Selbsthilfegruppen von Bürgerinnen und Bürgern (vgl. Fragebogentext B1-0) erbracht werden, wurden die gängigen Grundverständnisse des freiwilligen Engagements selbst zum Gegenstand der Befragung gemacht.

In der Begrifflichkeit, mit der die Engagierten ihre freiwilligen Tätigkeiten charakterisieren, kommt der Wandel des Ehrenamtes, der Engagementformen und Motive am deutlichsten zum Ausdruck. Daher ist die Frage, mit welchem Leitbegriff in der öffentlichen Diskussion das Engagement im Freiwilligenbereich angesprochen wird, sowohl für die Anerkennung des Engagements wie auch für die Erschließung von Engagementpotenzialen durch die Förderung neuer Zugangswege von zentraler Bedeutung. Bürger, die ihr Engagement als Bürgerengagement, als Selbsthilfe, Initiative und Projektarbeit oder als Freiwilligenarbeit verstehen, können zum Beispiel mit dem traditionellen Begriff des Ehrenamtes nur unzureichend erreicht werden.

Nicht nur für wissenschaftliche Fragestellungen ergeben sich Schwierigkeiten, wenn die verschiedenen Begriffe synonym oder in Abgrenzung gegeneinander Verwendung finden. Unterschiedliche quantitative Ergebnisse von Studien zum „Ehrenamt" erklären sich häufig damit, dass Begriffe für freiwilliges Engagement zugrunde gelegt wurden, die nur Teilverständnisse erfassen (z. B. Ehrenamt vs. neue Engagementformen). Mindestens genauso hoch ist die praktische Bedeutung der Tatsache einzustufen, dass in der Bundesrepublik Deutschland kein einheitlicher Begriff existiert, mit dem dieses Spektrum der Leistungen umschrieben wird, die freiwillig, weitgehend unentgeltlich und in einem öffentlich sichtbaren Rahmen erbracht werden. Eine einfache Verständigung über freiwilliges Engagement unter Bürgerinnen und Bürgern oder mit Bürgerinnen und Bürgern ist demnach kaum möglich. Gerade für Praktiker, die freiwilliges Engagement fördern und unterstützen, ist die Kenntnis der tatsächlichen Grundverständnisse des Engagements in der Bevölkerung von erheblicher Bedeutung. Mit der Vorbereitung auf das Jahr 2001, das zum Internationalen Jahr der Freiwilligen deklariert ist, erhält die Antwort auf diese Frage eine zugespitzte Bedeutung.

Die Bürgerinnen und Bürger finden ihr Engagement unter den vorgegebenen Alternativen am häufigsten mit dem Begriff der „Freiwilligenarbeit" angemessen beschrieben (50 %) und nicht, wie aufgrund der langen Tradition vielleicht erwartet, mit „Ehrenamt" (31 %). Jede zweite engagierte Person findet ihr freiwilliges Engagement am besten unter Freiwilligenarbeit wieder, lediglich ein Drittel versteht Engagement als Ehrenamt. Mit Begriffen wie Selbsthilfe, Initiativen- und Projektarbeit sowie Bürgerengagement charakterisiert jede sechste Person ihr Engagement.[1]

Die bisher überwiegende sprachliche Bezugnahme von öffentlichen Aktivitäten auf das Ehrenamt erreicht somit nur einen Teil der Bürgerinnen und Bürger mit ihrem Selbstverständnis. „Freiwilligenarbeit" wird noch wenig in der öffentlichen Debatte verwendet. Daran wird deutlich, dass sich die Engagierten in ihrem Selbstverständnis vor allem gegenüber der beruflichen Arbeit abgrenzen. Dies ist bei der öffentlichen und persönlichen Ansprache von Bürgerinnen und Bürgern auf freiwilliges Engagement zu beachten. Denn Arbeit steht üblicherweise in einem unmittelbaren Zusammenhang mit einem persönlichen Nutzen ideeller, sozialer oder materieller Art. Für die Angesprochenen muss daher auch erkennbar sein, dass freiwilliges Engagement für sie einen solchen Nutzen bringen kann.

Um die Schwierigkeit bewältigen zu können, Bürgerinnen und Bürger ohne einen einheitlichen Begriff über freiwillige Tätigkeiten befragen zu können, wurde der Einstieg über 15 inhaltlich beschriebene Bereiche gewählt, in denen die Bürgerinnen und Bürger nur in irgendeiner Weise aktiv oder aber freiwillig engagiert sein können (vgl. Kap. 5).[2] In diesen Engagementbereichen sind unterschiedliche Selbstverständnisse zu verzeichnen (vgl. Abb. 2.1). Eine eindeutige Präferenz der Engagierten für die Verwendung des Begriffs „Ehrenamt" liegt nur bei „Justiz / Kriminalitätsproblemen" vor. An erster Stelle steht er außerdem in der „Beruflichen Interessenvertretung außerhalb des Betriebs", in der „Politik und politischen Interessenvertretung" und im „kirchlichen / religiösen Bereich".

Dem Selbstverständnis als „Freiwilligenarbeit" entsprechen überwiegend Tätigkeiten in „Freizeit und Geselligkeit", in „Schule / Kinder-

---

1 Vgl. auch die Ergebnisdarstellung in: B. von Rosenbladt, S. Picot: Freiwilligenarbeit, ehrenamtliche Tätigkeit und bürgerschaftliches Engagement. München 1999.
2 Im Rahmen dieses Berichts sind nur 14 Bereiche berücksichtigt, weil „Wirtschaftliche Selbsthilfe" nur von einer unzulänglichen Zahl von Befragten erbracht wurde.

Abb. 2.1: Selbstverständnis freiwillig Engagierter in verschiedenen Bereichen

Wie würden Sie ihr Engagement in dieser Tätigkeit insgesamt charakterisieren? Welcher der folgenden Begriffe passt am besten?

Freiwillig Engagierte bezeichnen ihre Tätigkeiten (n = 8.172) als ...

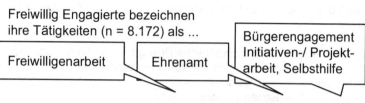

Bereich	Freiwilligenarbeit	Ehrenamt	Bürgerengagement / Initiativen-/ Projektarbeit, Selbsthilfe
Freizeit und Geselligkeit	58%	28%	11%
Schule / Kindergarten	58%	21%	17%
Sport und Bewegung	55%	35%	7%
Kultur und Musik	53%	23%	18%
Unfall-/Rettungsdienst, freiwillige Feuerwehr	53%	31%	11%
Außerschul. Jugendarbeit/ Bildungsarbeit f. Erwachs.	47%	29%	14%
Umwelt, Naturschutz, Tierschutz	41%	25%	30%
Sozialer Bereich	40%	36%	18%
Kirchlicher / religiöser Bereich	40%	45%	12%
Bürgerschaftliche Aktivität am Wohnort	38%	22%	35%
Politik und politische Interessenvertretung	29%	42%	26%
Gesundheitsbereich	26%	32%	34%
Berufl. Interessenvertret. außerhalb des Betriebes	24%	46%	15%
Justiz/Kriminalitätsprobl.	21%	59%	17%

© ISAB-Institut Köln 4/2000, Freiwilligensurvey 1999. (n = 14.922)

garten"[3], „Sport und Bewegung", „Kultur und Musik" sowie in „Unfall / Rettungsdienst / freiwillige Feuerwehr". Begriffe wie Selbsthilfe, Bürgerengagement sowie Initiativen- und Projektarbeit werden im „Gesundheitsbereich"[4], im „Umwelt, Naturschutz / Tierschutz" sowie bei „Bürgerschaftlicher Aktivität am Wohnort"[5] von einem Drittel der Engagierten für ihre freiwilligen Tätigkeiten benutzt.[6]

Einige Organisationsformen, in deren Rahmen freiwillige Tätigkeiten ausgeübt werden, führen Bezeichnungen, die bereits einen Bezug zum Selbstverständnis herstellen. Dies gilt vor allem für Initiativen, Projekte und Selbsthilfegruppen. Es ist daher konsequent, wenn gerade in diesen Organisationsformen solche Begrifflichkeiten für das Engagement verwendet werden, während in Verbänden das Ehrenamt noch dominiert. Zum Verständnis ihrer Tätigkeit als Freiwilligenarbeit tendieren vor allem Engagierte in selbstorganisierten Gruppen[7] und Vereinen, aber auch Engagierte in öffentlichen und privaten Einrichtungen[8] sowie in Initiativen oder Projekten. Als in Ehrenämtern Tätige sehen sich hingegen am häufigsten die in Gewerkschaften und Verbänden Engagierten, anschließend folgen Kirchen und Religionsgemeinschaften, mithin die etablierten Organisationsformen, die Ehrenämter in ihre Strukturen integriert haben.

An dieser Stelle lohnt ein Blick auf die von den Engagierten genannten Leistungen, die sie mit solchen Begrifflichkeiten belegen. Die freiwillig Engagierten erbringen sehr unterschiedliche Leistungsarten (vgl. Abb. 2.2). Jede/r zweite freiwillig engagierte/r Bürger/in ist mit der Organisation von Veranstaltungen oder Treffen befasst und leistet so einen Beitrag zur Kommunikation und zu gemeinsamen Aktivitäten. Jede/r dritte Engagierte erledigt praktische Aufgaben, die anfallen, aber nicht selbstverständlich von Beteiligten übernommen werden.

An dritter Stelle stehen persönliche Hilfeleistungen, die von 28% der Engagierten für andere Personen erbracht werden. Personenbezogene

---

3 Angesichts vieler mittels Wahl übernommener Vertretungsaufgaben von Schülern und Eltern ist es überraschend, dass solche Aufgaben häufig vor allem als „Arbeit" begriffen werden.
4 Die Hälfte davon sind Personen, die ihr freiwilliges Engagement als Selbsthilfe einstufen.
5 Überwiegend kommt hier wie im Umweltschutz der Begriff „Bürgerengagement" zum Tragen. Darüber hinaus spielt dieser mit 20 % im Bereich „Politik und politische Interessenvertretung" eine erhebliche Rolle.
6 Die Einordnung freiwilliger Tätigkeiten als Nebenberuf spielt in allen Bereichen eine untergeordnete Rolle. Als nebenberufliche Tätigkeit werden maximal 10 % der Engagements in der außerschulischen Jugendarbeit und der Bildungsarbeit für Erwachsene angesehen und 9 % in der beruflichen Interessenvertretung. Alle anderen Angaben liegen darunter.
7 Deshalb senkt die Einbeziehung der selbstorganisierten Gruppen in die modernen Organisationsformen deren Anteil an Begriffen wie Selbsthilfe, Bürgerengagement usw.
8 „Ehrenämter" kommen in öffentlichen Einrichtungen deutlich häufiger vor als in privaten (20 %).

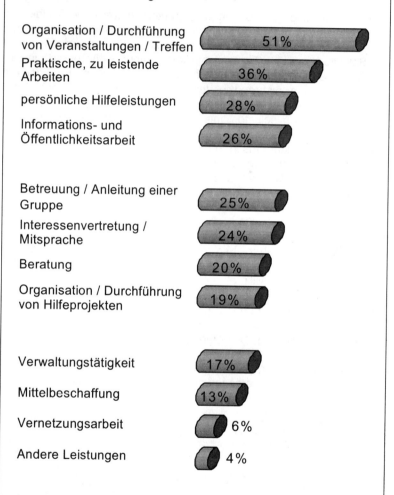

Abb. 2.2: Leistungen freiwillig Engagierter

Dienstleistungen auf freiwilliger Basis kommen hinzu. So ist jede/r vierte Engagierte mit der Betreuung oder Anleitung einer Gruppe befasst und jede/r fünfte bietet Beratung an. Indirekte personenbezogene Leistungen sind die Durchführung von Hilfeprojekten, die 19 % aller Engagierten erbringen. Öffentlichkeitsarbeit ist für ein Viertel der Hauptinhalt ihres Engagements. Sie umfasst sowohl Informationen für andere Bürger/innen als auch Werbung für die eigenen Ziele und die eigene Organisation. Ein Viertel engagiert sich in partizipativen Aufgaben, indem direkte Interessenvertretung oder Mitsprache ausgeübt werden.

Über die Engagementbereiche hinweg verteilen sich diese Leistungen unterschiedlich. Aus Gründen der Überschaubarkeit enthält die folgende Aufstellung nur die wichtigsten Leistungen des jeweiligen Bereichs. Leistungen, die mindestens 50 % ausmachen, sind fett hervorgehoben. Die benannten Leistungen machen mindestens 33 % im jeweiligen Engagementbereich aus:

- Sport und Bewegung: **Organisation / Durchführung von Veranstaltungen / Treffen,** praktische Arbeiten, Betreuung / Anleitung von Gruppen.
- Kultur und Musik: **Organisation / Durchführung von Veranstaltungen / Treffen,** praktische Arbeiten.
- Freizeit und Geselligkeit: **Organisation / Durchführung von Veranstaltungen / Treffen,** praktische Arbeiten.
- Sozialer Bereich: **persönliche Hilfeleistungen,** praktische Arbeiten.
- Gesundheitsbereich: **persönliche Hilfeleistungen,** Organisation / Durchführung von Veranstaltungen / Treffen, Beratung, praktische Arbeiten.
- Schule / Kindergarten: **Organisation / Durchführung von Veranstaltungen / Treffen,** Interessenvertretung und Mitsprache, praktische Arbeiten.
- Außerschulische Jugendarbeit / Bildungsarbeit für Erwachsene: Organisation / Durchführung von Veranstaltungen / Treffen, Betreuung / Anleitung von Gruppen.
- Umwelt, Naturschutz, Tierschutz: **praktische Arbeiten,** Information und Öffentlichkeitsarbeit.
- Politik und politische Interessenvertretung: **Information und Öffentlichkeitsarbeit, Interessenvertretung und Mitsprache,** Organisation / Durchführung von Veranstaltungen / Treffen.
- Berufliche Interessenvertretung außerhalb des Betriebs: **Interessenvertretung und Mitsprache,** Organisation / Durchführung von Veranstaltungen / Treffen, Beratung.

- Kirchlicher / religiöser Bereich: Organisation / Durchführung von Veranstaltungen / Treffen, praktische Arbeiten.
- Unfall / Rettungsdienst / freiwillige Feuerwehr: **persönliche Hilfeleistungen, praktische Arbeiten.**
- Bürgerschaftliche Aktivität am Wohnort: **Organisation / Durchführung von Veranstaltungen / Treffen,** Information und Öffentlichkeitsarbeit, Interessenvertretung und Mitsprache.

Der hauptsächliche Nutzen dieser freiwillig erbrachten Leistungen liegt in der Lebensqualität der Bürgerinnen und Bürger auf kommunaler Ebene. Jeder zweite Engagierte gibt an, dass er seine freiwillige Tätigkeit in einer Organisation ausübt, die ihre Aktivitäten regional ausrichtet.[9] Selbst bei überregionalen Organisationen richten sich die Leistungen vieler Engagierter noch auf die Region, so dass davon auszugehen ist, dass acht von zehn Engagierten Leistungen für die Mitbürgerinnen und Mitbürger in ihrem Ort oder ihrer Region erbringen.[10]

Gerade die Vielfalt der erbrachten Leistungen lässt im Zusammenhang mit deren regionalem Bezug erkennen, welche Bedeutung das freiwillige Engagement für die Lebensqualität der Bürger/innen auf kommunaler Ebene besitzt. Es vermischen sich Elemente der Freizeitgestaltung, der Bildung, der Unterstützung für bedürftige Bürger/innen mit partizipativen Aktionen und mit Organisationsleistungen, ohne die viele Aktivitäten von anderen oder für andere Bürger/innen nicht existieren würden. Insofern gibt es gute Gründe, diese Leistungen auch von öffentlicher Seite Wert zu schätzen. Sowohl als öffentliche wie als bezahlte private Dienstleistungen wären sie weder zu steuern noch zu finanzieren. Aber es ist realisierbar, ihre Weiterentwicklung zu fördern.

Mit den genannten Leistungen gehen bei den freiwillig Engagierten unterschiedliche Selbstverständnisse einher. Persönliche Hilfeleistungen, praktische Arbeiten, organisatorische Tätigkeiten und Gruppenleitung werden vorrangig als Freiwilligenarbeit beschrieben. Verwaltungstätigkeiten, Mittelbeschaffung, Beratung, Vernetzungsarbeiten werden häufiger als Ehrenämter verstanden, wobei auch die Freiwilligenarbeit relativ häufig genannt wird. Zusammen genommen werden für keine einzige Tätigkeit die Begriffe Selbsthilfe, Bürgerengagement, Initiativen- und Projektarbeit mehrheitlich verwendet. Die relativ seltenen Vernetzungsarbeiten, Aktivitäten der Mittelbeschaffung, die Mitsprache sowie

---

9   Für 16 % der freiwilligen Tätigkeiten fehlt hier die Angabe zur Organisation, während für das eigene Engagement ein regionaler Bezug gesehen wird.
10 Einige Unterschiede zwischen alten und neuen Bundesländern sind bei Gensicke, Band 2, Teil 1 beschrieben.

die Durchführung von Hilfeprojekten werden zu mehr als 20 % mit diesen modernen Begriffen belegt.

Das Selbstverständnis, mit dem Bürgerinnen und Bürger ihr freiwilliges Engagement charakterisieren, erweist sich somit vor allem als passend zur jeweiligen Organisationsform. Hieraus ergibt sich als erste Konsequenz, dass die Ansprache von Bürgerinnen und Bürgern mit bestimmten Begriffen demnach zu Assoziationen mit bestimmten Organisationsformen führt. Insbesondere ist festzustellen, dass sich unter dem Thema „Ehrenamt", das bisher die öffentlichen Kampagnen weitgehend bestimmt hat, deutlich weniger Engagierte wiederfinden als unter „Freiwilligenarbeit". Für die Vorbereitung des „Internationalen Jahres der Freiwilligen" 2001 kann dieses Ergebnis als Bestätigung dienen, die breiteste Plattform für eine verständliche Kommunikation über freiwilliges Engagement gewählt zu haben. Allerdings ist zu beachten, dass sich Bürgerinnen und Bürger in einigen modernen Freiwilligenvereinigungen damit möglicherweise auch nicht hinreichend angesprochen fühlen. Diese Ergebnisse sprechen für eine Verwendung unterschiedlicher Bezeichnungen in Kommunikationsstrategien, die möglichst viele Engagementfelder einbeziehen sollen, und ggf. für eine Präferierung des vorherrschenden begrifflichen Verständnisses bei Aktivitäten, die sich nur auf einen einzelnen Bereich beziehen.

Offen ist damit noch die Frage, ob und ggf. welche Personenkreise mit den verschiedenen Begriffen am besten angesprochen werden können, um eine Übereinstimmung mit ihrem Selbstverständnis herzustellen.[11] Die Unterschiede zwischen alten und neuen Bundesländern sind hierbei gering (vgl. Abb. 2.3). Auffallender sind die Unterschiede zwischen den Geschlechtern: Frauen verstehen ihr Engagement anders als Männer häufiger als Freiwilligenarbeit, dafür seltener als Ehrenamt. Am deutlichsten treten jedoch die Unterschiede zwischen den Altersklassen hervor: Zwei Drittel der jungen Engagierten, also die Gruppe der „Nachwachsenden", sehen sich in „Freiwilligenarbeit" tätig.

Bei höheren Altersgruppen findet man dieses Verständnis von freiwilligem Engagement seltener vor, während das Ehrenamt häufiger als angemessene Beschreibung akzeptiert wird.[12] Die modernen Engagementbezeichnungen schwanken nur leicht zwischen 15 % und 17 % der Engagierten.

---
11 Gemeinsamkeiten und Unterschiede werden anhand der Haupttätigkeit überprüft.
12 Bei den Männern tritt diese Tendenz deutlicher hervor als bei den Frauen.

Abb. 2.3: Selbstverständnis verschiedener Gruppen freiwillig Engagierter

Wie würden Sie ihr Engagement in dieser Tätigkeit insgesamt charakterisieren? Welcher der folgenden Begriffe passt am besten?

Freiwillig Engagierte (n = 5.033) bezeichnen ihre Tätigkeiten als ...

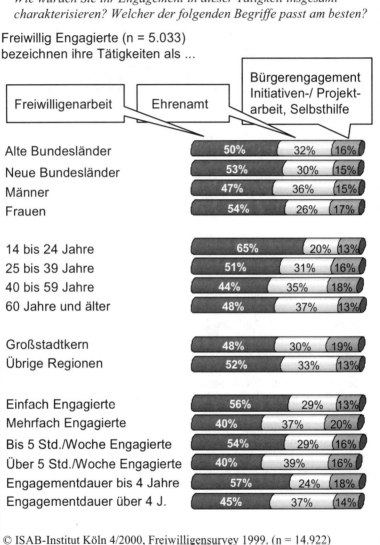

	Freiwilligenarbeit	Ehrenamt	Bürgerengagement Initiativen-/ Projektarbeit, Selbsthilfe
Alte Bundesländer	50%	32%	16%
Neue Bundesländer	53%	30%	15%
Männer	47%	36%	15%
Frauen	54%	26%	17%
14 bis 24 Jahre	65%	20%	13%
25 bis 39 Jahre	51%	31%	16%
40 bis 59 Jahre	44%	35%	18%
60 Jahre und älter	48%	37%	13%
Großstadtkern	48%	30%	19%
Übrige Regionen	52%	33%	13%
Einfach Engagierte	56%	29%	13%
Mehrfach Engagierte	40%	37%	20%
Bis 5 Std./Woche Engagierte	54%	29%	16%
Über 5 Std./Woche Engagierte	40%	39%	16%
Engagementdauer bis 4 Jahre	57%	24%	18%
Engagementdauer über 4 J.	45%	37%	14%

© ISAB-Institut Köln 4/2000, Freiwilligensurvey 1999. (n = 14.922)

Unterschiede bestehen auch zwischen mehr und weniger stark engagierten Personen. Geringer Engagierte sehen ihre Tätigkeit doppelt so häufig als Freiwilligenarbeit an wie als Ehrenamt, weitgehend unabhängig davon, ob man die Zahl der Engagements, den Zeitaufwand für freiwilliges Engagement oder aber die Dauer der aktuellen Haupttätigkeit vergleicht. Personen mit der Selbsteinstufung als Ehrenamtliche sind dem gegenüber stärker eingebunden. Begriffe wie Selbsthilfe, Initiativen- oder Projektarbeit sind weniger an die Intensität des Engagements gebunden. Sie werden zwar von jeder fünften Person mit mehrfachem Engagement für ihre Haupttätigkeit verwendet, in allen anderen Fällen aber seltener. Auch diese Ergebnisse sind ein Hinweis darauf, dass nicht das Ehrenamt, sondern das freiwillige Engagement beziehungsweise die Freiwilligenarbeit besser geeignet ist, die Kreise potentiell Engagierter anzusprechen.

3 Zeitliche Kontinuität und Flexibilität im freiwilligen Engagement

Die Annahme, dass dem freiwilligen Engagement in erster Linie eine persönliche Motivation zugrunde liegt, ist weit verbreitet. Unter dieser Voraussetzung wäre das Engagement ein wesentliches Element individueller Biographien, über Sozialisation direkt vermittelt und durch das soziale Umfeld allenfalls stabilisiert. Als Konsequenz wäre der Einstieg in das freiwillige Engagement eher in einem jüngeren Lebensalter zu suchen und die Vermittlung mehr aus dem unmittelbaren Umfeld zu erwarten. Die Klärung dieser Frage ist deshalb von besonderer Bedeutung, weil damit die Aktivierungschancen zum freiwilligen Engagement angesprochen sind, insbesondere im fortgeschrittenen Erwachsenenalter.

Der Einstieg in das erste freiwillige Engagement erfolgte bei der Mehrheit der aktuell Engagierten bereits in der Jugend oder im frühen Erwachsenenalter (vgl. Abb. 3.1). Die Hälfte der heute Engagierten begann bis zum Alter von 10 Jahren, sich erstmals freiwillig zu engagieren, zwei Drittel bis zum Alter von 30 Jahren. Nur 5 % sind bei ihrem erstmaligen Einstieg ins freiwillige Engagement älter als 55 Jahre. Unter denen, die heute 40 Jahre und älter sind, ist es noch jede zweite Person, die bis zum Alter von 25 Jahren ihr Engagement begonnen hat. 13 % der älteren Menschen hingegen, hier gerechnet ab 55 Jahren aufwärts, sind erst in dieser späteren Lebensphase zum Engagement gekommen. Demnach gibt es einen starken Einfluss im Jugendalter auf das freiwillige Engagement, wie wir es heute vorfinden. Der Einstieg der aktuell Engagierten begann für einen Teil praktisch mit dem Schulalter. Zwischen 16 und 21 Jahren hatte das freiwillige Engagement demnach den höchsten Zulauf.

Die Nichtberücksichtigung der Engagierten unter 25 Jahren ändert an diesem Ergebnis übrigens nichts Grundsätzliches.[13]

Noch deutlicher wird die Bedeutung des Jugend- und frühen Erwachsenenalters für das freiwillige Engagement am Durchschnittsalter bei der erstmaligen Übernahme einer freiwilligen Tätigkeit der verschiedenen Altersgruppen der Engagierten:[14]

---

13 Die aktuelle Altersverteilung der Engagierten verläuft übrigens annähernd parallel zu derjenigen der nicht Engagierten, so dass das Ergebnis keinesfalls mit einer zufälligen Häufung jüngerer Engagierter zu erklären ist.
14 Beim Vergleich aller anderen Gruppen (West-Ost, Geschlecht u.a.) bleiben die Mittelwertsdifferenzen im Rahmen von ca. 2,5 Jahren und sind somit nicht erheblich.

Altersgruppe	Mittelwert	Standardabweichung
14 bis 24 Jahre ➔	14 Jahre	3,4 Jahre
25 bis 39 Jahre ➔	19 Jahre	6,6 Jahre
40 bis 59 Jahre ➔	25 Jahre	10,7 Jahre
60 Jahre und älter ➔	34 Jahre	16,4 Jahre
Alle zusammen ➔	**23 Jahre**	**12,2 Jahre**

Das mittlere Einstiegsalter in das erste freiwillige Engagement liegt mit Ausnahme der engagierten Senioren bei maximal 25 Jahren. Das aktuelle freiwillige Engagement lebt also überwiegend von Bürgern, die bereits zu einem frühen Zeitpunkt Erfahrungen damit gemacht haben. Bei den engagierten Senioren liegt der Altersdurchschnitt für die erste Übernahme um neun Jahre höher. Damit gibt es offenbar einen merklichen Anteil von Engagierten, die erst in späteren Jahren hinzu gestoßen sind. Dies ist ein Hinweis auf besondere Aktivierungsmöglichkeiten im Seniorenalter, vor dem Hintergrund einer Neuorientierung bei der Beendigung der Erwerbsphase. Somit wird eine Chance sichtbar, die bei der Engagementförderung berücksichtigt werden sollte.

Der Einstieg in die aktuell ausgeübten freiwilligen Tätigkeiten fand wesentlich häufiger im Erwachsenenalter statt, als dies beim ersten Einstieg der Fall war, und blieb auch nach dem Eintritt in den Ruhestand erhalten (vgl. ebenfalls Abb. 3.1). Dies ist ein Beleg für die ausgeprägte Flexibilität in der konkreten Anpassung der freiwilligen Tätigkeiten innerhalb der individuellen Biographien. Man engagierte sich in den meisten Fällen bereits in der Jugend, später wiederum als Erwachsener oder Senior, dann aber in einem neuen Engagementbereich oder in einer neuen Aufgabe. Deutlicher kann nicht gezeigt werden, dass die Entscheidung für oder gegen freiwillige Tätigkeiten nicht nur einmal, sondern wiederholt im Lebenslauf getroffen wird. Somit eröffnen sich auch Möglichkeiten, diese Entscheidungen durch informative und vermittelnde Angebote mehrfach und in allen Altersgruppen mit zu beeinflussen. Eine einseitige Ausrichtung der Engagementförderung auf die jüngeren Jahrgänge wäre daher nicht angebracht.

Da sich die Zeitpunkte für den Beginn der aktuellen Tätigkeit vom Jugend- bis ins Erwachsenenalter erstrecken, ist ersichtlich, dass beim freiwilligen Engagement relativ viele Veränderungen erfolgen. Die Dau-

Abb. 3.1: Beginn des freiwilligen Engagements

In welchem Alter haben Sie erstmals eine ehrenamtliche Tätigkeit übernommen oder sich in Vereinen, Initiativen, Projekten oder Selbsthilfegruppen engagiert?

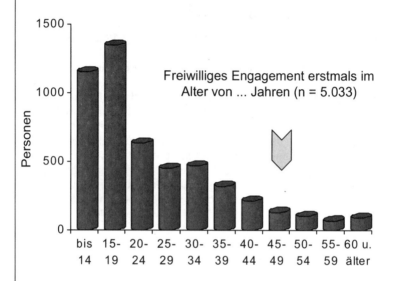

Wie lange üben Sie diese ehrenamtliche Tätigkeit schon aus?

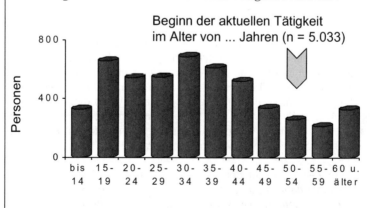

© ISAB-Institut Köln 4/2000, Freiwilligensurvey 1999. (n = 14.922)

er der einzelnen Tätigkeiten ist ein noch besserer Indikator dafür. Mit ihrer Hilfe lässt sich zeigen, welche Stabilität die Übernahme von freiwilligen Tätigkeiten hat, denn schließlich ist nicht davon auszugehen, dass eine einmal begonnene Tätigkeit in jedem Fall langfristig ausgeführt wird. [15]

Viele Engagierte üben ihre aktuelle freiwillige Haupttätigkeit erst seit relativ kurzer Zeit aus, ein knappes Viertel seit zwei Jahren oder kürzer aus, wiederum die Hälfte davon erst seit einem Jahr oder kürzer. Im Kontrast zu den kürzeren Tätigkeiten steht das Viertel derjenigen, die stabil seit 10 Jahren und länger von den selben Personen übernommen werden (vgl. Abb. 3.2). Dennoch ist unter dem Aspekt der Weiterentwicklung von freiwilligem Engagement das Viertel mit relativ kurzfristigen Tätigkeiten der interessantere Anteil. In diesem Sachverhalt ist ein wichtiger Hinweis auf die erhebliche Veränderbarkeit im freiwilligen Engagement enthalten.

Über den Hintergrund ist nur soviel bekannt, dass 4 %-Punkte von Neueinsteigern ins freiwillige Engagement beigetragen werden, die echten Zuwächse an freiwillig engagierten Bürgerinnen und Bürgern also nicht den Haupteinfluss ausmachen. Der größere Teil, nämlich sechs von sieben kurzfristigen Tätigkeiten, müssen auf den Wechsel freiwilliger Tätigkeiten zurückgeführt werden, wobei offen bleiben muss, was den Wechsel inhaltlich bestimmt: ein anderer Bereich, eine andere Funktion oder Position im Engagement.

Im Hinblick auf die Dauer der Haupttätigkeit unterscheiden sich die Altersgruppen zwangsläufig. Jüngere Bürgerinnen und Bürger können objektiv nicht die Zeiten älterer Bürgerinnen und Bürger erreichen. Häufiger sind kürzer laufende Tätigkeiten jedoch nicht nur bei den jüngeren Engagierten, sondern auch bei Frauen (mehr als ein Viertel gegenüber einem Fünftel bei den Männern) sowie den seltener und mit geringerem Zeitaufwand Engagierten. Eine klare Häufung langfristiger Tätigkeiten findet man bei der Hälfte der engagierten Senioren vor. Demnach ist die Wechselbereitschaft hier erheblich eingeschränkt. Der geringere Anteil von Engagierten in den neuen Bundesländern, die sich länger als zehn

---

15 Diese Grenze ist natürlich relativ willkürlich gewählt. Eine Herleitungsmöglichkeit aus einem sachlichen Zusammenhang gibt es nicht. Einige auf Wahlen beruhende Engagements wie Elternvertretungen sind jedoch zunächst auf zwei Jahre begrenzt. Des weiteren dürfte dieser Zeitraum für die Befragten noch relativ sicher zu überschauen und damit durch Erinnerungslücken wenig verfälscht sein. Die Befragten mit mehr als einer freiwilligen Tätigkeit wurden zu maximal zwei Tätigkeiten um Auskunft gebeten. Unter den freiwilligen Zweittätigkeiten kommen die kürzeren (bis zu 2 Jahren) zu Lasten der längeren (über 10 Jahre) häufiger vor.

Abb. 3.2: Dauer des freiwilligen Engagements

Wie lange üben Sie diese ehrenamtliche Tätigkeit schon aus?

Freiwillig Engagierte (n = 5.033) üben ihre Haupttätigkeit ... aus.

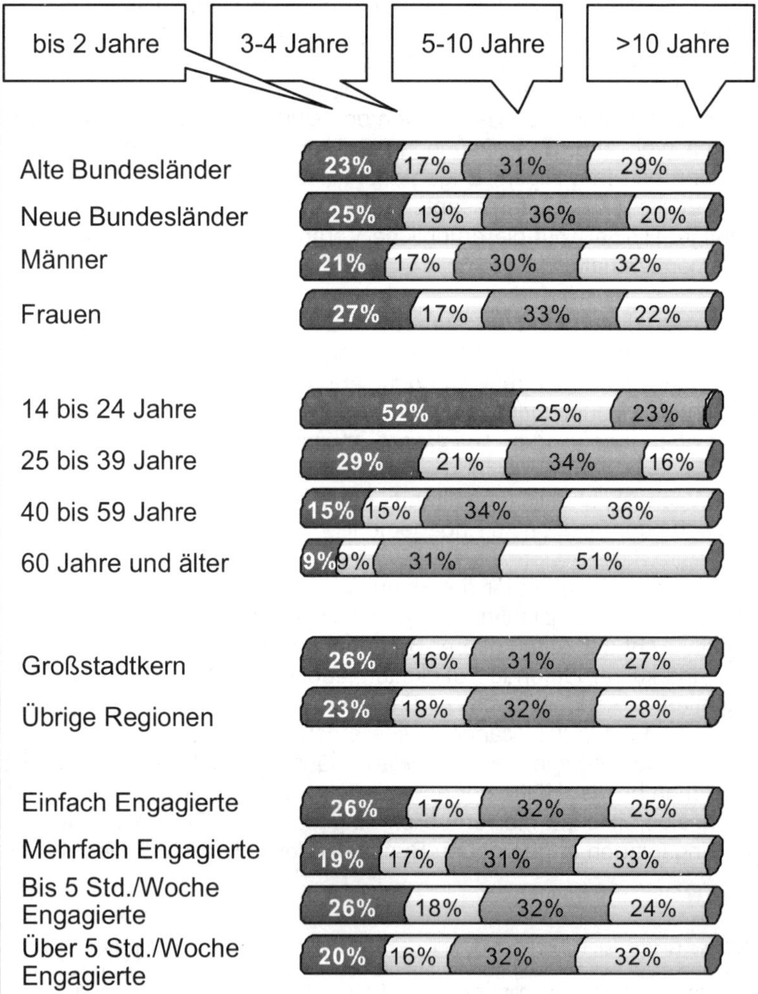

	bis 2 Jahre	3-4 Jahre	5-10 Jahre	>10 Jahre
Alte Bundesländer	23%	17%	31%	29%
Neue Bundesländer	25%	19%	36%	20%
Männer	21%	17%	30%	32%
Frauen	27%	17%	33%	22%
14 bis 24 Jahre	52%	25%	23%	
25 bis 39 Jahre	29%	21%	34%	16%
40 bis 59 Jahre	15%	15%	34%	36%
60 Jahre und älter	9%	9%	31%	51%
Großstadtkern	26%	16%	31%	27%
Übrige Regionen	23%	18%	32%	28%
Einfach Engagierte	26%	17%	32%	25%
Mehrfach Engagierte	19%	17%	31%	33%
Bis 5 Std./Woche Engagierte	26%	18%	32%	24%
Über 5 Std./Woche Engagierte	20%	16%	32%	32%

© ISAB-Institut Köln 4/2000, Freiwilligensurvey 1999. (n = 14.922)

Jahre engagieren, (in den neuen Bundesländern 20 % zu 29 % in den alten), ist auf den zehn Jahre früher erfolgten politischen und gesellschaftlichen Wandel zurückzuführen (vgl. Gensicke, Band 2, Teil 1).

Der Blick in die Zukunft des freiwilligen Engagements zeigt eine vergleichbare Größenordnung von 25 % aller Haupttätigkeiten, die nach Auskunft der Engagierten in absehbarer Zeit enden werden (vgl. Abb. 3.3). Etwa ein Drittel der absehbar endenden Tätigkeiten gehört gleichzeitig zu den eben beschriebenen kurzfristigen Tätigkeiten aus den letzten zwei Jahren, aber auch langjährig ausgeführte freiwillige Tätigkeiten sind darunter. Mit der Zugehörigkeit zu einer bestimmten Gruppe unter den Engagierten verändert sich der Anteil befristeter Tätigkeiten nur unwesentlich. Lediglich bei Engagierten mit geringerer Intensität sind befristete Tätigkeiten häufiger (ein Drittel zu einem Viertel der stärker zeitlich Engagierten).

Das Bild eines in Teilen zwar stabilen, in anderen aber wiederum sehr variablen und veränderlichen gesellschaftlichen Bereiche zeichnet sich auch in den Vorstellungen der Bürger/innen über persönliche Veränderungsmöglichkeiten ab. Jede/r sechste aktuell Engagierte wünscht sich die Einschränkung oder Beendigung der jetzigen freiwilligen Tätigkeit (vgl. Abb. 3.3).

Jede/r siebte kann sich eine Ausweitung vorstellen. 16 % der nicht Engagierten äußern ihre Bereitschaft, sich freiwillig zu engagieren. 24 % können es sich unter Umständen vorstellen. Auch dieses Potenzial ist angesichts der Übergänge in beide Richtungen bei der Betrachtung des freiwilligen Engagements zu berücksichtigen.

Alle Ergebnisse zur bisherigen sowie zur zukünftigen Dauer zusammen genommen zeigen auf, dass das freiwillige Engagement in erheblichem Umfang von Veränderungen und Fluktuation geprägt ist. Befristung und Wechsel kennzeichnen viele freiwillige Tätigkeiten. In dieser Hinsicht drängt sich eine große Ähnlichkeit mit dem Berufsleben auf. Bürger/innen engagieren sich teils mit, teils ohne Unterbrechung, mit unterschiedlicher Dauer, teils kurzfristig, teils langjährig, in gleichen oder wechselnden Bereichen, teilweise auch in verschiedenen Bereichen nebeneinander. Somit erweisen sich aber auch die Sichtbarkeit und die Zugänglichkeit der Engagementbereiche sowie der einzelnen freiwilligen Tätigkeiten als anhaltend aktuelle Themen, denn nicht zuletzt davon hängen die Möglichkeiten der Übernahme durch neue Personen ab. In der Arbeitswelt stellen Vermittlung, Stellenanzeigen und -gesuche zu diesem Zweck eine Selbstverständlichkeit dar, im freiwilligen Engagement hingegen (noch) nicht.

Abb. 3.3: Veränderungstendenzen und -möglichkeiten im freiwilligen Engagement

Freiwillig Engagierte (n = 5.033)

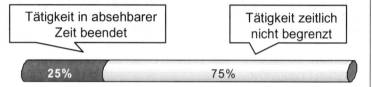

Tätigkeit in absehbarer Zeit beendet: 25%
Tätigkeit zeitlich nicht begrenzt: 75%

Wunsch, ausgeübte freiwillige Tätigkeit ...

aufzugeben: 5% | einzuschränken: 12% | wie bisher weiterzuführen: 67% | auszuweiten: 15%

Bereitschaft zur Ausweitung des freiwilligen Engagements

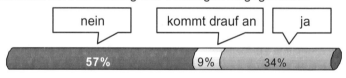

nein: 57% | kommt drauf an: 9% | ja: 34%

Nicht Engagierte (n = 9.738)

Bereitschaft zu freiwilligem Engagement

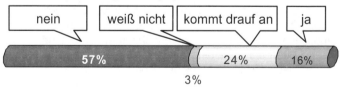

nein: 57% | weiß nicht: 3% | kommt drauf an: 24% | ja: 16%

© ISAB-Institut Köln 4/2000, Freiwilligensurvey 1999. (n = 14.922)

4 Zugang zum freiwilligen Engagement

Freiwilliges Engagement wird oft als Aktivität von Individuen interpretiert, die sich – mit welchem Motivationshintergrund auch immer – eigenverantwortlich einer gesellschaftlichen Aufgabe zuwenden. Der soziale Kontext bleibt dabei meist außer Betracht. Das Bild von den Engagierten, die sich ihr Tätigkeitsfeld aus eigener Motivation gesucht haben, ist jedoch ein weitgehend idealisiertes. Auf zwei Befragte, die durch ihre Eigeninitiative zu ihrer Haupttätigkeit fanden (38 %), kommen drei andere, die ihren Weg dahin vorrangig infolge einer Anfrage oder Werbemaßnahme gegangen sind (58 %), also durch eine Fremdinitiative angeregt wurden (vgl. Abb. 4.1). Die Tragweite dieses Ergebnisses ist nicht zu unterschätzen. Wenn die Mehrheit der Engagierten sich ihrer Aufgabe deshalb stellt, weil sie irgendwann einmal von anderen darauf angesprochen wurde, so lassen sich daraus weitere Schlussfolgerungen herleiten. Freiwilliges Engagement ist demnach kein Selbstläufer, sondern kann durch gezielte und werbende Ansprache gefördert werden. Allerdings bleibt die Frage offen, auf welchen Wegen eine gezielte Ansprache bisher erfolgte und inwieweit dennoch die eigene Initiative eine zusätzliche Voraussetzung für das Engagement war.

Um den Zugang zum freiwilligen Engagement überhaupt zu finden, sind Informationen über entsprechende Gelegenheiten die Mindestvoraussetzung, auch für bereits Interessierte. Die Ansprache durch andere Personen setzt dagegen Kontakte voraus, über die eine Bereitschaft zum Engagement geweckt oder aktiviert werden kann. Für die aktuell Engagierten kamen die wichtigsten Anstöße von anderen Engagierten, die selbst Leitungspositionen in Gruppen oder Organisationen innehatten (vgl. Abb. 4.1).

Dass vier von zehn Engagierten von dort entscheidende Anstöße erhielten (42 %), lässt vermuten, dass sich die meisten von ihnen schon vorher im Umfeld der in verantwortlichen Positionen Engagierten bewegten. Die Teilnahme an Aktivitäten, die Mitgliedschaft in einer Gruppe oder Organisation oder andere Formen der Einbindung sind daher als Hintergrund für einen Übergang ins Engagement bei vielen anzunehmen.

Die zweitwichtigste Gruppe der Anstoßgeber sind Personen aus dem unmittelbaren sozialen Umfeld: vor allem Freunde und Bekannte (35 %), aber auch Familienangehörige (12 %). Für ein Drittel aller Engagierten spielen persönliche Beziehungen zu anderen Aktiven oder freiwillig Engagierten demnach eine wesentliche Rolle. Diese Relevanz persönlicher Beziehungen für die Übernahme eines freiwilligen Engagements spricht auf der einen Seite für die Vorbildwirkung von Personen im näheren Umfeld vieler Engagierter. Auf der anderen Seite bildet das gemeinsame freiwillige Engagement selbst ein stabilisierendes Element für bestehende Beziehungen. Mehr als ein Viertel der Engagierten wurde aus eigener Betroffenheit freiwillig tätig (29 %). Anstöße durch Medien wie Presse, Radio oder Fernsehen führten bei 3 % der Engagierten zur Übernahme der Tätigkeit, ebenso Anstöße durch Informations- und Kontaktstellen für freiwilliges Engagement und Selbsthilfe.

Anstöße ersetzen nicht die Eigeninitiative. Vielmehr können sie mit ihr zusammenwirken. Eigeninitiative ist besonders wichtig bei medialen Hinweisen (78 %), außerdem bei der Vermittlung durch Informations- und Kontaktstellen (52 %). Aber selbst bei Anstößen aus Familie und Bekanntenkreis sehen 40 % der Engagierten die Eigeninitiative bei der Übernahme des Engagements im Vordergrund.

Am Beispiel der Medien sowie der vermittelnden Einrichtungen wird deutlich, dass auch bei vorhandener Bereitschaft konkrete Informationen über freiwilliges Engagement und Gelegenheiten zur Kontaktaufnahme ihren eigenen Stellenwert besitzen.

Die Rangfolge der Anstöße für freiwilliges Engagement kann leicht zu dem Missverständnis führen, dass darin die grundsätzliche Wertigkeit der Zugangswege zum Engagement zu erkennen sei. Eine solche Schlussfolgerung ist jedoch keineswegs zwangsläufig. Zum einen ist nicht bekannt, wie viele Bürgerinnen und Bürger oder interessierte Bürgerinnen und Bürger Anstöße aus der einen oder anderen Richtung erhalten, ohne dass diese zum Engagement führen. So bilden Millionen engagierter Personen ein enormes Potenzial für werbende Ansprache im Rahmen alltäglicher Kontakte mit noch nicht engagierten Bürgern.

Zum anderen sind insbesondere im Hinblick auf die Informations- und Kontaktstellen der Zeithorizont sowie die regionale Selektivität zu beachten, die ihre quantitative Wirkung bisher begrenzten. Des weiteren können die Personenkreise, die auf den verschiedenen Wegen erreichbar sind, sehr unterschiedlicher Natur sein.

Schließlich setzt die Wirksamkeit persönlicher Ansprache in der Regel die Existenz stabiler sozialer Beziehungen voraus. In einer mobilen Gesellschaft kann dies jedoch nur für einen Teil der Bürgerinnen und Bürger gelten, während der andere Teil auf öffentlich zugängliche Informationen und Kontakte angewiesen bleibt.

Abb. 4.1: Eigeninitiative und Anstöße für freiwilliges Engagement

Ging die Initiative eher von Ihnen selbst aus oder wurden Sie geworben oder gefragt, ob Sie die Aufgaben übernehmen wollen?

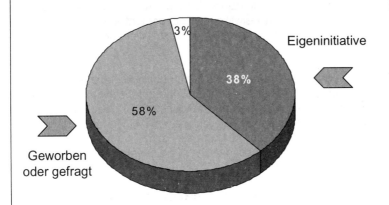

Wo kam für Sie damals der Anstoß her, die Tätigkeit zu übernehmen? Welche der folgenden Punkte treffen zu?

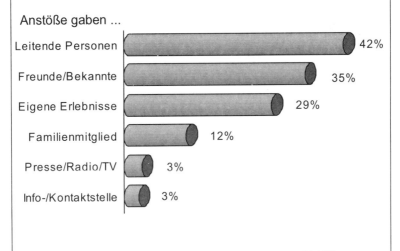

© ISAB-Institut Köln 4/2000, Freiwilligensurvey 1999. (n = 14.922)

Eine Frage, die nur durch praktische Erprobung beantwortet werden kann, ist die nach der Beeinflussbarkeit der Zugangswege. Persönliche Beziehungen können nur in sehr begrenztem Umfang über öffentliche Maßnahmen ausgeweitet werden. Ob auf diesem Weg Steigerungen bei der Aktivierung zu freiwilligem Engagement möglich sind, ist abhängig von der Praxis der Ansprache. Hingegen sind öffentliche Information und Kontaktvermittlung leichter zu gestalten. Die quantitative Gewichtung von Anstößen auf die Einschätzung ihrer zukünftigen Möglichkeiten zur Förderung von freiwilligem Engagement kann noch zu keiner qualifizierten Prognose führen, sondern gibt allein den Ist-Zustand wieder.

Beim Vergleich der Gruppen lassen sich nur geringe Unterschiede hinsichtlich der Eigeninitiative feststellen. Überdurchschnittlich initiativ sind Engagierte in den neuen Bundesländern (42%), die jüngeren Engagierten (43%) sowie die hoch Engagierten (44%). Jedoch wurde in allen Gruppen die Mehrheit der Engagierten aktiv, nachdem sie angefragt oder geworben wurden, so dass von grundsätzlichen Unterschieden keine Rede sein kann.

Überraschend ist das Ergebnis bei den jüngeren Engagierten. In dieser für den Nachwuchs an Engagierten wichtigen Bevölkerungsgruppe hätte ein erhöhter Anteil von angefragten und geworbenen Engagierten plausiblen Erwartungen entsprochen. Dass die Befragungsergebnisse dieser Vermutung nicht entsprechen, wirft die Frage auf, ob die Verbindungen zwischen den bereits „etablierten" Engagierten und dem potentiellen Nachwuchs nicht so eng und wirksam sind, wie dies im Sinne der Verstetigung des freiwilligen Engagements wünschenswert erschiene. Sollten die jüngeren Engagierten, die den Hauptanteil neuer Einsteiger ins Engagement bilden, häufiger als andere Gruppen auf ihre Eigeninitiative verwiesen sein, um zu einer freiwilligen Tätigkeit zu kommen, so wäre dies bedenklich im Hinblick auf die mittel- und längerfristige Situation freiwillig erbrachter Leistungen.[16]

Beim Vergleich der Gruppen springt nur eine Auffälligkeit ins Auge: Die jüngeren Engagierten geben häufiger Anstöße aus dem Freundes- und Bekanntenkreis an als andere Altersgruppen (vgl. Abb. 4.2).[17] Damit ist das Gewicht dieser Bezugsgruppe für die Vermittlung von Engagements etwa so groß wie das der Engagierten in leitenden Funktionen.

---

16 Vgl. die weiterführenden Ergebnisse bei Picot, Band 3, Teil2, Kap. 4.4
17 Zum sozialen Hintergrund vgl. Picot, Band 3, Teil 2, Kap. 2.8. Ein interessantes Phänomen ist in diesem Zusammenhang die größere Eigeninitiative junger Frauen gegenüber den jungen Männern. Vgl. Picot, Band 3, Teil 2, Kap. 4.2

Die stärker Engagierten erhielten den Anstoß für ihr Engagement seltener von Leitungspersonen als geringer Engagierte. Hier ist von vielfältigen Beziehungen in das entsprechende Umfeld auszugehen. Bei Engagierten in den neuen Bundesländern ist ein vergleichbarer Trend dagegen aus den Strukturveränderungen im Zuge des gesellschaftlichen und politischen Wandels erklärbar (vgl. Gensicke, Band 2, Teil 1).

Es bleibt festzuhalten, dass sich die verschiedenen Anstöße bei allen Gruppen in ähnlicher Verteilung wiederfinden. Einzig der Nachwuchs in den jüngeren Altersgruppen erhält seine Anregungen etwas häufiger aus der Peer Group als andere, was aktuellen Beobachtungen in anderen Bereichen jugendlicher Aktivitäten entspricht.

4.1 Besondere Zugänge zum freiwilligen Engagement durch Wahl und Berufung

Nicht jedes freiwillige Engagement beruht allein auf der freien persönlichen Entscheidung von Bürgern. Vielmehr sind bei einer Vielzahl von freiwilligen Tätigkeiten Einschränkungen und Besonderheiten zu beachten. Bei Wahlen handelt es sich um eine formelle Hürde, die vor einer solchen Tätigkeit zu nehmen ist. Bei Leitungspositionen oder bei der Mitarbeit in einem Team sind es nicht notwendig formelle Bedingungen, sondern die persönliche Akzeptanz der Personen im Umfeld oder anderer Engagierter, die über einen Zugang entscheiden. Hinzu kommen in manchen Fällen besondere äußere Bedingungen, durch die bei der Aufnahme der Tätigkeit nur eingeschränkt von Freiwilligkeit die Rede sein kann.

Die Wahl für eine freiwillige Tätigkeit ist insofern ein besonderer Zugangsweg, als sie neben der eigenen Bereitschaft, eine Tätigkeit zu übernehmen, die Zustimmung Anderer voraussetzt, die – in welcher Zusammensetzung und nach welchem Wahlmodus auch immer – ihre Zustimmung geben. Ein großer Teil der Engagierten, nämlich 41 %, haben ihre Haupttätigkeit auf diesem Weg übernommen und sind dafür mit einem Mandat aus ihrem Umfeld ausgestattet. Gewählte Engagierte gehören damit zur Normalität im freiwilligen Engagement. Sie belegen, dass sich dieses nicht in einem gesellschaftlichen Randbereich abspielt, sondern dass die Engagierten in bestehende soziale Zusammenhänge eingebunden sind und das Engagement Teil der demokratischen Kultur ist.

Zumindest die soziale Einbindung wird durch die Befunde zur Leitungstätigkeit und zur Einbindung in Teams ebenfalls bestätigt. Als Weg

Abb. 4.2 Anstöße für freiwilliges Engagement verschiedener Bevölkerungsgruppen

Wo kam für Sie damals der Anstoß her, die Tätigkeit zu übernehmen? Welche der folgenden Punkte treffen zu? (Mehrfachnennungen)

Anteil an Engagierten der Gruppe	Anstöße zur Übernahme der freiwilligen Tätigkeit gaben ...					
	leitende Person in der Organisation	Freunde, Bekannte	Familienangehörige	eigene Erlebnisse	Presse/ Radio/ TV	Informations-/ Kontaktstellen
	%	%	%	%	%	%
Alte Bundesländer	43	35	12	28	4	3
Neue Bundesländer	37	35	11	32	3	3
Männer	43	37	12	28	3	2
Frauen	42	33	12	29	4	4
14 bis 24 Jahre	44	43	13	26	3	2
25 bis 39 Jahre	45	35	13	28	3	2
40 bis 59 Jahre	41	34	12	28	4	3
60 Jahre +	39	31	10	32	5	3
Großstadtkern	41	32	11	31	4	3
Übrige Regionen	43	37	13	27	3	3
Einfach Engagierte	43	35	11	26	3	3
Mehrfach Engagierte	42	35	13	33	4	3
Bis 5 Std./W.	44	37	12	26	3	3
Über 5 Std./W.	40	34	12	34	5	3
Dauer bis 4 J.	47	33	10	27	5	3
Dauer über 4 J.	40	36	14	29	3	3

Quelle: © ISAB-Institut Köln 4/2000, Freiwilligensurvey 1999. (n = 14.922)

zu einer verantwortlichen Tätigkeit kommt neben der Wahl auch die Ernennung oder Einsetzung in eine Leitungsposition in Frage. Diese basiert ebenso auf sozialer Akzeptanz wie die Mitarbeit innerhalb eines

Teams, unabhängig davon, wie die Engagementübernahme formell vonstatten ging. 38 % aller Engagierten sind in Aufgaben mit besonderer Verantwortung tätig, nämlich als Leitungspersonen oder Vorstandsmitglieder. Fast drei Viertel engagieren sich im Team (73 %).

Somit bedarf die Feststellung keiner Diskussion, dass freiwillig Engagierte in der Regel in ihrer Umgebung zumindest Akzeptanz, wenn nicht sogar Unterstützung erleben. Gerade die gewählten und verantwortlichen Engagierten bestätigen dies dadurch, dass sie überdurchschnittlich häufig auf Anregung anderer zum Engagement kamen, weniger durch Eigeninitiative.

Während die Teameinbindung zwischen den verglichenen Gruppen kaum variiert, trifft dies auf Wahlen und Leitungspositionen deutlich zu (vgl. Abb. 4.3). Überdurchschnittlich häufig gewählt sind Männer, Engagierte zwischen 40 und 54 Jahren sowie mehrfach Engagierte. Die gleichen Gruppen treten auch durch Leitungs- und Vorstandsfunktionen hervor, wobei hoch und längerfristig Engagierte noch hinzu kommen. Dies spricht für eine Häufung von Tätigkeiten mit offiziellem Charakter bei diesen Gruppen. Die jüngste Altersgruppe mit Jugendlichen und jungen Erwachsenen fällt bei beiden Merkmalen am weitesten ab. Auch die Mädchen und Frauen liegen mit einer Chance auf ein offizielleres Engagement von etwa einem Drittel weit hinter den Männern mit 44 bis 47 %.

Kontinuität und Intensität des Engagements geben also den hauptsächlichen Hintergrund für herausgehobenes Engagement ab. Unabhängig davon besitzen Männer eine größere Chance zur Übernahme einer Leitungsaufgabe und bei Wahlen.[18]

Es klingt zwar fast wie ein Paradoxon, wenn von „eingeschränkter Freiwilligkeit" im „freiwilligen Engagement" die Rede ist, doch wie bei allen Abgrenzungskriterien gibt es auch hier eine Grauzone, die nicht unerwähnt bleiben soll. Die öffentliche Ernennung, wie sie dem Verfahren bei Schöffen entspricht[19], ist nicht Bestandteil der Befragung. Es handelt sich um ein klar abgrenzbares Einzelphänomen. Aus der Anzahl der Engagierten im Bereich „Justiz / Kriminalitätsprobleme", der noch weitere Gruppen Engagierter umfasst, ist ersichtlich, dass es hier um

---

18 Das Verhältnis von Frauen zu Männern unter gewählten und leitenden Freiwilligen ist bei einfach und mehrfach Engagierten jeweils fast identisch. Unter den Frauen gibt es überhaupt keinen signifikanten Unterschied zwischen den einfach und mehrfach Engagierten im Hinblick auf die Häufigkeit durch Wahl zugewiesener Engagements.
19 Vgl. Gerichtsverfassungsgesetz §§ 31 ff.

Abb. 4.3: Wahl und Leitungsaufgaben bei verschiedenen Bevölkerungsgruppen

Handelt es sich bei Ihrer Tätigkeit um ein Amt, in das man gewählt wird?
Haben Sie eine Leitungs- oder Vorstandsfunktion?

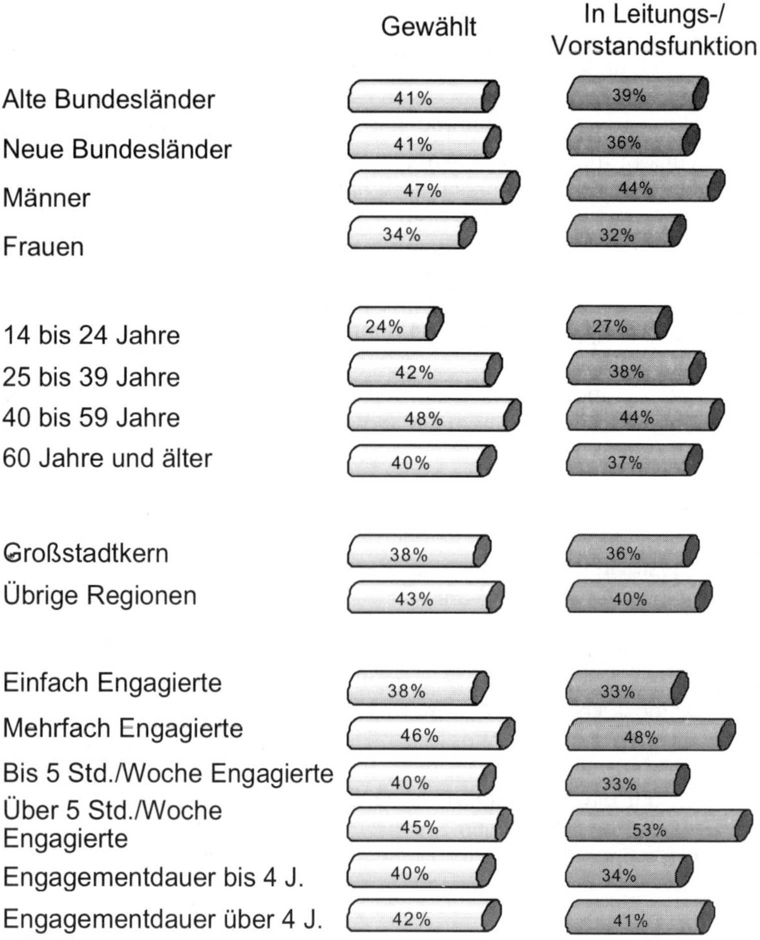

	Gewählt	In Leitungs-/ Vorstandsfunktion
Alte Bundesländer	41%	39%
Neue Bundesländer	41%	36%
Männer	47%	44%
Frauen	34%	32%
14 bis 24 Jahre	24%	27%
25 bis 39 Jahre	42%	38%
40 bis 59 Jahre	48%	44%
60 Jahre und älter	40%	37%
Großstadtkern	38%	36%
Übrige Regionen	43%	40%
Einfach Engagierte	38%	33%
Mehrfach Engagierte	46%	48%
Bis 5 Std./Woche Engagierte	40%	33%
Über 5 Std./Woche Engagierte	45%	53%
Engagementdauer bis 4 J.	40%	34%
Engagementdauer über 4 J.	42%	41%

© ISAB Institut Köln 4/2000, Freiwilligensurvey 1999. (n = 14.922)

einen Anteil deutlich unter 1 % aller Engagierten geht. Der übliche und gesetzeskonforme Weg zum Ehrenamt des Schöffen erfolgt durch Auswahl aus dem Kreis der wahlberechtigten Bürger, wobei die Ausübung laut Gesetz verpflichtend ist und auf Zeit verlangt wird. Hinweise auf die tatsächliche Praxis werden die bereichsbezogenen Analysen ergeben.

Auf dem gleichen quantitativen Niveau bewegt sich der Anteil derjenigen, die ein freiwilliges Engagement dem Wehr- und Zivildienst vorziehen.[20] Die Einschränkung der Freiwilligkeit wird hier in der Tatsache gesehen, dass die Betroffenen der Dienstpflicht nicht grundsätzlich ausweichen können. Der Weg zum Engagement beruht daher nur bedingt auf einer Freiheit der Entscheidung, nämlich als Wahl zwischen den drei Alternativen: Wehr-, Zivil- oder Hilfsdienst. Inwieweit daraus auch ein längerfristiges Engagement resultiert, das über die Zeit der Verpflichtung hinaus reicht, wird noch zu untersuchen sein (vgl. Kap. 5). Wegen der geringen Zahl der Engagierten, die sich zum Zeitpunkt der Befragung im dienstpflichtigen Alter befanden, wird auf weitere Analysen verzichtet.

Die eingeschränkte Freiwilligkeit bei der Übernahme freiwilliger Tätigkeiten ist zwar Teil der gesellschaftlichen Realität, aber eine eher marginale. Betrachtet man hingegen die weiteren „Besonderheiten" des Zugangs aus der quantitativen Perspektive, so verwandeln diese sich im Zuge der Analyse in durchaus „normale" Bedingungen des freiwilligen Engagements. Gemeinsame oder im Team abgestimmte Tätigkeiten nehmen im Engagement einen größeren Umfang ein als die Einzelleistung. Zwei von fünf engagierten Bürgerinnen und Bürgern heben sich durch Wahlmandate oder durch Leitungsaufgaben hervor. Das Bild vom vereinzelten motivierten und engagierten Freiwilligen entspricht also nur einem kleineren Ausschnitt aus der Wirklichkeit. Die Mehrheit der Engagierten bewegt sich in sozialen Bezügen, die sie und ihr Engagement mit tragen oder zumindest explizit akzeptieren. Vor diesem Hintergrund wird auch die große Bedeutung von Personen aus dem sozialen Umfeld verständlich und nachvollziehbar, die durch ihre Anstöße an der Übernahme von freiwilligen Tätigkeiten mitwirken.

---

20 In der Befragung sind diese Angaben allerdings auf diejenigen eingeschränkt, die vom Alter her noch unter die Dienstpflicht fallen können. Befragte ab 40 Jahren aufwärts können vorher aus den gleichen Gründen bei Rettungsorganisationen eingestiegen sein, sind hier aber nicht mehr erfasst. Diese Vorgehensweise berücksichtigt, dass sie akut nicht mehr in ihrer Freiwilligkeit eingeschränkt sind wie ihre jüngeren Kollegen, die der Dienstpflicht noch unterliegen.

Für die Förderung freiwilligen Engagements und die Vermittlung interessierter Bürgerinnen und Bürger ergeben sich aus diesen Befunden einige Antworten und weiterführende Fragen. Angesichts der Bedeutung sozialer Kontakte ist die Aufnahme freiwilliger Tätigkeiten in vielen Situationen selbst bei vorhandenem Interesse erschwert oder nur mit zeitlicher Verzögerung möglich. Dies gilt vor allem für räumlich mobile Bürger/innen, die erst soziale Beziehungen knüpfen müssen, bevor der Schritt ins Engagement möglich ist. So liegt die Überlegung nahe, dass je nach Engagementbereich und Organisationsform der Zugang zum Engagement nicht immer direkt erfolgen kann, sondern auf dem Umweg über die Teilnahme an Aktivitäten im Umfeld, durch die erst über die soziale Einbindung eine ausreichende Akzeptanz für freiwillige Tätigkeiten erreicht werden kann. Vermittlungsbemühungen richten sich als Konsequenz hieraus auf freiwilliges Engagement und Umfeldaktivitäten gleichermaßen.

4.2 Einstieg über berufliche Nähe zum freiwilligen Engagement

Das freiwillige Engagement grenzt sich gegenüber der beruflichen Tätigkeit per definitionem ab. Die Grenzen sind aber vielfach fließend, besonders wenn sich Engagierte in einem gemeinsamen organisatorischen Rahmen mit Hauptberuflichen bewegen. Als vorrangig werden zwei Fragen untersucht, die für den Zugang zum Engagement relevant sind:

– In welchem Umfang erfolgt die Übernahme eines freiwilligen Engagements aus dessen Nähe zu einer beruflichen Tätigkeit?
– Ist die Annäherung an ein Berufsfeld ein quantitativ relevantes Motiv, ein freiwilliges Engagement zu übernehmen, um berufliche Chancen zu verbessern?

Die erste Frage lässt sich aufgrund der vorliegenden Untersuchung nicht eindeutig beantworten.[21] 23 % der Engagierten sehen einen Zusammenhang zwischen ihrem freiwilligem Engagement und ihrer beruflichen Tätigkeit. Ob dieser in einer inhaltlichen Überschneidung oder in persönlichen Kontakten oder gar in beidem besteht, muss dahin gestellt bleiben. Doch erhärtet sich damit die Vermutung, dass es Verbindungswege zwischen beruflicher Sphäre und freiwilligem Engagement auf der inhaltlichen oder organisatorischen Ebene geben dürfte, die

---

21 Die Formulierung im Fragebogen ist etwas allgemeiner ausgefallen, als es für eine eindeutige Antwort erforderlich wäre: Frage B1-24: Hat Ihre ehrenamtliche Tätigkeit mit der beruflichen Tätigkeit zu tun, die Sie ausüben oder früher ausgeübt haben?

auch genutzt werden. Da sieben von acht dieser Engagierten auf erforderliches Fachwissen für das jeweilige Engagement verweisen, besteht zumindest eine deutliche inhaltliche Übereinstimmung zwischen beruflichen und freiwilligen Aufgaben. Die Verfügung über berufliche Kenntnisse kann somit auch als Selektions- oder als Selbstselektionskriterium für freiwilliges Engagement zur Wirkung kommen.[22] Entsprechende Anforderungen sind bei der Vermittlung zwischen Interessierten und Organisationen des freiwilligen Engagements zu beachten.[23]

Die im Vergleich betrachteten Gruppen unterscheiden sich hinsichtlich der Nähe zur beruflichen Tätigkeit vor allen Dingen in der Intensität ihres Engagements (vgl. Abb. 4.4). Die offensichtliche Altersabhängigkeit, der zufolge mit dem Alter auch die Häufigkeit eines beruflichen Zusammenhangs steigt, ist zumindest in Teilen als zwangsläufig einzustufen, da viele Jüngere noch nicht oder erst seit kurzer Zeit im Berufsleben stehen. Auffallend ist, dass die Männer seltener einen Bezug zwischen freiwilligem Engagement und Berufsarbeit herstellen, obwohl sie häufiger berufstätig sind.

Berufliche Aspekte können eine weitere Wirkung auf freiwilliges Engagement erzielen. Auf die Motivation von Engagierten zielt die Frage ab, ob Interesse an einer beruflichen Ausübung vorliegt. Sie wurde immerhin von 6 % der Engagierten bejaht.[24] Unter den jungen Engagierten verdoppelt sich der Kreis derjenigen, die an einer beruflichen Ausübung der Tätigkeiten Interesse zeigen.[25]

Mit zunehmendem Alter wird er kleiner, während der Zusammenhang zur Berufstätigkeit sich gleichzeitig etwas verdichtet. Auch mit größerem Zeitaufwand für das Engagement steigt der Anteil der an einer beruflichen Ausübung Interessierten auf 10 %, während deren Anteil mit zu-

---

22 Ob es sich dabei um objektive Anforderungen handelt, oder ob sich diese Ansprüche aufgrund zunehmender beruflicher Qualifikation auch im freiwilligen Engagement ausbreiten, ist für die Zugangsfrage unerheblich. Denn sowohl subjektive wie objektive Anforderungen können zu vergleichbaren Ergebnissen bei der Aufteilung von Aufgaben, nämlich zu einer zunehmenden Qualifizierung freiwilliger Tätigkeiten, führen.
23 Einen Zusammenhang zwischen freiwilligem Engagement und Beruf sehen 15 % der Engagierten mit Volks- bzw. Hauptschulabschluss, aber 43 % der Engagierten mit Hochschulabschluss. Als Konsequenz können daraus allerdings höhere fachliche Anforderungen an freiwillige Tätigkeiten herrühren, weil berufliche Handlungsmuster auf das freiwillige Engagement übertragen werden. Dies ist bei einer engen Zusammenarbeit von Freiwilligen und Hauptberuflichen zu beachten. Ein vermehrter Bedarf an fachlicher Weiterbildung bei Freiwilligen kann daraus resultieren.
24 Diese Frage wurde nur solchen freiwillig Engagierten gestellt, die aussagten, dass ihre Tätigkeit auch von Hauptamtlichen erbracht würde. Auf 26 % aller Engagierten traf dies zu.
25 Vgl. auch die Aussagen zum besonderen Interesse von Mädchen und jungen Frauen bei Picot, Band 3, Teil 2, Kap. 2.6 und 4.2.

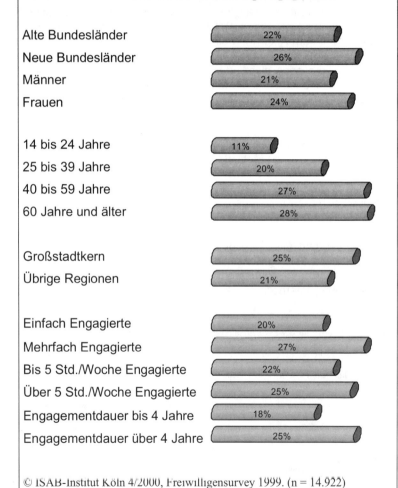

Abb. 4.4: Zusammenhang zwischen beruflicher Tätigkeit und Engagement

Hat Ihre ehrenamtliche Tätigkeit mit der beruflichen Tätigkeit zu tun, die Sie ausüben oder früher ausgeübt haben?

Ein Zusammenhang zum (früheren) Beruf besteht bei ... freiwillig Engagierten.

Alte Bundesländer	22%
Neue Bundesländer	26%
Männer	21%
Frauen	24%
14 bis 24 Jahre	11%
25 bis 39 Jahre	20%
40 bis 59 Jahre	27%
60 Jahre und älter	28%
Großstadtkern	25%
Übrige Regionen	21%
Einfach Engagierte	20%
Mehrfach Engagierte	27%
Bis 5 Std./Woche Engagierte	22%
Über 5 Std./Woche Engagierte	25%
Engagementdauer bis 4 Jahre	18%
Engagementdauer über 4 Jahre	25%

© ISAB-Institut Köln 4/2000, Freiwilligensurvey 1999. (n = 14.922)

nehmender Engagementdauer sinkt. In den beiden am stärksten interessierten Gruppen gibt jeder Dritte an, dass auch Hauptamtliche vergleichbare Leistungen erbringen, während dies sonst nur jeder Vierte tut.

Freiwilliges Engagement und Berufswelt sind für viele engagierte Bürgerinnen und Bürger somit keine strikt getrennten Bereiche, sondern in mehrfacher Hinsicht mit einander verzahnt. Ungeachtet der fehlenden Quantifizierbarkeit im Einzelnen kann hier soviel festgestellt werden, dass Kenntnisse und Kontakte aus der Berufswelt für das freiwillige Engagement in dem genannten Umfang bedeutsam sind.

Je qualifizierter die Ausbildung ist, um so größer ist auch die Chance, Verbindungen zwischen Engagement und Beruf herzustellen. Da unter den verbeamteten Engagierten der Anteil derjenigen, die einen Zusammenhang zum Beruf herstellen, am größten ist, kann es auch nicht mehr überraschen, dass dies für 36 % der im öffentlichen Dienst beschäftigten Engagierten gilt. Noch stärker ist der Zusammenhang zum Beruf allerdings mit 53 % bei Beschäftigten ausgeprägt, die in gemeinnützigen, nicht gewinnorientierten Organisationen arbeiten oder arbeiteten. In welche Richtung die Ausstrahlung erfolgt, ob Anregungen zum freiwilligen Engagement vom Beruf oder für die Berufswahl von freiwilligen Tätigkeit ausgehen, ist dabei offen. Jedenfalls ist diese Verbindung zum Berufsleben wesentlich relevanter als das Interesse am Zugang zu einem Berufsfeld.

Angesichts der zunehmenden Erwerbstätigkeit sind dies erfreuliche Befunde, zeigen sie doch, dass Beruf und freiwilliges Engagement nicht einfach nur konkurrierende Ansprüche an die Zeitverwendung darstellen, sondern auch zweckmäßige Verbindungen eingehen.

5 Zugangswege in verschiedene Bereiche des freiwilligen Engagements

Die freiwillig Engagierten wurden bisher insgesamt betrachtet, unabhängig von den Bereichen, in denen sie sich engagieren, um allgemeine Merkmale und Strukturen zu erkennen, die freiwilliges Engagement gegenwärtig ausmachen. Dieses lebt jedoch im Grunde davon, dass Bürgerinnen und Bürger sich für ganz bestimmte Tätigkeiten interessieren und engagieren. Die Untersuchung der Zugangswege hat gezeigt, dass das soziale Umfeld eine wesentliche Rolle bei der Entscheidung spielt, ob sich jemand engagiert. Aber auch die Inhalte des Engagements sind nicht beliebig, sondern vielfach der Hauptbeweggrund, sich erst selbst aktiv zu beteiligen und sich dann freiwillig weitergehend für eine Sache oder andere Menschen zu engagieren. Ein stabiler sozialer oder organisatorischer Kontext ist vielfach nur die notwendige Voraussetzung, um angestrebte Aktivitäten überhaupt realisieren zu können. Engagierte begreifen sich primär als Sportler oder Sportbegeisterte, als engagierte Eltern, als Kulturförderer oder Musikfreunde usw. Themen und Tätigkeiten unterliegen aber dem Wandel von Interessen und Bedürfnissen der Bürger. Daher sind Unterschiede im Umfang und beim Zugang zu verschiedenen freiwilligen Tätigkeiten, aber auch Veränderungen über die Zeit als normal anzusehen.

An dieser Stelle ist ein Hinweis auf das methodische Vorgehen bei der Befragung unerlässlich, um wichtige Begrifflichkeiten zu erläutern. Die ausführliche methodische Diskussion im Vorfeld der Befragung ist bei Klages, Band 2, Teil 2 nachzulesen. Hier beschränkt sich die Darstellung auf die mit dem Fragebogen verbundenen Festlegungen. Die 14 möglichen Bereiche für freiwilliges Engagement wurden den Befragten vorgegeben:

1	Sport und Bewegung	z. B. in einem Sportverein oder in einer Bewegungsgruppe
2	Kultur und Musik	z. B. einer Theater- oder Musikgruppe, einem Gesangsverein, einer kulturellen Vereinigung oder einem Förderkreis
3	Freizeit und Geselligkeit	z. B. in einem Verein, einer Jugendgruppe oder einem Seniorenclub
4	Sozialer Bereich	z. B. in einem Wohlfahrtsverband oder einer anderen Hilfsorganisation, in der Nachbarschaftshilfe oder einer Selbsthilfegruppe

5	Gesundheitsbereich	z. B. als Helfer in der Krankenpflege oder bei Besuchsdiensten, in einem Verband oder einer Selbsthilfegruppe
6	Schule / Kindergarten	z. B. in der Elternvertretung, der Schülervertretung oder einem Förderkreis
7	Außerschulische Jugendarbeit / Bildungsarbeit für Erwachsene	z. B. in der Betreuung von Kinder- oder Jugendgruppen, der Durchführung von Bildungsveranstaltungen
8	Umwelt, Naturschutz oder Tierschutz	z. B. in einem entsprechenden Verband oder Projekt
9	Politik und politische Interessenvertretung	z. B. in einer Partei, im Gemeinderat oder Stadtrat, in politischen Initiativen oder Solidaritätsprojekten
10	Berufliche Interessenvertretung außerhalb des Betriebs	z. B. in einer Gewerkschaft, einem Berufsverband, einer Arbeitsloseninitiative
11	Kirchlicher / religiöser Bereich	z. B. in der Kirchengemeinde, einer kirchlichen Organisation oder einer religiösen Gemeinschaft
12	Justiz / Kriminalitätsprobleme	z. B. als Schöffe oder Ehrenrichter, in der Betreuung von Straffälligen oder Verbrechensopfern
13	Unfall- / Rettungsdienst / freiwillige Feuerwehr	[keine weitere Erläuterung]
14	Sonstige bürgerschaftliche Aktivität am Wohnort	z. B. Bürgerinitiativen oder Arbeitskreise zur Orts- und Verkehrsentwicklung, aber auch Bürgerclubs und sonstiges, das bisher nicht genannt wurde

Es wurden nun in zwei Schritten drei Personengruppen unterschieden. Zunächst wurden die aktiv Beteiligten in jedem Bereich erfasst, im zweiten Schritt die Untergruppe der darüber hinaus freiwillig oder ehrenamtlich Engagierten identifiziert. Die dritte Gruppe bilden die nicht aktiv Beteiligten. Alle Engagierten sind damit gleichzeitig auch aktiv Beteiligte, aber nicht umgekehrt. Wenn im folgenden von den „aktiv Beteiligten" die Rede ist, sind die „freiwillig Engagierten" nicht mit enthalten, um die Unterschiede zwischen beiden Gruppen stärker zu verdeutlichen und die Anschaulichkeit zu verbessern. 34% sind nicht aktiv Beteiligte. 32% sind aktiv Beteiligte. 34% sind freiwillig Engagierte. Eine weitere Differenzierung hinsichtlich der Häufung von freiwilligen Tätigkeiten nimmt von Rosenbladt mit der sogenannten Engagement-Skala vor (vgl. Abb. 4, Band 1).

Quantitativ ist der Bereich „Sport und Bewegung" für das freiwillige Engagement am bedeutsamsten (vgl. Abb. 5.1). Jede/r Neunte engagiert sich dort. Zum vorderen Mittelfeld (4 bis 6 % aller Befragten) gehören so unterschiedliche Bereiche wie „Schule / Kindergarten", „Freizeit und Geselligkeit", der kirchliche / religiöse und der soziale Bereich sowie „Kultur und Musik". Danach bilden „Politik und politische Interessenvertretung", „Unfall / Rettungsdienst / freiwillige Feuerwehr" und „Berufliche Interessenvertretung außerhalb des Betriebes" das hintere Mittelfeld (zwischen 2 und 3 %). In allen weiteren Engagementbereichen betätigen sich jeweils weniger als 2 % der Befragten.

Der Umfang der aktiv Beteiligten, aber nicht freiwillig engagierten Personen entspricht in etwa dem der Engagierten, er variiert allerdings erheblich nach Engagementbereichen. Die Rangfolge der Bereiche, die sich aus der Größe des Aktivenanteils ergibt, ist eine andere als beim Engagiertenanteil.

Die auf Freizeitgestaltung ausgerichteten Bereiche wie „Sport und Bewegung", „Freizeit und Geselligkeit" sowie „Kultur und Musik" weisen die größten Zahlen Aktiver im Umfeld des freiwilligen Engagements auf. Erheblich niedriger in der Rangfolge bewegen sich „Schule / Kindergarten" und der „Kirchliche / religiöse Bereich". Dies bedeutet, dass im Umfeld der hierfür Engagierten vergleichsweise wenige Bürgerinnen und Bürger Aktivitäten auf niedrigerem Niveau entfalten: beispielsweise durch die Teilnahme an Veranstaltungen oder anderen organisierten Aktivitäten. Der Kreis der aktiv Beteiligten ohne freiwilliges Engagement ist in seiner doppelten Bedeutung zu sehen. Zum einen sind die Teilnehmer/innen daran vielfach direkte Nutznießer der freiwilligen Tätigkeiten. Für sie wird organisiert und gestaltet. Mit dem Umfang der aktiv Beteiligten wächst daher in vielen Fällen der Bedarf an freiwilligen Tätigkeiten. So würde mit der Zahl der aktiv Sporttreibenden beispielsweise der Bedarf an Betreuern und an organisatorischen Aufgaben, die von Engagierten zu erbringen sind, steigen oder sinken. Zum anderen bilden diese aktiv Beteiligten, die sich (noch) nicht freiwillig engagieren, jedoch auch ein Potenzial für die direkte persönliche Ansprache auf die Übernahme freiwilliger Tätigkeiten. Je näher sich Personen eines Bereichs um die Engagierten bewegen, um so größer dürfte die Chance sein, dass sie auf eine freiwillige Mitwirkung angesprochen werden können oder in diese sukzessive hineinwachsen. Auch die motivationalen Voraussetzungen für die Übernahme eines Engagements sind dann eher erfüllt.

Je mehr Interessenten an Sport, Kultur oder Naturschutz vorhanden sind, um so eher lassen sich darunter auch Personen ausfindig machen, die zu einem weitergehenden Engagement bereit sind.

Die Relation von aktiv beteiligten zu freiwillig engagierten Bürgerinnen und Bürgern innerhalb eines Bereichs zeigt auf, welche Möglichkeiten der Ansprache in einem Bereich bestehen. Da neben dem gemeinsamen Interesse an bereichsspezifischen Themen und Aktivitäten außerdem Ähnlichkeiten in der Sozialstruktur und den Werteorientierungen bei den Kreisen der aktiv Beteiligten und der Engagierten bestehen, ist deren Relation als Indikator für ein bestimmtes Engagementpotenzial anzusehen (vgl. Klages, Band 2, Teil 2). Als Indikator für den Bedarf an freiwilligen Tätigkeiten eignet sie sich hingegen nicht, da viele Leistungen freiwillig Engagierter auch für nicht aktiv beteiligte Personen erbracht werden.

Aus dem Verhältnis dieser beiden Gruppen ergibt sich eine neue Rangfolge der Engagementbereiche (vgl. Abb. 5.2). „Umwelt, Naturschutz / Tierschutz" rangieren mit „Freizeit und Geselligkeit" an der Spitze. Hier kommen auf eine/n freiwillig Engagierte/n fast vier aktiv Beteiligte. Mit drei aktiv Beteiligten auf eine/n Engagierte/n ist auch das Verhältnis in der „Beruflichen Interessenvertretung", dem „Gesundheitsbereich" und bei „Bürgerschaftlicher Aktivität am Wohnort" sehr positiv. „Sport und Bewegung" nehmen hier einen Mittelplatz ein. In Bereichen wie „Schule / Kindergarten", in denen mit Schülern und Eltern eine Erneuerung des Potenzials fortlaufend garantiert ist, kann trotz der angezeigten Relation eine defizitäre Entwicklung ausgeschlossen werden. Gleiches gilt, wenn gesetzliche Vorgaben zumindest partiell für eine Auffüllung entstehender Lücken sorgen können.[26] Im „kirchlichen / religiösen Bereich" gibt es eine solche Sicherheit beispielsweise nicht.

5.1 Wahl der Engagementbereiche durch verschiedene Bevölkerungsgruppen

Die weitere Blickrichtung geht nun dahin, genauer zu beschreiben, welche Engagementbereiche verschiedene Bevölkerungsgruppen bevorzugen. Daraus kann abgeleitet werden, welche Bereiche für deren Einstieg ins freiwillige Engagement besonders relevant sind. Des weiteren lassen sich verschiedene Engagementtypen den Engagementbereichen deutlicher zuordnen und dadurch Einstiegsvoraussetzungen benennen.

---

[26] Die Durchsicht der Tätigkeitsbeschreibungen erweckt den Eindruck, dass die Schöffen zumindest die größte einheitliche Gruppe der Engagierten im Bereich „Justiz und Kriminalitätsprobleme" bilden.

Abb. 5.1: Freiwillig Engagierte und aktiv Beteiligte in verschiedenen Bereichen

Bitte sagen Sie mir, ob Sie sich in einem oder mehreren dieser Bereiche aktiv beteiligen.
[Wenn ja:] Haben Sie derzeit in diesem Bereich auch Aufgaben oder Arbeiten übernommen, die Sie freiwillig oder ehrenamtlich ausüben?

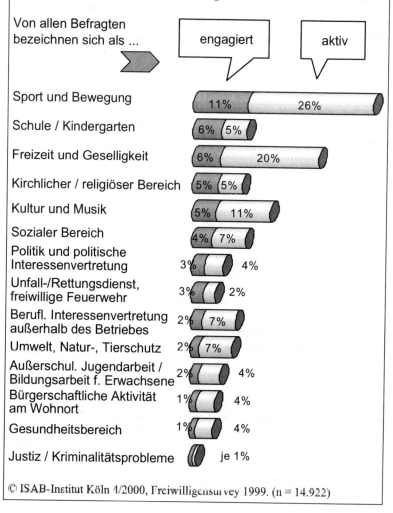

© ISAB-Institut Köln 1/2000, Freiwilligensurvey 1999. (n = 14.922)

Da für die spezifische Fragestellung, die den Zugang zum Engagement in den Vordergrund rückt, auf die selben empirischen Ergebnisse wie andere Autoren in Band 1 bis 3 zurückgegriffen wird, erfolgen mehrfache Verweise auf die dort veröffentlichten Ergebnisse zu einzelnen Bevölkerungsgruppen.

Im Vergleich zwischen den Bundesländern fallen neben der höheren Engagiertenrate in den alten Bundesländern einige Besonderheiten zwischen den Engagementbereichen ins Gewicht. Ähnlich viele Engagierte finden sich in Ost und West in solchen Bereichen, die institutionalisiert sind: in „Schule / Kindergarten", in „Politik und politischer Interessenvertretung" sowie in „Unfall / Rettungsdienst / freiwillige Feuerwehr" (vgl. Gensicke, Band 2, Teil 1). Feste Strukturen fördern demnach das Engagement, während die Abstände in überwiegend selbstorganisierten Bereichen – mit einer Ausnahme - durchgängig vergleichbar sind.[27] Das vergleichsweise niedrige Engagementniveau im kirchlichen / religiösen Bereich hat seinen Ursprung im Verlust der gesellschaftlichen Bedeutung der Kirche in der DDR und muss wegen dieser Voraussetzungen auch als Besonderheit bewertet werden. Die Kreise aktiv Beteiligter erreichen in den neuen Bundesländern zwar insgesamt fast das Westniveau, doch in den einzelnen Bereichen ist der Abstand weitgehend parallel zum freiwilligen Engagement. Wenn das freiwillige Engagement in den neuen Bundesländern insgesamt wachsen soll, so bietet es sich an, das Augenmerk sowohl auf die direkte Förderung als auch auf die Förderung von Aktivitäten in den Engagementbereichen zu richten.[28]

Deutlicher zeichnen sich Unterschiede im freiwilligen Engagement ab, wenn der Vergleich zwischen Jungen und Männern auf der einen Seite und zwischen Mädchen und Frauen auf der anderen angestellt.[29] Während etwa vier von zehn Männern sich freiwillig engagieren, tun dies drei von zehn Frauen (vgl. Zierau, Band 3, Teil 1). Des weiteren gibt es unterschiedliche Domänen. Zwar ist der Bereich „Sport und Bewegung" für beide Geschlechter der größte Engagementbereich, doch bereits hier sind Männer doppelt so häufig freiwillig engagiert wie Frauen. Auffallende Männerdomänen sind außerdem „Unfall / Rettungsdienst / freiwillige Feuerwehr", die „Berufliche Interessenvertretung außerhalb des

---

27 Der Anteil der Aktiven in den neuen Bundesländern liegt in diesen Bereichen jedoch deutlich unterhalb des Westniveaus. Dies bedeutet, dass das freiwillige Engagement aus einem kleineren Personenpool gewonnen wird.
28 Dieses Ergebnis impliziert, dass sich die aktiv Beteiligten in den neuen Bundesländern stärker auf einzelne Aktivitäten konzentrieren.
29 Im weiteren Text wird aus Vereinfachungsgründen bei fehlender Altersdifferenzierung nur noch von Männern und Frauen gesprochen. Die Jugendlichen ab 14 Jahren sind in der jeweiligen Geschlechtsbezeichnung mit enthalten.

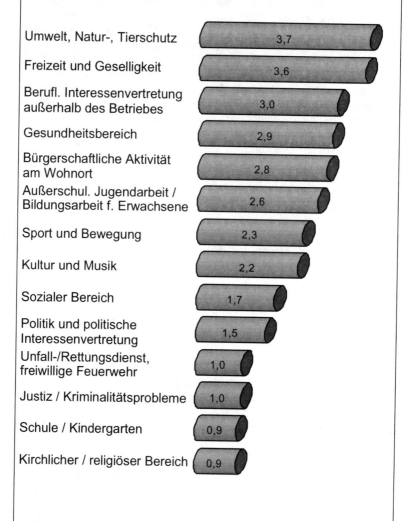

Betriebes" und „Politik und politische Interessenvertretung". Umgekehrt engagieren sich Frauen häufiger in Bereichen, die ihrer traditionellen Rolle nahe stehen, wie im Sozial- und Gesundheitsbereich, in „Schule / Kindergarten" sowie im „kirchlichen / religiösen Bereich". Unter den aktiv Beteiligten sind andere Gewichtungen festzustellen, die Auswirkungen auf das Potenzial für freiwilliges Engagement haben können. Beispielsweise sind Frauen in „Sport und Bewegung" stärker beteiligt. Mit Ausnahme des Bereichs „Politik und politische Interessenvertretung" fallen auch die Relationen von aktiv Beteiligten zu Engagierten in den anderen Männerdomänen für die Frauen positiver aus, so dass hier durchaus Chancen für eine vermehrte Ansprache zu sehen sind. Da diese bisher nicht erfolgreich genutzt wurden, können geschlechtsspezifische Rollenmuster verantwortlich sein. In keinem Bereich, in dem sich Frauen bereits bevorzugt engagieren, gibt es hingegen entsprechende Hinweise auf einen besonders großen Kreis aktiv beteiligter Männer.

Die am häufigsten engagierte Altersgruppe ist mit 40 % die des mittleren Erwachsenenalters. Danach folgen die Jüngeren bis zu 24 Jahren mit 37 % und die jüngeren Erwachsenen mit 34 %. Die Senioren fallen demgegenüber mit 29 % etwas ab. Im Vergleich der Altersgruppen sind erhebliche Differenzen hinsichtlich der bevorzugten Engagementbereiche erkennbar. In der für den Zugang zum freiwilligen Engagement sehr wichtigen Altersgruppe der 14- bis 24-jährigen steht der Sport mit weitem Abstand an erster Stelle, was aber auch für die Erwachsenen - außer den Senioren – zutrifft (vgl. Picot, Band 3, Teil 2). Bevorzugt werden vor allem die freizeitorientierten Bereiche, was durch die aktiv Beteiligten noch verstärkt wird. Hinzu kommt die Schule als wichtiger Ort für freiwilliges Engagement. Dort ist jedoch zu berücksichtigen, dass auch ohne eine besondere Aktivität der Übergang zum freiwilligen Engagement häufig vorkommt, zum Beispiel durch die Wahl zur Schülervertretung. Im „kirchlichen / religiösen Bereich" ist die Situation hinsichtlich der aktiven Beteiligung und des freiwilligen Engagements vergleichbar mit „Schule / Kindergarten", allerdings bestehen hier andere Hürden, um junge Menschen rasch zu Aktivitäten oder gar zum freiwilligen Engagement hinführen zu können.

In der Haupterwerbsphase zwischen 25 und 59 Jahren ist der Anteil an freiwillig Engagierten bei den über 40-jährigen höher, mit 40 % der höchste überhaupt, dafür ist deren Anteil an aktiv Beteiligten im gleichen Umfang verringert. In den wichtigsten Bereichen stimmen die beiden Gruppen weitgehend überein. Die Reihenfolge, in der sich diese Erwachsenen engagieren, ist auf den ersten fünf Plätzen identisch:

„Sport und Bewegung", „Schule / Kindergarten", „Freizeit und Geselligkeit", „Kultur und Musik" und gleichauf damit „Kirchlicher / religiöser Bereich". Freizeitorientierung und Elternverantwortung könnten als Überschriften über diesen Prioritäten stehen. Erst bei den Bereichen mit geringerer Engagiertenzahl treten Differenzen auf. Für die Verteilung der nicht engagierten, aber aktiv beteiligten Bürgerinnen und Bürger gelten die oben gemachten allgemeinen Ausführungen uneingeschränkt.

Im Seniorenalter stehen Engagements in „Sport und Bewegung" auch noch an der Spitze, aber mit geringerem Abstand und gefolgt vom „kirchlichen / religiösen Bereich" (vgl. Brendgens / Braun, Band 3, Teil 3). Mit dem sozialen Bereich, „Freizeit und Geselligkeit" sowie „Kultur und Musik" folgen weitere Engagementbereiche, die für die Lebensgestaltung im Alter große Bedeutung besitzen. Die freizeitorientierten Bereiche weisen hier wie in allen jüngeren Altersgruppen deutlich höhere Anteile an aktiv Beteiligten aus. Im „kirchlichen / religiösen Bereich" ist auch hier die Relation am geringsten.

Das Alter, in dem die Engagierten ihre aktuelle Haupttätigkeit aufnahmen, bestätigt wichtige Befunde. Mit einem Altersdurchschnitt von 22 Jahren sind die Engagierten in „Unfall / Rettungsdienst / freiwillige Feuerwehr" mit Abstand die jüngsten „Einsteiger" in ihre noch ausgeübte freiwillige Tätigkeit (vgl. Abb. 5.3). Für die Bereiche auf den nachfolgenden Rängen ist typisch, dass sich dort sowohl sehr junge als auch ältere Menschen freiwillig engagieren. Im Durchschnitt mehr als 40 Jahre alt waren Engagierte im Sozial- und Gesundheitsbereich, in „Justiz / Kriminalitätsprobleme" und in „Bürgerschaftlicher Aktivität am Wohnort", als sie ihre jetzige Tätigkeit aufnahmen. Die Ansprechbarkeit auf bestimmte freiwillige Tätigkeiten weist damit relativ klare Bezüge zu den altersspezifischen Themen auf. Es ist davon auszugehen, dass die Bereiche mit höherem Einstiegsalter auch diejenigen sind, in die Engagierte aus früheren Tätigkeiten umgestiegen sind.

Für Bestrebungen, freiwilliges Engagement zu fördern, ergeben sich aus der Analyse der Gruppen und Bereiche wichtige Hinweise. Die Präferenzen und Aktivenkreise zeigen zum einen Anhaltspunkte, für welche Bereiche die verschiedenen Gruppen leichter anzusprechen sind, wo bereits Bürgerinnen und Bürger im Umfeld der Engagierten aktiv beteiligt sind, auf die sich verstärkte Bemühungen richten könnten, verdeutlichen damit aber gleichzeitig die erhöhten Schwierigkeiten, andere Gruppen einzubeziehen.[30]

---

[30] Die Auswahl von Merkmalen ist an der Konzentration auf wesentliche Aussagen orientiert. Dennoch soll hier der Hinweis nicht fehlen, dass zum Beispiel die berufliche Stellung für die

In einem nächsten Schritt werden die Engagementbereiche im Hinblick auf spezifische Engagementmerkmale näher untersucht, um die Voraussetzungen für ein derartiges Engagement näher beschreiben zu können. Insgesamt engagieren sich knapp zwei Drittel in einem Engagementbereich und bis zu fünf Stunden pro Woche (vgl. Abb. 5.4).

Obwohl beide als Indikatoren für die Intensität des Engagements angesehen werden können, sind sie nicht für die selben Bereiche charakteristisch. Mehrfachengagierte findet man überdurchschnittlich häufig in den sozialen und pädagogischen Bereichen, „Schule / Kindergarten" ausgenommen, sowie in Lobbyaufgaben wie der beruflichen und politischen Interessenvertretung.

Letztere ist der einzige Bereich, in dem mehrfach Engagierte die Mehrheit stellen (52 %). Personen mit nur einer freiwilligen Tätigkeit sind überdurchschnittlich in „Umwelt, Naturschutz / Tierschutz", „Unfall / Rettungsdienst / freiwillige Feuerwehr", „Schule / Kindergarten", „Sport und Bewegung", „Freizeit und Geselligkeit" sowie bei „Bürgerschaftlicher Aktivität am Wohnort" vertreten.

Allerdings sind die Abweichungen vom Durchschnitt nicht sehr groß. Gemessen am Zeitvolumen, das die Engagierten insgesamt aufwenden, gibt es ebenfalls einen Spitzenreiter, in dem die Mehrheit mindestens sechs Stunden pro Woche tätig ist, nämlich den Gesundheitsbereich (52%).

Weiterhin gibt es in „Umwelt, Naturschutz / Tierschutz", „Justiz / Kriminalitätsprobleme", dem Sozialbereich und in „Politik und politischer Interessenvertretung" überdurchschnittlich häufig hoch engagierte Personen. Selten kommt dies bei Tätigkeiten in Schulen und Kindergärten vor, wo Mitwirkende mit einem Zeiteinsatz unter sechs Stunden als Regel angesehen werden können (83%).[31] Alle anderen Engagementbereiche liegen in einer Spannweite von fünf Prozentpunkten um den Durchschnitt von 64%.

Beteiligung am freiwilligen Engagement eine große Rolle spielt. Angestellte bewegen sich überwiegend auf durchschnittlichem Engagementniveau, Arbeiter meist darunter, im „Unfall / Rettungsdienst / freiwillige Feuerwehr" leicht über dem Durchschnitt. In elf von 14 Bereichen engagieren sich die Beamten überdurchschnittlich häufig, in zehn die Selbständigen. Der einzige Bereich, in dem die berufliche Stellung keine Rolle zu spielen scheint, ist der Gesundheitsbereich.

31 Der genannte Zeitaufwand beinhaltet auch eventuelle weitere freiwillige Tätigkeiten in anderen Bereichen.

Abb. 5.3: Alter bei Aufnahme der freiwilligen Tätigkeit in verschiedenen Bereichen

Die freiwillig Engagierten (n=5.033) waren bei Aufnahme ihrer Haupttätigkeit im Mittel ... Jahre alt.

Unfall-/Rettungsdienst, freiwillige Feuerwehr	22
Außerschul. Jugendarbeit / Bildungsarbeit f. Erwachsene	30
Sport und Bewegung	31
Schule / Kindergarten	34
Umwelt, Naturschutz, Tierschutz	34
Kultur und Musik	34
Freizeit und Geselligkeit	36
Politik und politische Interessenvertretung	36
Berufl. Interessenvertretung außerhalb des Betriebes	36
Kirchlicher / religiöser Bereich	36
Gesundheitsbereich	41
Bürgerschaftliche Aktivität am Wohnort	41
Justiz / Kriminalitätsprobleme	42
Sozialer Bereich	42

© ISAB-Institut Köln 4/2000, Freiwilligensurvey 1999. (n = 14.922)

Abb. 5.4: Individueller Umfang des freiwilligen Engagements in verschiedenen Bereichen

	Mehrfach Engagierte	Engagierte mit mehr als 5 Std./Woche	Engagierte seit mehr als 4 Jahren
Anteil an Engagierten im Bereich	%	%	%
Sport und Bewegung	33	37	58
Schule/Kindergarten	31	17	31
Freizeit und Geselligkeit	34	31	62
Kirchlicher / religiöser Bereich	39	31	72
Kultur und Musik	40	37	70
Sozialer Bereich	42	47	62
Politik und politische Interessenvertretung	52	46	57
Unfall- / Rettungsdienst / freiwillige Feuerwehr	31	38	71
Berufliche Interessenvertretung außerhalb des Betriebes	44	39	71
Umwelt / Naturschutz / Tierschutz	30	48	56
Außerschulische Jugendarbeit /Bildungsarbeit für Erwachsene	42	33	55
Bürgerschaftliche Aktivität am Wohnort	34	32	45
Gesundheitsbereich	44	52	65
Justiz / Kriminalitätsprobleme	42	48	42

© ISAB-Institut Köln 4/2000, Freiwilligensurvey 1999. (n = 14.922)

Die Dauer des freiwilligen Engagements ist vor allem als Merkmal der Kontinuität zu verstehen. Die Abgrenzung wird zwischen vier und fünf Jahren Dauer der freiwilligen Tätigkeit vorgenommen. Sie bezieht sich nur auf die Haupttätigkeit und lässt weitere Tätigkeiten außer Acht. Damit ändert sich die Rangfolge der Engagementbereiche erheblich.

Der Bereich mit den meisten Langzeitengagierten ist der kirchliche / religiöse (72 %), dicht gefolgt von der „Beruflichen Interessenvertretung außerhalb des Betriebs" und „Unfall / Rettungsdienst / freiwillige Feuerwehr" (71 %). Deutlich über dem Durchschnitt von 59 % Langzeitengagierten liegen außerdem „Kultur und Musik" (70 %), was vermutlich mit speziellen Fertigkeiten für die Mitwirkung zusammenhängt, sowie der Gesundheitsbereich (65 %). Mehr als zwei Drittel Kurzzeitengagierte weisen Schulen und Kindergärten auf (69 %), mehr als 50 % „Justiz / Kriminalitätsprobleme" sowie bürgerschaftliche Aktivitäten. Die restlichen Engagementbereiche bewegen sich wiederum im Bereich von fünf Prozentpunkten um den Durchschnitt.

Bei Mehrfachengagierten finden sich bestimmte Kombinationen von parallel ausgeübten freiwilligen Tätigkeiten besonders häufig. Diese sind ein Zeichen für Durchlässigkeit zwischen den Engagementbereichen. Im Rahmen der Querschnittsuntersuchung kann allerdings nicht geklärt werden, wo die Einstiegsfelder und wo die Fortsetzungstätigkeiten zu suchen sind. Die Abb. 5.5 zeigt eine Auswahl der wichtigsten Engagementbereiche auf, in denen Bürgerinnen und Bürger sich parallel engagieren.[32]

Aus diesen Ergebnissen wird deutlich, dass die verschiedenen Engagementbereiche durchaus unterschiedliche Bevölkerungsgruppen ansprechen. Einigen stellt sich die Neugewinnung von Engagierten als besondere Aufgabe, weil in relativ kurzen Zeiträumen Lücken entstehen können. Andere Bereiche sind zwar von Kontinuität geprägt, leben aber davon, dass Interessierte erst einmal dahin finden. Wieder andere Bereiche scheinen stärker vernetzt und durch einen Engagiertentypus geprägt, der mit einem vergleichsweise breiten Interessenspektrum tätig wird, so dass die Hürden ebenfalls hoch sind, dort ein Engagement aufnehmen zu können.

Die Perspektive der Engagierten für ihre freiwilligen Tätigkeiten liefert noch einige zusätzliche Hinweise. Die Mehrheit der Tätigkeiten endet absehbar in den Bereichen „Justiz / Kriminalitätsprobleme" sowie „Schule / Kindergarten", wofür formale Bedingungen verantwortlich sind (Abb. 5.6).

---

32 Auswahlkriterium waren aus Gründen der Übersichtlichkeit bilaterale Korrelationen zwischen den angegebenen Engagements, die größer als 0.15 ausfielen. Als signifikant wurden auch viele Korrelationen unterhalb dieses Werts ausgewiesen. Die Reihenfolge der Nennung geht von der höchsten Korrelation zu den niedrigeren.

Abb. 5.5: Häufige Kombinationen freiwilliger Tätigkeiten

Haupttätigkeit in ...		Parallele Tätigkeiten in ...
Sport und Bewegung	→	Freizeit und Geselligkeit
Kultur und Musik	→	Kirche & Religion
Freizeit und Geselligkeit	→	Sport und Bewegung, Umwelt, Naturschutz / Tierschutz
Sozialer Bereich	→	Gesundheitsbereich, Außerschulische Jugendarbeit oder Bildungsarbeit für Erwachsene, Kirche & Religion
Gesundheitsbereich	→	Sozialbereich
Schule/Kindergarten	→	[---]
Außerschulische Jugendarbeit / Bildungsarbeit für Erwachsene	→	Sozialbereich, Kirche & Religion
Umwelt / Naturschutz / Tierschutz	→	Freizeit und Geselligkeit
Politik & politische Interessenvertretung	→	Örtliche bürgerschaftl. Aktivität Justiz & Kriminalitätsprobleme, Berufliche Interessenvertretung außerhalb des Betriebes
Berufliche Interessenvertretung außerhalb des Betriebes	→	Politik und politische Interessenvertretung
Kirchlicher / religiöser Bereich	→	Sozialbereich, Kultur und Musik, Außerschulische Jugendarbeit / Bildungsarbeit für Erwachsene
Justiz-/Kriminalitätsprobleme	→	Politik und politische Interessenvertretung
Unfall / Rettungsdienst / freiwillige Feuerwehr	→	[---]
Bürgerschaftliche Aktivität am Wohnort	→	Politik und politische Interessenvertretung

© ISAB-Institut Köln 4/2000, Freiwilligensurvey 1999. (n = 14.922)

Auf Engagements in der politischen und beruflichen Interessenvertretung trifft dies ebenfalls noch überdurchschnittlich häufig zu. Die wenigsten befristeten Tätigkeiten gibt es im „Umwelt, Naturschutz, Tierschutz" sowie im Sozial- und Gesundheitsbereich.

Die persönlichen Wünsche nach Einschränkung oder Beendigung der ausgeübten freiwilligen Tätigkeit gehen mit der Befristung interessanterweise nicht konform. Die Tatsache, dass in „Justiz / Kriminalitätsprobleme" 36 % ihre Tätigkeit einschränken oder aufgeben wollen, dürfte Folge der eingeschränkten Freiwilligkeit bei der Übernahme des Engagements sein. In „Schule / Kindergarten" ist dieser Wunsch trotz der zwangsläufig befristeten Anbindung deutlich seltener. An zweiter Stelle der Einschränkungswünsche steht vielmehr die „Bürgerschaftliche Aktivität am Wohnort". Die geringsten Tendenzen zur Einschränkung von freiwilligen Tätigkeiten findet man in „Politik und politischer Interessenvertretung", in „Umwelt, Naturschutz, Tierschutz", im Sozial- und Gesundheitsbereich.

Nimmt man die Differenz zwischen Ausweitungs- und Einschränkungswünschen in den Bereichen als Indikator für Zuwachschancen, so ergeben sich deutliche Diskrepanzen zwischen den Engagementbereichen:

+ 13 %-Punkte	Umwelt, Naturschutz, Tierschutz
+ 12 %-Punkte	Gesundheitsbereich
+ 5 %-Punkte	Sozialbereich
+ 5 %-Punkte	Politik und politische Interessenvertretung
+ 3 %-Punkte	Unfall / Rettungsdienst / freiwillige Feuerwehr
± 0 %-Punkte	Kultur und Musik
- 1 %-Punkte	Schule / Kindergarten
- 2 %-Punkte	Kirchlicher / religiöser Bereich
- 3 %-Punkte	Freizeit und Geselligkeit
- 6 %-Punkte	Sport und Bewegung
- 7 %-Punkte	Berufliche Interessenvertretung außerhalb des Betriebs
- 8 %-Punkte	Außerschulische Jugendarbeit / Bildungsarbeit für Erwachsene
-15 %-Punkte	Bürgerschaftliche Aktivität am Wohnort
- 16 %-Punkte	Justiz / Kriminalitätsprobleme

Die besseren Zuwachschancen bezüglich der Kapazitäten an freiwilligem Engagement weisen nach diesem Kriterium demnach die Bereiche auf, die auf einer politischen und sozialen Orientierung basieren.

Abb. 5.6: Individuelle Perspektiven für eigenes freiwilliges Engagement

© ISAB-Institut Köln 4/2000, Freiwilligensurvey 1999. (n = 14.922)

Abb. 5.7: Eigeninitiative und Ansprache durch Dritte bei Aufnahme der freiwilligen Tätigkeit in verschiedenen Bereichen

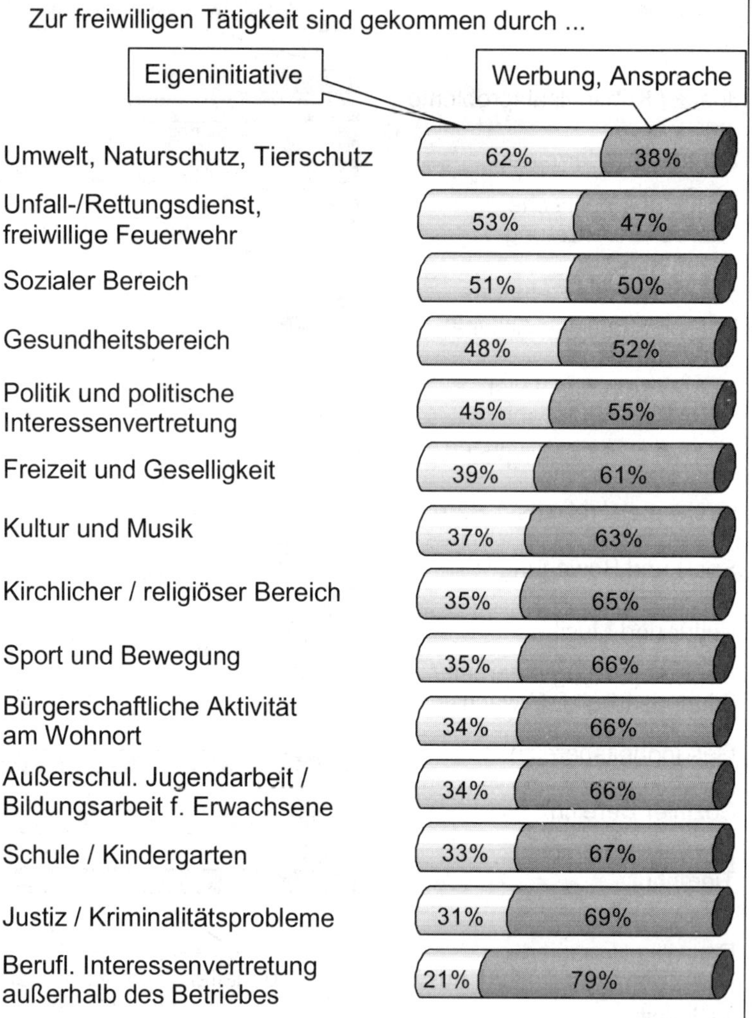

Zur freiwilligen Tätigkeit sind gekommen durch ...

Bereich	Eigeninitiative	Werbung, Ansprache
Umwelt, Naturschutz, Tierschutz	62%	38%
Unfall-/Rettungsdienst, freiwillige Feuerwehr	53%	47%
Sozialer Bereich	51%	50%
Gesundheitsbereich	48%	52%
Politik und politische Interessenvertretung	45%	55%
Freizeit und Geselligkeit	39%	61%
Kultur und Musik	37%	63%
Kirchlicher / religiöser Bereich	35%	65%
Sport und Bewegung	35%	66%
Bürgerschaftliche Aktivität am Wohnort	34%	66%
Außerschul. Jugendarbeit / Bildungsarbeit f. Erwachsene	34%	66%
Schule / Kindergarten	33%	67%
Justiz / Kriminalitätsprobleme	31%	69%
Berufl. Interessenvertretung außerhalb des Betriebes	21%	79%

© ISAB Institut Köln 4/2000, Freiwilligensurvey 1999. (n = 14.922)

Die freizeitorientierten Bereiche zeigen eine leicht negative Tendenz. Es ist anzunehmen, dass die demografische Entwicklung mit einem Rückgang der jüngeren Menschen hier teilweise zum Tragen kommt. In der Konsequenz wären in einigen Bereichen größere Anstrengungen zu unternehmen, um das freiwillige Engagement im derzeitigen Umfang zu erhalten, als in anderen.

5.2 Zugangswege zu den Engagementbereichen

Vor dem aufgezeigten Hintergrund sind die tatsächlichen Zugangswege zu den Tätigkeiten in den verschiedenen Engagementbereichen von größtem Interesse. Da von Mehrfachengagierten durchaus unterschiedliche Wege genutzt werden, wird die Analyse anhand aller erfragten Tätigkeiten vorgenommen. Die Charakterisierung seltener und zeitlich weniger aufwendiger Engagements gewinnt dadurch an Repräsentativität.

Die Engagementbereiche unterscheiden sich erheblich hinsichtlich der Eigeninitiative und der aktiven Ansprache durch andere für die Übernahme freiwilliger Tätigkeiten. „Umwelt, Naturschutz / Tierschutz" steht hier an der Spitze (vgl. Abb. 5.7). Zusammen mit dem hohen Anteil aktiv Beteiligter ist dies ein deutliches Indiz für ein starkes Interesse an diesem Themenfeld. Auch bei „Unfall / Rettungsdienst / freiwillige Feuerwehr" sowie im Sozial- und Gesundheitsbereich sieht jede/r zweite Engagierte die Eigeninitiative als ausschlaggebend an.

Eigeninitiative steht überall dort, wo Mandate vergeben werden, seltener am Beginn einer freiwilligen Tätigkeit: bei der Interessenvertretung oder bei öffentlichen Aufgaben. Nur „Politik und politische Interessenvertretung" machen hiervon eine Ausnahme.

Die Anstöße zur Übernahme einer freiwilligen Tätigkeit resultierten in den meisten Engagementbereichen aus persönlichen Kontakten, doch dies gilt nicht uneingeschränkt (vgl. Abb. 5.8). Am erfolgreichsten in der Ansprache möglicher Engagierter sind die leitenden Personen in „Sport und Bewegung", wo sie bei vier von zehn Engagements wesentlich zur Übernahme beitrugen. In acht weiteren, ansonsten sehr unterschiedlichen Bereichen gaben Leitungspersonen ebenfalls am häufigsten entscheidende Impulse. Dieses Ergebnis spricht mehr für den Einfluss von Traditionen zur Gewinnung freiwillig Engagierter als für strukturelle Gründe.

Der Freundes- und Bekanntenkreis war hauptsächlich für Anstöße zum freiwilligen Engagement in „Freizeit und Geselligkeit", „Umwelt, Naturschutz / Tierschutz" und „Unfall / Rettungsdienst / freiwillige Feuerwehr" verantwortlich, jedoch nur geringfügig mehr als leitende Personen. Aktive Familienmitglieder trugen in keinem Bereich als wichtigste Initiatoren zum Engagement bei (bis max. 13 %).

Abb. 5.8: Anstöße zum freiwilligen Engagement in verschiedenen Bereichen

Anteil an Engagierten im Bereich	Anstöße zur Übernahme der freiwilligen Tätigkeitsangaben ... (Mehrfachnennungen)					
	leitende Person der Organisation	Freunde, Bekannte	Familienangehörige	eigene Erlebnisse	Presse/ Radio/ TV	Informations-/ Kontaktstellen
	%	%	%	%	%	%
Sport & Bewegung	40	26	10	20	1	1
Kirchlicher / religiöser Bereich	29	20	7	15	1	3
Kultur & Musik	26	24	11	19	3	1
Schule / Kindergarten	23	14	6	18	1	1
Berufl. Interessenvertretung...	23	15	1	12	0	3
Politik & politische Interessenv.	23	20	3	19	3	3
Unfall- / Rettungsd/ freiwillige Feuerwehr	23	32	13	11	1	3
Freizeit & Geselligkeit	22	29	8	16	1	1
Sozialer Bereich	19	19	5	22	6	5
Außerschul. Jugendarbeit / Bildungsarbeit für Erwachsene	19	16	4	14	2	0
Gesundheitsbereich	17	17	6	23	7	3
Bürgerschaftl. Aktivität am Wohnort	13	12	4	12	7	2
Justiz & Kriminalitätsprobleme	9	1	1	2	2	0
Umwelt, Naturschutz / Tierschutz	9	21	8	21	9	4

© ISAB-Institut Köln 4/2000, Freiwilligensurvey 1999. (n = 14.922)

Den größten Einfluss hatten Familienmitglieder in „Unfall / Rettungsdienst / freiwillige Feuerwehr", „Kultur und Musik" sowie „Sport und Bewegung".

Eigene Erlebnisse und Betroffenheit spielten die Hauptrolle bei freiwilligen Tätigkeiten im Gesundheits- und Sozialbereich (23 bzw. 22 %), in fast gleichem Umfang noch bei „Umwelt, Naturschutz / Tierschutz" sowie „Sport und Bewegung". Es sind durchaus nicht nur persönliche Probleme, die zur Engagementaufnahme führen können, sondern auch die Einsicht in die Erfordernisse einer Gestaltung von Rahmenbedingungen für positive Erlebnisse wie im Bewegungsbereich.

Die Medien üben ihren größten Einfluss auf die Engagementübernahme in „Umwelt, Naturschutz / Tierschutz", im Gesundheitsbereich, in „Bürgerschaftlicher Aktivität am Wohnort" und im sozialen Bereich aus. Immerhin noch sechs bis neun Prozent der freiwilligen Tätigkeiten wurden auf diesem Weg angeregt. Über Informations- und Kontaktstellen fanden 5 % der Engagierten im sozialen Bereich ihren Weg zur freiwilligen Tätigkeit, 4 % im „Umwelt, Naturschutz / Tierschutz" und mehr als 3 % im Gesundheitsbereich.[33]

Weitere Merkmale freiwilliger Tätigkeiten, die mit den Engagementbereichen in Verbindung gebracht werden, sind der Zugang durch Wahl und die Ausübung von leitenden oder verantwortlichen Funktionen. Hier werden nur die augenfälligsten Abweichungen vom Durchschnitt benannt. Am größten sind die Unterschiede hinsichtlich des Wahlstatus (vgl. Abb. 5.9). In drei Bereichen, nämlich in „Politik und politische Interessenvertretung, die „Berufliche Interessenvertretung außerhalb des Betriebes" sowie „Schule / Kindergarten" beruhen zwischen 62 und 65 % der Tätigkeiten auf einem Wahlmandat. In allen anderen Bereichen sind weniger als die Hälfte der Engagierten gewählt.

Weniger als ein Viertel der Tätigkeiten im „Umwelt, Naturschutz / Tierschutz" sowie im Sozial- und Gesundheitsbereich erreicht man über einen Wahlzugang.

Die Verteilung der Tätigkeiten mit leitenden Funktionen sieht etwas anders aus. Auch hier stehen „Politik und politische Interessenvertretung" mit 50 % an der Spitze. Am Ende rangieren „Justiz / Kriminalitätspro-

---

[33] Hinweise, die nur zur Mitgliedschaft oder Teilnahme an Selbsthilfegruppen oder Selbsthilfeorganisationen ohne freiwilliges Engagement führten, bleiben hier außer Betracht. Daher wird die vermittelnde Tätigkeit von Kontakt- und Informationsstellen für Selbsthilfegruppen hiermit nicht vollständig beschrieben.

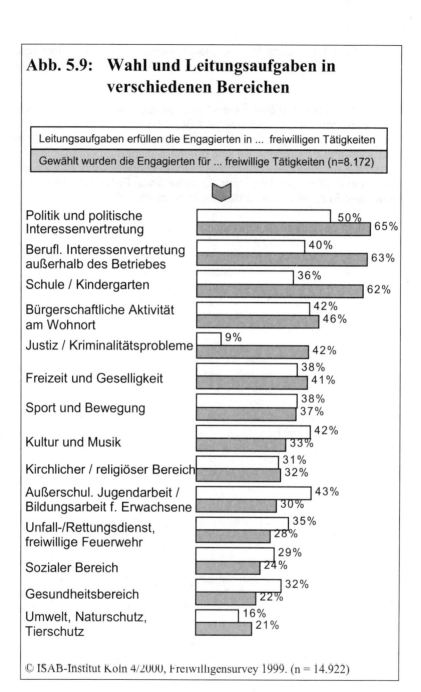

Abb. 5.9: Wahl und Leitungsaufgaben in verschiedenen Bereichen

bleme" mit neun Prozent und „Umwelt, Naturschutz / Tierschutz" mit 16 %. Die übrigen Bereiche liegen mit kleinen Abständen zwischen 29 und 43 %. Auch bei der Teamarbeit findet man Unterschiede vor. Teamarbeit in weniger als zwei Dritteln der freiwilligen Tätigkeiten gibt es nur im Gesundheits- und Sozialbereich sowie bei „Umwelt, Naturschutz / Tierschutz". Spitzenreiter sind hier die Tätigkeiten in „Unfall / Rettungsdienst / freiwilliger Feuerwehr", „Politik und politischer Interessenvertretung" und „Bürgerschaftlicher Aktivität am Wohnort".

Die Querverbindungen zwischen Beruf und freiwilligem Engagement sind in den verschiedenen Engagementbereichen unterschiedlich eng. In der Natur der Sache liegt die Nähe der freiwilligen Tätigkeiten zum Beruf in der „Beruflichen Interessenvertretung außerhalb des Betriebs" (vgl. Abb. 5.10). Ansonsten stehen Tätigkeiten in den stärker problembezogenen Bereichen häufiger im Zusammenhang mit einer beruflichen Tätigkeit als die übrigen. Im Gesundheitsbereich, wo jede zweite freiwillige Tätigkeit damit zu tun hat, sind es viele betreuende Aufgaben für kranke, alte oder behinderte Menschen, die freiwillig übernommen werden, aber auch beratende Tätigkeiten von medizinisch ausgebildeten Personen. Freiwillige in „Justiz / Kriminalitätsprobleme" befassen sich auch beruflich mit rechtlichen Fragen oder sind als Polizeibeamte beschäftigt. Pädagogische Aufgaben für Kinder, Jugendliche und Erwachsene sind ebenfalls ein Gebiet, das häufig beruflich und freiwillig bearbeitet wird.

Die bisherigen Ergebnisse über die verschiedenen Engagementbereiche lassen sich folgendermaßen zusammenfassen:
- „Sport und Bewegung": Dies ist der wichtigste Bereich für freiwilliges Engagement. Es handelt sich um das wichtigste Einstiegsfeld für junge Menschen. Dieses erweist sich als lebendig durch ein ebenfalls großes Umfeld aktiv beteiligter Personen, aus dem sich das Engagement regenerieren kann. Für die Engagementaufnahme sind die persönlichen Beziehungen besonders relevant. Auf Grund der Erfahrung mit eigener sportlicher Betätigung haben freiwillige Tätigkeiten einen engen Bezug zum Sport. Das Engagement von Frauen ist im Verhältnis zu ihrem Aktivenanteil in „Sport und Bewegung" beschränkt.
- „Kultur und Musik": Dieser Bereich erweist sich für Teilgruppen als wichtig, auch für junge Menschen. Leitungspersonen und Bekannte wurden in vergleichbarem Umfang als Anstoßgeber tätig. Er zeichnet sich durch Kontinuität im Engagement aus, was mit den erforderlichen Fertigkeiten für eine aktive Beteiligung an vielen Kunstformen und der Musik zusammenhängt.

- „Freizeit und Geselligkeit": Als weitgehend durchschnittlich zu charakterisierender Bereich zeichnet er sich durch ein relativ hohes Aktivenpotenzial aus. Die Gewinnung von Engagierten erfolgt vor allem über persönliche Beziehungen zu Freunden und Bekannten. Da viele der hier praktizierten Aktivitäten gerade der geselligen Gestaltung der Freizeit dienen, ist dies nicht weiter erklärungsbedürftig.
- „Sozialer Bereich" und „Gesundheitsbereich": Beide Bereiche sind einander sehr ähnlich. Sie zeichnen sich durch einen überdurchschnittlichen Einsatz im Engagement aus, insbesondere von Frauen. Der Verlust des traditionellen Rollenverständnisses der Geschlechter kann für sie eine Verringerung des Engagements nach sich ziehen. Eigene Erlebnisse spielen eine besondere Rolle und mehr als anderswo sind Engagierte auf sich allein gestellt. Lediglich hinsichtlich der Langfristigkeit und der Bereitschaft zur Ausdehnung des Engagements zeichnet sich der Gesundheitsbereich besonders aus. Medienberichte und Vermittlungsstellen sind für diese Engagementbereiche ein besonderer Gewinn. Aber auch aus beruflichen Berührungspunkten entwickelt sich häufig freiwilliges Engagement.[34]
- „Schule / Kindergarten": Trotz begrenzter zeitlicher Tätigkeiten erscheinen diese Engagementfelder infolge der institutionellen Anbindung gesichert, wofür auch das hohe Niveau in den neuen Bundesländern spricht. Auch hier scheinen hauptsächlich die bereits Engagierten um den „Nachwuchs" bemüht, was in diesem Fall häufig gleichbedeutend mit Ersatz für ihr eigenes Engagement ist. Bei Erwachsenen sind wenige Querverbindungen zu anderen Engagementbereichen zu finden. Offen bleibt, inwieweit Tätigkeiten in diesem Bereich für den Einstieg ins freiwillige Engagement und die weitere Entwicklung junger Menschen von Bedeutung sind.
- „Außerschulische Jugendarbeit / Bildungsarbeit für Erwachsene": Dieser Bereich zeichnet sich durch seine Durchschnittlichkeit aus. Für ihn gelten deshalb alle Aussagen, die sich auf die Bereiche insgesamt beziehen. Allerdings ist eine Tendenz zum Rückgang des bestehenden Engagements festzustellen. Leitende Personen waren bei der Vermittlung von freiwilligen Tätigkeiten aber kaum wichtiger als der Bekanntenkreis. Viele Tätigkeiten stehen auch hier im Zusammenhang mit Berufsarbeit.
- „Umwelt, Naturschutz / Tierschutz": Als Wachstumsbereich des freiwilligen Engagements weist er mit einem hohen Aktivenpotenzial, überdurchschnittlichem und noch vermehrbarem Zeiteinsatz gegen-

---

34 Die Auswertungen über Interessierte differenzieren jedoch deutlich zugunsten des Sozialen Bereichs. Hier ist ein erheblich größeres Potenzial vorhanden als im Gesundheitsbereich (vgl. Klages, Band 2, Teil 2).

wärtig gute Grundlagen auf.[35] Es bestehen jedoch nur wenige Querverbindungen zu anderen Bereichen. Anregungen für ein Engagement kamen vor allem aus dem Bekanntenkreis und der Familie, aber auch von Medien und Informations- und Kontaktstellen. Eine starke Abhängigkeit von der Aktualität des Themas und der Sensibilität im sozialen Umfeld dafür ist nicht auszuschließen, wofür auch der Medieneinfluss spricht.

- „Politik und politische Interessenvertretung": Dieser Engagementbereich mit einer breit gefächerten Überschneidung mit anderen freiwilligen Tätigkeiten erscheint für Personen mit Verantwortungssuche und der Fähigkeit zur Mobilisierung von Unterstützung besonders geeignet, setzt aber auch einen relativ hohen Einsatz voraus. Anstöße zum Engagement gingen in gleichem Umfang von Verantwortlichen und Bekannten aus.
- „Berufliche Interessenvertretung außerhalb des Betriebes": Langfristigkeit verbunden mit Anstößen von außen zeichnen diesen Engagementbereich besonders aus. Für freiwillige Tätigkeiten sind Verbindungen zum Beruf selbstverständlich und damit in besonderer Weise zugangsrelevant.
- „Kirchlicher / religiöser Bereich": Trotz hoher Kontinuität steckt dieser Bereich in einer schwierigen Situation. Dazu tragen das relativ geringe Umfeld aktiv Beteiligter vor allem im mittleren Erwachsenenalter und die besondere Situation in den neuen Bundesländern bei. Dies gilt allerdings nicht für kirchliche Aktivitäten jeder Art, weil einige freiwillige Tätigkeiten und Aktivitäten seitens der Befragten aus deren Selbstverständnis heraus zum Beispiel dem Sozialbereich zugeordnet wurden, so dass diese Aussagen nur für den religiös geprägten Kernbereich zutreffen. Anstöße für freiwillige Tätigkeiten kamen vor allem von leitenden Personen. Eigene Erfahrungen waren ebenfalls relevant. Dies weist darauf hin, dass sich wie in einigen anderen Bereichen die Engagierten selbst um die Einbeziehung weiterer Personen kümmern.
-

---

35 Vgl. die Übereinstimmung mit den Ergebnissen von Klages, wo ein relativ ausgeprägtes Interesse an diesem Bereich festgestellt wird.

Abb. 5.10: Zusammenhang zwischen freiwilligem Engagement und beruflicher Tätigkeit in verschiedenen Bereichen

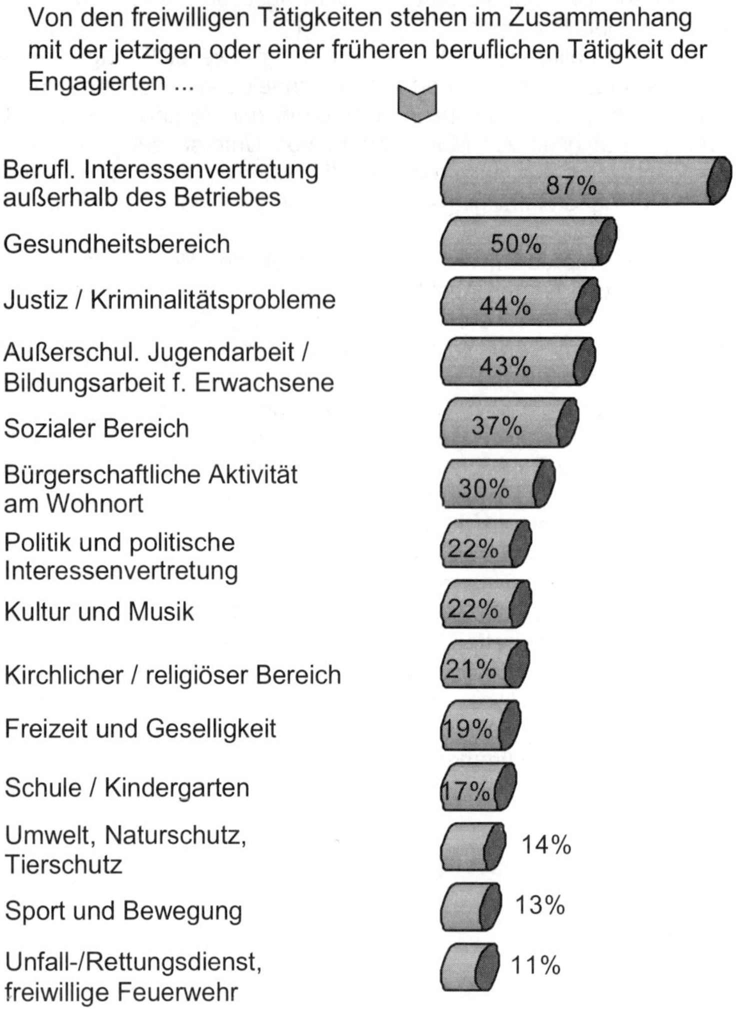

Von den freiwilligen Tätigkeiten stehen im Zusammenhang mit der jetzigen oder einer früheren beruflichen Tätigkeit der Engagierten ...

Bereich	Prozent
Berufl. Interessenvertretung außerhalb des Betriebes	87%
Gesundheitsbereich	50%
Justiz / Kriminalitätsprobleme	44%
Außerschul. Jugendarbeit / Bildungsarbeit f. Erwachsene	43%
Sozialer Bereich	37%
Bürgerschaftliche Aktivität am Wohnort	30%
Politik und politische Interessenvertretung	22%
Kultur und Musik	22%
Kirchlicher / religiöser Bereich	21%
Freizeit und Geselligkeit	19%
Schule / Kindergarten	17%
Umwelt, Naturschutz, Tierschutz	14%
Sport und Bewegung	13%
Unfall-/Rettungsdienst, freiwillige Feuerwehr	11%

© ISAB-Institut Köln 4/2000, Freiwilligensurvey 1999. (n = 14.922)

- „Justiz / Kriminalitätsprobleme": Dieser Engagementbereich ist eher untypisch. Infolge des besonderen Zugangswegs zu den meisten Tätigkeiten, die befristet wahrgenommen werden, kann er trotz der Tendenz zur Einschränkung im Kern als relativ abgesichert gelten, da hier für viele Engagierte die gesetzlich geregelte Bürgerverpflichtung greift. Für Tätigkeiten, die nicht mit Einrichtungen in Verbindung stehen, kann sich die Situation anders darstellen.[36] Stabilisierend wirkt außerdem die berufliche Nähe zum freiwilligen Engagement.
- „Unfall-, Rettungsdienste, Feuerwehr": Geprägt wird dieser Bereich durch den Einstieg junger Menschen, der häufig in ein Langzeitengagement einmündet. Als Besonderheit weist er die höchste Gewichtung bei Anstößen aus dem Freundes- und Bekanntenkreis und aus der Familie auf. Er steht in besonderem Maß auch für die Arbeiterschicht offen.
- „Bürgerschaftliche Aktivität am Wohnort": Über diesen Bereich lässt sich wenig Besonderes aussagen. Auffallend ist insbesondere die Aussage vieler Engagierter, dass sie ihre Tätigkeit einschränken oder aufgeben wollten. Die Medien wurden vergleichsweise häufig als Anstoßgeber genannt. Für das Ergebnis insgesamt ist die Mischung verschiedenster Themen und Gruppierungen verantwortlich. Es wäre methodisch sinnvoll, diese Tätigkeiten in andere Engagementbereiche einzubeziehen.

---

36 Initiativen zur Hilfe für Opfer von Verbrechen können sich beispielsweise auf solche institutionelle Absicherung, wie sie für die Schöffentätigkeit vorhanden ist, nicht stützen, sondern sind ebenfalls auf Information und Kontaktherstellung für Interessenten angewiesen, solange diese keine persönlichen Beziehungen zu einer Organisation pflegen.

6 Zugangswege zu verschiedenen Organisationsformen des freiwilligen Engagements

Der Vergleich der Engagementbereiche zeigt nachhaltig, dass nicht nur die Thematik, sondern auch die Art der Organisation, in der sich Freiwillige zusammenschließen, auf die Zugangswege zum freiwilligen Engagement erheblichen Einfluss haben. Die Organisationsformen bestimmen schließlich

- die Art der Bindung, die Personen miteinander eingehen,
- die ideellen Voraussetzungen für eine Mitwirkung,
- Handlungs- und Gestaltungsspielräume.

In der Diskussion um die Entwicklung des freiwilligen Engagements wird immer wieder kritisch angemerkt, dass ein Rückgang beim freiwilligen Engagement Ergebnis traditioneller Organisationsstrukturen sein könnte, die sich den Bedürfnissen der Bürgerinnen und Bürger nicht ausreichend anpassen. Besonders der Freiraum für persönliche Gestaltung und flexibles Zeitarrangement würde fehlen. Überschaubare flexible Organisationsformen werden deshalb für zukunftweisend gehalten.

In der Befragung wird eine Differenzierung von Organisationsformen an den Bezeichnungen festgemacht, die von den Engagierten für die jeweilige Organisation verwendet werden, in die sie eingebunden sind. Dies ist für die Verwendung der Ergebnisse einerseits von Vorteil, weil auch viele mit freiwilligem Engagement befasste Praktiker, die Engagierten selbst, die Engagementförderer, Verwaltungen und Politiker sich an solchen Selbstdefinitionen orientieren. Andererseits entsprechen die gewählten Organisationsbezeichnungen manchmal nicht der fachlichen Einordnung Außenstehender. Außerdem sind sie nicht trennscharf.[37]

Die häufigste Organisation, in der sich freiwilliges Engagement wiederfindet, ist der Verein als vielfältig nutzbare Rechts- und Organisationsform (vgl. Abb. 6.1). 43 % aller freiwilligen Tätigkeiten sind hier zu verorten. Die Vereine können aufgrund ihrer einfachen Struktur traditionell oder modern ausgerichtet sein, ohne dass es von außen erkennbar wird. Vielmehr entscheidet sich dies anhand der inneren Verhältnisse, die sich zwischen langjähriger Personenzentriertheit und aktiver demokratischer Gemeinschaftsaktion bewegen können.

---

37 Viele Selbsthilfegruppen haben sich beispielsweise als Vereine eingetragen oder sind Mitglied eines Verbands, um Fördermittel zu erhalten. Wie in einem solchen Fall die Wahl zwischen beiden Begriffen ausfällt, bestimmen der Kenntnisstand und das vorherrschenden Selbstverständnis der Befragten.

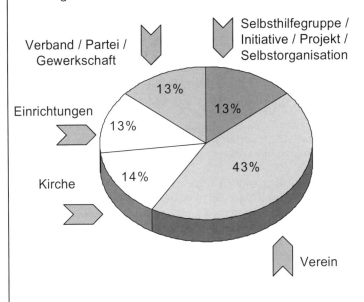

Abb. 6.1: Organisationsformen für freiwilliges Engagement

© ISAB-Institut Köln 4/2000, Freiwilligensurvey 1999. (n = 14.922)

Vereine sind die Regelorganisation für freiwilliges Engagement im Bereich „Sport und Bewegung" (vgl. Abb. 6.2). Mehrheitlich spielen sich freiwillige Tätigkeiten auch in „Kultur und Musik", „Freizeit und Geselligkeit" sowie in „Umwelt, Naturschutz / Tierschutz" im Vereinsrahmen ab. In fünf weiteren Bereichen sind ein Viertel bis ein Drittel der Engagements im Verein verortet. Lediglich in der „Politik und politischen Interessenvertretung" und im „kirchlichen / religiösen Bereich" spielt die Vereinsform so gut wie keine Rolle.

Zu den traditionellen Organisationsformen zählen die Parteien, Verbände und Gewerkschaften als lange bestehende Massenorganisationen, unter deren Dach insgesamt 13 % aller freiwilligen Tätigkeiten ihren Platz haben. Sie werden im weiteren unter der Bezeichnung „Großorganisationen" zusammengefasst. Diese sind mit zwei Dritteln dominierend bei Tätigkeiten in der „Beruflichen Interessenvertretung außerhalb des Betriebs" und in der „Politik und politischen Interessenvertretung". Jede vierte freiwillige Tätigkeit im Gesundheitsbereich[38] und jede fünfte in „Außerschulischer Jugendarbeit / Bildungsarbeit für Erwachsene" sowie in „Unfall / Rettungsdienst / freiwillige Feuerwehr" werden ebenfalls diesen Organisationen zugeordnet.

Weitere, eher kleine Freiwilligenvereinigungen sind Selbsthilfegruppen, Initiativen, Projekte und selbstorganisierte Gruppen. In ihnen sind 13 % aller Engagierten tätig. Betroffenheit, Selbstbestimmung oder Zielorientierung sind Kennzeichen ihres Selbstverständnisses in Abgrenzung zur Tradition. In solchen Vereinigungen wird in keinem Bereich die Mehrzahl der freiwilligen Tätigkeiten ausgeübt. Vier von zehn „Bürgerschaftlichen Aktivitäten am Wohnort" werden darunter eingeordnet, drei von zehn in „Schule / Kindergarten". Jede fünfte Tätigkeit im Sozial- und Gesundheitsbereich gehört ebenso dazu.

Neben den freien Assoziationen organisieren die privaten und öffentlichen Einrichtungen freiwillige Tätigkeiten, existieren aber im Grunde unabhängig davon und binden die Engagierten auf besondere Weise an sich. 13 % aller Tätigkeiten erfolgen in Einrichtungen. Erhebliche Unterschiede finden sich erwartungsgemäß bei der Anbindung von freiwilligen Tätigkeiten an Einrichtungen.

In den Bereichen „Justiz / Kriminalitätsprobleme", „Unfall / Rettungsdienst / freiwillige Feuerwehr" sowie „Schule / Kindergarten" sind Einrichtungen besonders wichtig, wobei ein nicht unerheblicher Teil der Engagierten bei öffentlichen Einrichtungen Zuordnungsprobleme hatte, so dass die tatsächlichen Anteile noch höher sein dürften.

Eine besondere Situation gibt es bei den Kirchen. Einerseits machen sie ideelle Voraussetzungen zur Grundlage der aktiven Mitwirkung und grenzen dadurch den Kreis der Engagierten ein, andererseits vereinigen sie von fest institutionalisierten Formen des Ehrenamts über die Mitwirkung in traditionellen Verbänden bis hin zu selbstorganisierten Gruppen vieles unter einem Dach, zusammen genommen immerhin

---

[38] Die Rettungsorganisationen wie das Deutsche Rote Kreuz werden von vielen Befragten als Organisation im Gesundheitsbereich eingestuft.

Abb. 6.2: Organisationsformen für freiwilliges Engagement in verschiedenen Bereichen

Freiwillige Tätigkeiten (n = 8.151) sind in den jeweiligen Bereichen organisiert in ...

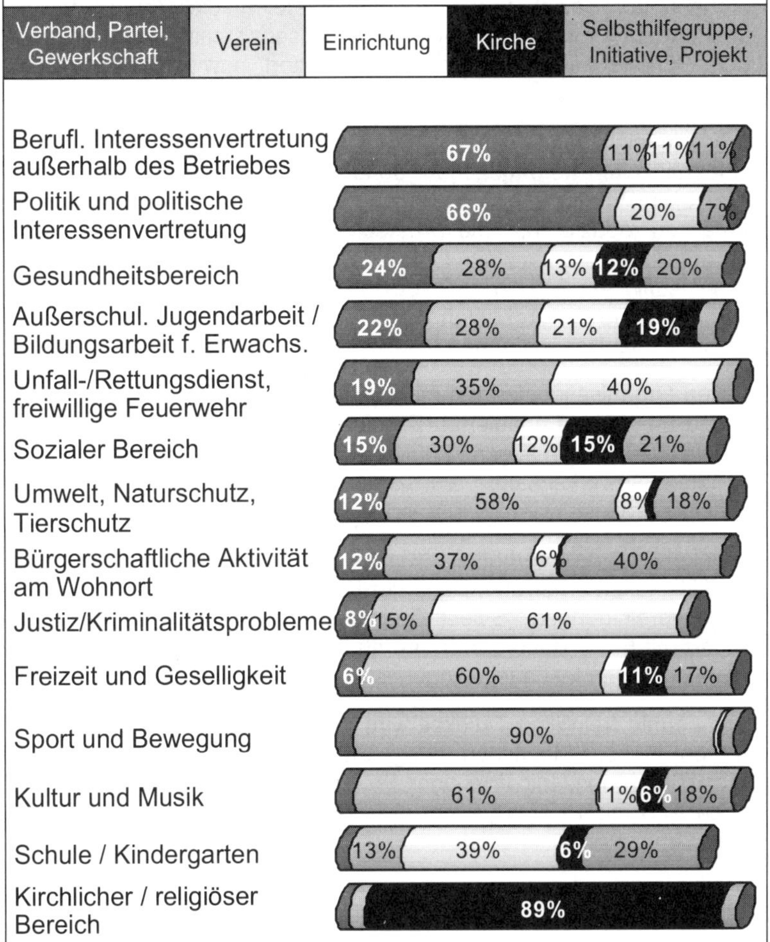

Verband, Partei, Gewerkschaft	Verein	Einrichtung	Kirche	Selbsthilfegruppe, Initiative, Projekt
Berufl. Interessenvertretung außerhalb des Betriebes	67%		11% 11%	11%
Politik und politische Interessenvertretung	66%		20%	7%
Gesundheitsbereich 24%	28%	13%	12%	20%
Außerschul. Jugendarbeit / Bildungsarbeit f. Erwachs. 22%	28%	21%		19%
Unfall-/Rettungsdienst, freiwillige Feuerwehr 19%	35%	40%		
Sozialer Bereich 15%	30%	12%	15%	21%
Umwelt, Naturschutz, Tierschutz 12%	58%		8%	18%
Bürgerschaftliche Aktivität am Wohnort 12%	37%	6%		40%
Justiz/Kriminalitätsprobleme 8%	15%	61%		
Freizeit und Geselligkeit 6%	60%		11%	17%
Sport und Bewegung	90%			
Kultur und Musik	61%		11% 6%	18%
Schule / Kindergarten	13%	39%	6%	29%
Kirchlicher / religiöser Bereich			89%	

© ISAB-Institut Köln 4/2000, Freiwilligensurvey 1999. (n = 14.922)

14 % aller freiwilligen Tätigkeiten. Die Angaben über die Organisationsform „Kirche" tragen jedoch wenig zur inhaltlichen Differenzierung bei, denn es besteht eine weitgehende Überschneidung mit dem „Kirchlichen / religiösen Bereich". Es ist anzunehmen, dass die Engagierten zwischen Engagementbereich und Organisationsform nicht klar unterschieden.

Engagementbereiche mit divergierenden Organisationsformen sind demnach der Sozial- und Gesundheitsbereich, die „Außerschulische Jugendarbeit / Bildungsarbeit für Erwachsene", mit Einschränkungen noch „Bürgerschaftliche Aktivität am Wohnort" sowie „Schule / Kindergarten".

Zum Vergleich der Gruppen werden nicht allein die Angaben zu den Haupttätigkeiten herangezogen, sondern die Zweittätigkeit mit berücksichtigt, um Verzerrungen zu ungunsten der selteneren Organisationsformen zu reduzieren.[39] Die Unterschiede, die im Vergleich der Gruppen auftreten sind insgesamt moderat. In keiner Gruppe kommt es zu einer deutlichen Schwerpunktverschiebung zwischen den Organisationsformen, die nur zu Lasten des Vereinsengagements oder mehrerer anderer Organisationsformen gleichzeitig möglich wäre (vgl. Abb. 6.3).

In allen Organisationsformen mit Ausnahme der Kirchen sind zwischen 80 und 84 % der Engagierten Bürger/innen aus den alten Bundesländern, in den Kirchen sogar 92 %. Zwei Drittel der in Großorganisationen (Parteien, Gewerkschaften, Verbänden) Engagierten sind Männer. Fast genau so groß ist ihr Anteil in Vereinen.

Umgekehrt ist das Verhältnis zwischen den Geschlechtern bei freiwilligen Tätigkeiten unter dem Dach der Kirchen. Auch in den übrigen Freiwilligenvereinigungen (Selbsthilfegruppen, Initiativen, Projekten) sind Frauen mit 55 % stärker vertreten als Männer, während das Verhältnis in Einrichtungen fast ausgewogen ist.

Jede neunte freiwillige Tätigkeit wird im Rahmen einer Großorganisation von jungen Menschen ausgeübt, jede sechste innerhalb einer Selbsthilfegruppe, Initiative oder Projektgruppe. In den Großorganisationen sind mit 43 % vor allem die Erwachsenen zwischen 40 und 59 Jahren engagiert.

---

39 Die selteneren Organisationsformen kommen bei den Zweittätigkeiten häufiger vor als bei den Haupttätigkeiten. Der Verein ist bei den Haupttätigkeiten überrepräsentiert. Dies bedeutet, dass in Vereinen mehr zeitaufwendigere Engagements erbracht werden als in anderen Organisationsformen. Durch die Berücksichtigung der Zweittätigkeit sind die Antworten faktisch als Mehrfachnennungen anzusehen. Pro Person ist eine Organisationsform allerdings nur einmal berücksichtigt. Die Summe der % Werte pro Zeile summiert sich daher aber ggf. auf mehr als 100 %.

Abb. 6.3: Organisationsformen für freiwilliges Engagement bei verschiedenen Bevölkerungsgruppen

	Freiwillig Engagierte sind tätig in ... (bis zu 2 Nennungen)				
	Parteien, Gewerkschaften, Verbänden	Selbsthilfegruppen, Initiativen, Projektgruppen	Vereinen	Kirchen	Einrichtungen
Anteil an Engagierten der Gruppe	%	%	%	%	%
Alte Bundesländer	13	13	52	17	14
Neue Bundesländer	14	14	53	8	18
Männer	16	11	59	10	13
Frauen	10	16	43	22	16
14 bis 24 Jahre	10	14	51	16	14
25 bis 39 Jahre	11	14	55	13	15
40 bis 59 Jahre	16	13	52	15	16
60 Jahre und älter	15	13	50	19	11
Großstadtkern	13	14	39	16	15
Übrige Regionen	13	12	47	13	12
Einfach Engagierte	10	12	50	13	12
Mehrfach Engagierte	19	16	55	20	18
Bis 5 Std./Woche Engagierte	12	14	50	17	14
Über 5 Std./Woche Engagierte	18	13	57	14	14
Engagementdauer bis 4 Jahre	11	16	50	13	17
Engagementdauer über 4 Jahre	15	12	53	18	12

© ISAB-Institut Köln 4/2000, Freiwilligensurvey 1999. (n = 14.922)

Die engagierten Senioren hingegen haben ihren größten Anteil in den Kirchen (24 %), in Großorganisationen stellen sie ein gutes Fünftel. Nur jede/r siebte ältere Bürger/in engagiert sich hingegen in Einrichtungen, wo Erwachsene zwischen 25 und 59 Jahren zusammen 70 % ausmachen. Zwischen den Organisationsformen bestehen keine Unterschiede hinsichtlich des mittleren Einstiegsalters in die aktuelle Haupttätigkeit. Die Schwankungen liegen lediglich im Bereich zwischen 34 und 36 Jahren und sind damit für Fragen nach dem Zugang irrelevant.

In großstädtischen Kernbereichen spielen freiwillige Tätigkeiten in Vereinen eine etwas geringere Rolle als in ihren Randbereichen oder in ländlichen Regionen. Dafür sind die kleinen Freiwilligenvereinigungen und die Einrichtungen von größerer Bedeutung. Freiwillige Tätigkeiten werden in Großstadtkernen von jedem sechsten engagierten Bürger/innen in Selbsthilfegruppen, Initiativen oder Projekten erbracht, in den übrigen Regionen hingegen nur von jedem achten. Auch bei freiwillig Engagierten in Einrichtungen ist das Verhältnis ähnlich. Dass innerhalb von Großstädten der Anteil der Kirchen sogar etwas überwiegt, steht in einem scheinbaren Widerspruch zu den Ergebnissen über die Engagementbereiche, wo häufigere Tätigkeiten zu kirchlichen und religiösen Themen ermittelt wurden. Die Erklärung liegt darin, dass außerhalb der Großstädte die Befragten stärker zwischen Bereich und Organisationsformen differenzierten und statt der Kirchen Verbände und Vereine häufiger als Organisationen nannten.

Mehrfach Engagierte überwiegen in den Großorganisationen. In Vereinen ist das einfache Engagement hingegen am häufigsten von allen Organisationsformen zu finden. In den anderen Organisationen machen die mehrfach Engagierten einen Anteil zwischen 44 und 48 % aus. Auch ein größerer Zeiteinsatz von 6 Stunden und mehr pro Woche kommt in den Großorganisationen am häufigsten vor, wenn er auch nicht die Mehrheit der dort engagierten Personen betrifft. Nur bei einem Drittel derjenigen, die sich in Selbsthilfegruppen, Initiativen oder Projekten und in Kirchen engagieren, liegt der Zeitaufwand ebenso hoch. In Einrichtungen und Vereinen ist ihr Anteil nur wenig höher. Die Langzeitengagierten machen in den Großorganisationen mehr als zwei Drittel aus. Nur leicht darunter liegen die Kirchen. In anderen Freiwilligenvereinigungen und Einrichtungen teilen sich Lang- und Kurzzeitengagierte etwa je zur Hälfte auf.

Auffallend sind die Unterschiede bei den Zugangswegen zum freiwilligen Engagement. Hier sieht jede/r zweite engagierte Bürger/in die Eigeninitiative als ausschlaggebend für eine Tätigkeit in einer Selbsthilfegruppe, Initiative oder einem Projekt an, während dies nur zwischen 35 und 38 % bei Vereinen, Kirchen sowie bei Parteien, Gewerkschaften oder Verbänden tun. Einrichtungen nehmen mit 42 % eine mittlere Stellung ein.

Abb. 6.4: Anstöße zum freiwilligen Engagement in verschiedenen Organisationen

	Anstöße zur Übernahme der freiwilligen Tätigkeit gaben ... (Mehrfachnennungen)					
	leitende Person der Org.	Freunde, Bekannte	Familienangehörige	eigene Erlebnisse	Presse/ Radio/ TV	Informations-/ Kontaktst.
Anteil an Engagierten in der Organisation	%	%	%	%	%	%
Parteien, Gewerkschaften, Verbände	22	20	5	16	2	2
Selbsthilfegruppen, Initiativen, Projekte, selbstorganisierte Gruppen	14	20	4	20	4	2
Vereine	31	25	10	19	2	1
Kirchen	28	20	8	15	1	3
Einrichtungen	25	17	6	17	2	2

© ISAB-Institut Köln 4/2000, Freiwilligensurvey 1999. (n = 14.922)

Seltener kommen für Engagierte in Selbsthilfegruppen, Initiativen oder Projektgruppen die Anstöße mit 14 % von leitenden Personen selbst (vgl. Abb. 6.4). In Kirchen und Vereinen erfolgt dies doppelt so häufig, in den übrigen Organisationen immerhin um mindestens 50 % häufiger. Vom Freundes- oder Bekanntenkreis kam für jeden vierten Freiwilligen in Vereinen der Anstoß, für jeden sechsten in Einrichtungen Tätigen, in den übrigen Organisationen für jeden fünften. Die Familien spielen eine überdurchschnittliche Rolle bei der Aufnahme einer freiwilligen Tätigkeit in Vereinen, ansonsten mit Ausnahme der Kirchen eine unterdurchschnittliche. Die Medien geben zwar selten Anstöße zum Engagement, aber mit 4 % doppelt so häufig wie im Durchschnitt bei den kleineren Freiwilligenvereinigungen.

Diese Befunde ergänzen viele Eindrücke und Schlussfolgerungen aus der vorangegangenen Analyse der Engagementbereiche. Differenzen zwischen den Großorganisationen und den kleineren Freiwilligenvereinigungen rühren vorrangig von Bereichsunterschieden, der höheren Eigeninitiative und der kürzeren Engagementdauer in Selbsthilfegruppen,

Initiativen oder Projekten her. Außerdem sind Großorganisationen bei Männern und Engagierten in der zweiten Lebenshälfte etwas beliebter, kleine Freiwilligenorganisationen bei Frauen und jüngeren Menschen.[40] In Großorganisationen findet man am häufigsten lange und stark engagierte Personen. Als Anstoßgeber fungieren dort Personen aus dem Bekannten- und Freundeskreis häufiger als Leitungspersonen, während in Selbsthilfegruppen, Initiativen und Projekten das Gegenteil zutrifft. Im Vergleich finden sich somit wenig Hinweise, die auf eine Erleichterung des Zugangs zu kleineren Freiwilligenvereinigungen gegenüber den Großorganisationen schließen lassen. Die Vorzüge, die dazu führen, dass sie genutzt werden, dürften darin liegen, dass sie eine geringere Verbindlichkeit verlangen, größeren Gestaltungsspielraum bieten und damit auch einem gewandelten Selbstverständnis entsprechen.

Die Vereine als dominierende Organisationsform sind für freiwilliges Engagement in freizeitorientierten Bereichen am stärksten etabliert und außerhalb der Großstädte stärker vertreten. Neben einer Dominanz der Männer sind Tendenzen zur Beschränkung auf eine freiwillige Tätigkeit und ein rückläufiges Engagement im Alter erkennbar. Auffallend häufig erfolgten die persönlichen Anstöße zum Engagement von außen.

Einrichtungen sind geprägt von kurzzeitigem Engagement. Die Engagierten sind überwiegend aus den höheren, noch erwerbstätigen Altersgruppen. Weitere Unterschiede bei einzelnen Einrichtungen werden durch gegenläufige Tendenzen zwischen Justiz und pädagogischen Einrichtungen weitgehend verdeckt.

Die Ergebnisse über die Kirchen sind aus methodischen Gründen nicht sehr aussagekräftig. Die Kirchen bilden den Rahmen für langfristig, aber nicht besonders umfangreich engagierte Bürger. Im übrigen zeigt sich bei den Kirchen eine Lücke im Engagement in den mittleren Jahrgängen, bei Männern und – erwartungsgemäß – besonders in den neuen Bundesländern. Für die Aufnahme einer freiwilligen Tätigkeit bedurfte es vor allem einer Ansprache durch leitende Personen.

---

40 Möglicherweise werden die Auswirkungen der demografischen Entwicklung zusätzlich als Rückgang der Engagementbereitschaft interpretiert. Bei größeren Anstrengungen um die Gewinnung von freiwillig Engagierten wird die Ablehnung ggf. auch transparenter als zuvor, weil von den Angefragten klare Entscheidungen getroffen werden.

7 Verbesserung der Zugangschancen durch Informations- und Kontaktstellen für freiwilliges Engagement und Selbsthilfe

Die Bedeutung, die persönlichen Anstößen neben der Eigeninitiative bei der Übernahme freiwilliger Tätigkeiten zukommt, sollte nicht zu dem Schluss verleiten, dass eine Unterstützung nur von den Organisationen selbst ausgehen könnte. Der Sachverhalt lässt auch die Schlussfolgerung zu, dass dieser Weg mangels Alternativen zu seiner gegenwärtigen Bedeutung kommt. Eine der wichtigsten Fragen, die sich in diesem Zusammenhang stellt, ist die nach dem Zugang zum Engagement für Bürger/innen, die selbst über keine persönlichen Kontakte ins Milieu der Freiwilligen verfügen. Denn die Voraussetzung persönlicher Beziehungen und persönlicher Ansprache ist selbst ein erheblicher Selektionsfaktor für alle, die sich noch nicht engagieren.[41]

Wenn Konsens darüber besteht, dass das Aufbringen ausreichender Eigeninitiative eine hohe Schwelle vor das freiwillige Engagement setzt, dann ist die Frage nach geeigneten Alternativen für Ansprachemöglichkeiten der Bürger/innen zu stellen. Eine Überraschung ist die Meinung der bereits Engagierten, die zu 56 % die Auffassung vertreten, dass mehr Aufklärung über Möglichkeiten zum freiwilligen Engagement eine wichtige öffentliche Unterstützung darstellen sollte. Diese Unterstützungsform wurde vor allen anderen genannt, also auch häufiger als Empfehlungen zu finanziellen und ehrenden Maßnahmen.

Zwischen den bereits mehrfach genannten Gruppen gibt es hierüber kaum Meinungsverschiedenheiten. Lediglich bei den Senioren sehen weniger als die Hälfte darin eine geeignete Unterstützung (48 %). Mehrfach und stärker engagierte Bürger/innen vertreten diese Auffassung häufiger als gering oder einfach engagierte.

Der Wunsch nach Unterstützung durch bessere Information und Beratung wird nicht in allen Engagementbereichen gleichermaßen vertreten (vgl. Abb. 7.1). Besonders häufig stellen sich die Engagierten in „Bürgerschaftlicher Aktivität am Wohnort" (73 %) und im Gesundheitsbereich (72 %) hinter diesen Wunsch.

Zwischen 60 und 66 % der Engagierten in „Beruflicher Interessenvertretung außerhalb des Betriebs", „Umwelt, Naturschutz, Tierschutz",

---

41 Die Auswertungen über das Engagementpotenzial belegen, dass mobile Personen, die erst seit kurzem an ihrem Wohnort leben, ein relativ stark ausgeprägtes Interesse an freiwilligem Engagement haben, ihr tatsächliches Engagement deshalb vermutlich am Mangel an bekannten Gelegenheiten scheitert (vgl. Klages, Band 2, Teil 2).

„Außerschulischer Jugendarbeit / Bildungsarbeit für Erwachsene", „Justiz / Kriminalitätsprobleme", „Politik und politischer Interessenvertretung" sowie im sozialen Bereich vertreten die gleiche Auffassung. Damit sprechen sich die Engagierten in problemorientierten Engagementbereichen häufiger für mehr Information und Beratung aus. Die freizeitorientierten Engagementbereiche fordern dies nicht so häufig. Am leisesten, aber immerhin noch von mindestens der Hälfte der Engagierten unterstützt, ist der Ruf nach besserer Information in den Bereichen „Kultur und Musik" (50 %) und „Sport und Bewegung" (52 %).

Die Befürwortung von Information und Beratung über Gelegenheiten zum freiwilligen Engagement wird in den Engagementbereichen um so häufiger geäußert je weniger Bürgerinnen und Bürger sich bisher darin engagieren (r = -.66). Somit besteht diese Haltung stärker in solchen Bereichen, die weniger bekannt sind. Sie ist damit durchaus funktional gedacht. Als Ergänzung zur persönlichen Ansprache werden vermehrte Anstrengungen zur Öffentlichkeitsarbeit eingefordert.[42] Zwischen der verschiedenen Organisationsformen bestehen hingegen keine relevanten Unterschiede.

7.1 Kenntnis von Informations- und Kontaktstellen für freiwilliges Engagement und Selbsthilfe

Ansätze zur Förderung des freiwilligen Engagements der Bürgerinnen und Bürger von öffentlicher Seite existieren bereits in unterschiedlicher Form. Einige der bisher praktizierten Ansätze einer Infrastruktur, die der Information und Vermittlung dienen, richten sich überwiegend auf die Verbesserung der Zugangschancen zu freiwilligem Engagement wie etwa die Freiwilligenagenturen. Andere wie die Kontakt- und Informationsstellen für Selbsthilfegruppen oder die Seniorenbüros zielen auf bestimmte Anliegen oder Gruppen, befriedigen aber ein breiteres Aktivitätenspektrum bei den Interessenten, indem sie nur das Interesse an aktiver Teilnahme voraussetzen und noch keine freiwillige Tätigkeit erwarten.

Als Pilotprojekte existieren auch vereinzelte Einrichtungen wie kommunale Sportberatungsstellen. Darüber hinaus haben einige Kommunen und Verbände integrierte Konzeptionen entwickelt, indem sie sowohl Kontakte zur Selbsthilfe unter Betroffenen als auch für interessierte Freiwillige zu bestehenden Organisationen herstellen.

---

42 Die Wünsche von Engagierten in den alten und neuen Bundesländern sind bei Gensicke beschrieben.

Abb. 7.1: Wunsch nach Information und Beratung über freiwilliges Engagement in verschiedenen Bereichen

Im jeweiligen Bereich wünschen ... Engagierte mehr Information und Beratung über Gelegenheiten zum Engagement ...

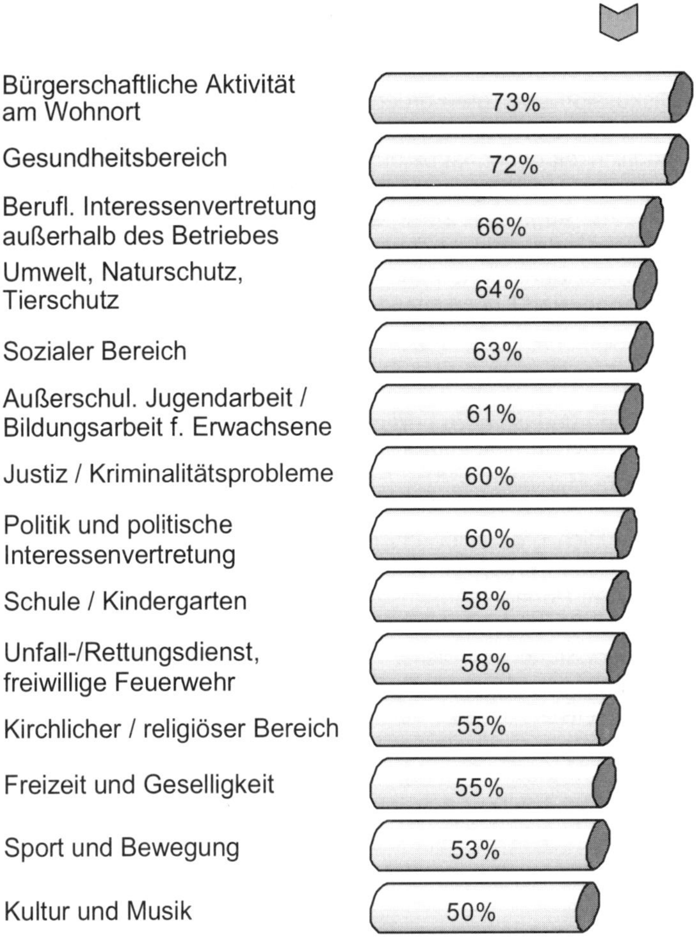

Bereich	Prozent
Bürgerschaftliche Aktivität am Wohnort	73%
Gesundheitsbereich	72%
Berufl. Interessenvertretung außerhalb des Betriebes	66%
Umwelt, Naturschutz, Tierschutz	64%
Sozialer Bereich	63%
Außerschul. Jugendarbeit / Bildungsarbeit f. Erwachsene	61%
Justiz / Kriminalitätsprobleme	60%
Politik und politische Interessenvertretung	60%
Schule / Kindergarten	58%
Unfall-/Rettungsdienst, freiwillige Feuerwehr	58%
Kirchlicher / religiöser Bereich	55%
Freizeit und Geselligkeit	55%
Sport und Bewegung	53%
Kultur und Musik	50%

© ISAB-Institut Köln 4/2000, Freiwilligensurvey 1999. (n = 14.922)

Zwei besondere Aktivitäten von Informations- und Kontaktstellen, die den Zugang zum freiwilligen Engagement verbessern helfen, sind die Öffentlichkeitsarbeit einerseits und die Vermittlungsarbeit andererseits. Konzeptionell und praktisch lassen sich beide Aufgaben unterschiedlich umsetzen. Einheitliche Standards existieren bisher nur insoweit, als öffentliche Fördermittel in Anspruch genommen werden (vgl. KGSt-Bericht Nr. 6/1999). Diese Uneinheitlichkeit ist als Hintergrund der Kenntnis von Informations- und Kontaktstellen zu beachten. Es bleibt den Befragten überlassen, welche Einrichtung sie jeweils hierunter einordnen.

Da die Diskussion über die Förderung von Selbsthilfe und freiwilligem Engagement seit zwei Jahrzehnten geführt wird und auch zunehmend in die Öffentlichkeit dringt, ist es nicht verwunderlich, dass bereits 42 % der Bürgerinnen und Bürger von Informations- oder Kontaktstellen gehört haben (vgl. Abb. 7.2). 28 % kennen eine entsprechende Stelle in ihrer Kommune. Immerhin ist dies mehr als ein Viertel aller Befragten. Fünf Prozent der Bürgerinnen und Bürger hatten bereits Kontakt mit einer Informations- und Kontaktstelle, das ist jeder sechste von allen, die davon Kenntnis haben.

Das persönliche Interesse an einschlägigen Informationen, hier von allen Bürgerinnen und Bürgern erfragt ist jedoch mit 30 % wesentlich höher. Insofern existiert eine klare Diskrepanz zwischen Informationswünschen und ihrer Realisierung.[43]

Nochmals deutlich größer ist das Interesse an Information durch entsprechende Stellen unter den Engagierten, die ihre aktuelle freiwillige Tätigkeit oder ihr Engagement ausweiten wollen (vgl. Abb. 7.2).

Die größte Bedeutung wird diesem Informationsweg jedoch von Bürgerinnen und Bürgern beigemessen, die sich derzeit nicht engagieren, die jedoch ihre Bereitschaft hierzu bekunden.

Da vielfache Erfahrungen vorliegen, dass aus vorhandenem Interesse noch keine aktive Suche nach Informationen resultiert, stellt sich die Aufgabe, diese interessierten Personen auf geeigneten Wegen anzusprechen.

---

43 Auch wenn solchen Fragen immer der Verdacht anhaftet, sozial erwünschte Antworten herauszufordern, ist davon auszugehen, dass dies alleine keine ausreichende Erklärung für die Differenz liefert. Der Anteil der Interessierten ist bei den nicht aktiven Bürgerinnen und Bürgern geringer als bei den aktiven und den engagierten. Daher ist zumindest nicht von Rechtfertigungsantworten nicht engagierter Bürgerinnen und Bürger auszugehen.

Abb. 7.2: Informations- und Kontaktstellen und Informationsinteresse der Bürgerinnen und Bürger

In vielen Städten und Kreisen werden Freiwilligenagenturen, Selbsthilfekontaktstellen und Seniorenbüros eingerichtet. ... Haben Sie davon schon einmal gehört?
Gibt es eine solche Informations- oder Kontaktstelle in Ihrer Stadt oder in Ihrer Region?
Haben Sie selbst schon einmal Kontakt mit einer solchen Informations- oder Kontaktstelle gehabt?

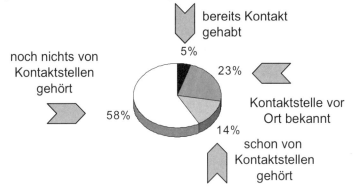

Wären Sie persönlich interessiert, sich bei einer solchen Stelle einmal über Möglichkeiten für freiwilliges Engagement zu informieren?

Interesse an Information haben ...

© ISAB-Institut Köln 4/2000, Freiwilligensurvey 1999. (n = 14.922)

Im Hinblick auf die Zukunft des freiwilligen Engagements ist das persönliche Interesse an Informationen ein wichtiger Indikator für das Engagementpotenzial. Beim Vergleich des Informationsinteresses der verschiedenen Bevölkerungsgruppen sind zwei Auffälligkeiten festzustellen. Zum einen äußern Frauen mit 33 % häufiger ein Informationsinteresse als Männer mit 27 % (vgl. Abb. 7.3). Am stärksten wird dieses Interesse mit 42 % jedoch von jungen Menschen bis zu 24 Jahren bekundet, während unter den Senioren der Anteil der Interessierten nur halb so groß ist. Mithin gibt es hier einen Ansatzpunkt, mit Informationen genau auf die beiden Gruppen zuzugehen, die entweder im freiwilligen Engagement noch unterrepräsentiert sind wie die Frauen oder langfristig das Potenzial für freiwilliges Engagement bilden wie die Jugendlichen und jungen Erwachsenen.

Keine großen Unterschiede im Informationsinteresse sind zwischen ländlichen und städtischen Regionen festzustellen. Die Schwankungen betragen lediglich vier Prozentpunkte, wobei Interesse häufiger in Großstadtkernen und in kleineren Ortschaften geäußert wird, etwas weniger in Mittelstädten und Randbezirken von Großstädten. Auch mit dem Ausmaß des Engagements verändert sich das Informationsinteresse nur wenig, so dass unter den Engagierten keine besondere Zielgruppe auszumachen ist.

Im scharfen Kontrast hierzu stehen teilweise die Kenntnisse, die bisher über Informations- und Kontaktstellen vorhanden sind, und die Erfahrungen, die bisher damit vorliegen. Die verschiedenen Bevölkerungsgruppen nehmen die Informationen nicht in gleichem Maße auf und nutzen die Informationsgelegenheiten in unterschiedlichem Ausmaß.

Beispielsweise sind mehr Frauen über Informations- oder Kontaktstellen informiert als Männer (vgl. Abb. 7.4). Bezogen auf die Bevölkerungsgruppen insgesamt, nicht notwendigerweise für die Individuen, kommen Informationschancen und –interessen damit zur Deckung.

Anders stellt sich die Situation der Altersgruppen dar. Mit dem Alter steigt der Informationsgrad wie die Kontaktrate der Gruppen in eindeutiger Weise. Personen über 40 Jahren sind eher informiert als die jüngeren, am besten aber die Senioren. Der geringe Informationsstand der jüngsten Altersgruppe stellt angesichts der bekundeten Informationsbereitschaft eine wichtige Herausforderung dar.

Abb. 7.3: Informationsinteresse bei verschiedenen Bevölkerungsgruppen

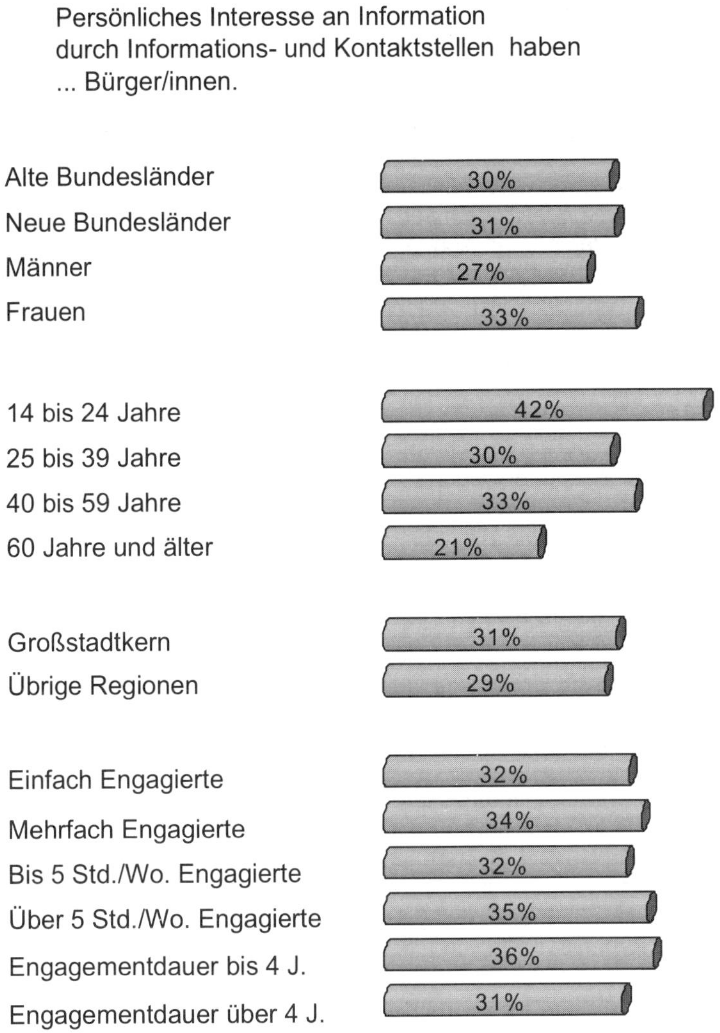

Persönliches Interesse an Information
durch Informations- und Kontaktstellen haben
... Bürger/innen.

Alte Bundesländer	30%
Neue Bundesländer	31%
Männer	27%
Frauen	33%
14 bis 24 Jahre	42%
25 bis 39 Jahre	30%
40 bis 59 Jahre	33%
60 Jahre und älter	21%
Großstadtkern	31%
Übrige Regionen	29%
Einfach Engagierte	32%
Mehrfach Engagierte	34%
Bis 5 Std./Wo. Engagierte	32%
Über 5 Std./Wo. Engagierte	35%
Engagementdauer bis 4 J.	36%
Engagementdauer über 4 J.	31%

© ISAB-Institut Köln 4/2000, Freiwilligensurvey 1999. (n = 14.922)

Engagierte Bürger/innen haben mit 37 % seltener von Informations- und Kontaktstellen gehört als solche, die nicht freiwillig engagiert sind (46 %). Diejenigen, die aktiv sind, sich aber nicht freiwillig engagieren, liegen dazwischen (42 %). Für die Realisierung von Informationsbedürfnissen spielt die tatsächliche Bekanntheit von Informations- und Kontaktstellen eine Schlüsselrolle. Doch auch hier sind die bereits engagierten Bürger/innen im Nachteil, weil nur 25 % von ihnen eine solche Stelle kennen, während es bei den nicht Aktiven immerhin 29 % sind.[44]

Die größere Aufgeschlossenheit der Engagierten zeigt sich darin, dass fast jede/r Vierte von ihnen seine Kenntnis bereits in Kontakte umgemünzt hat, aber nur jede/r siebte der nicht aktiv Beteiligten. Jede/r dritte Engagierte bekundet zudem sein Informationsinteresse im Vergleich zu jeder vierten Person, die nicht aktiv ist. Dies ist ein weiterer Hinweis auf die Veränderlichkeit freiwilliger Tätigkeiten. Bei den aktiv beteiligten, aber noch nicht freiwillig engagierten Bürgerinnen und Bürgern liegt noch besonderes Potenzial brach, denn diese geben mit 32 % fast genauso häufig ein Informationsinteresse an wie die Engagierten.

Diese Ergebnisse werden verständlich, wenn berücksichtigt wird, dass Engagierte in großen Bereichen zu den schlechter informierten zählen, etwa in „Sport und Bewegung", „Kultur und Musik", „Schule / Kindergarten" sowie „Unfall / Rettungsdienst / freiwillige Feuerwehr". In „Sport und Bewegung" sowie „Unfall / Rettungsdienst / freiwillige Feuerwehr" bestanden auch seltener Kontakte zu den vermittelnden Stellen.

Kleinere Bereiche zeichnen sich hingegen durch einen breiteren Kreis von Informierten aus: der soziale und der Gesundheitsbereich, die „Politik und politische Interessenvertretung", „Berufliche Interessenvertretung außerhalb des Betriebs", der „Kirchliche / religiöse Bereich", „Justiz / Kriminalitätsprobleme" sowie „Bürgerschaftliche Aktivität am Wohnort".

Auffallend ist weiterhin, dass in den meisten kleineren Bereichen häufiger Kontakte zu den Stellen bestanden, nicht nur bei den Engagierten, sondern zumeist auch bei den aktiv Beteiligten, die sich nicht weitergehend engagierten. Somit ist es auch nicht verwunderlich, dass in den Vereinen mit 30 % das geringste Informationsinteresse besteht, während Großorganisationen und kleine Freiwilligenvereinigungen sich mit 34 % bis 35 % hierin nicht unterscheiden.

---

44 Auf diese Frage gibt es einen sehr hohen Anteil an fehlenden Angaben. Die Ergebnisse beziehen alle Befragten ein und interpretieren fehlende Angaben, als würden entsprechende Informationen fehlen. Insofern sind die Angaben eher pessimistische Schätzungen.

Abb. 7.4: Kenntnis von Informations- und Kontaktstellen

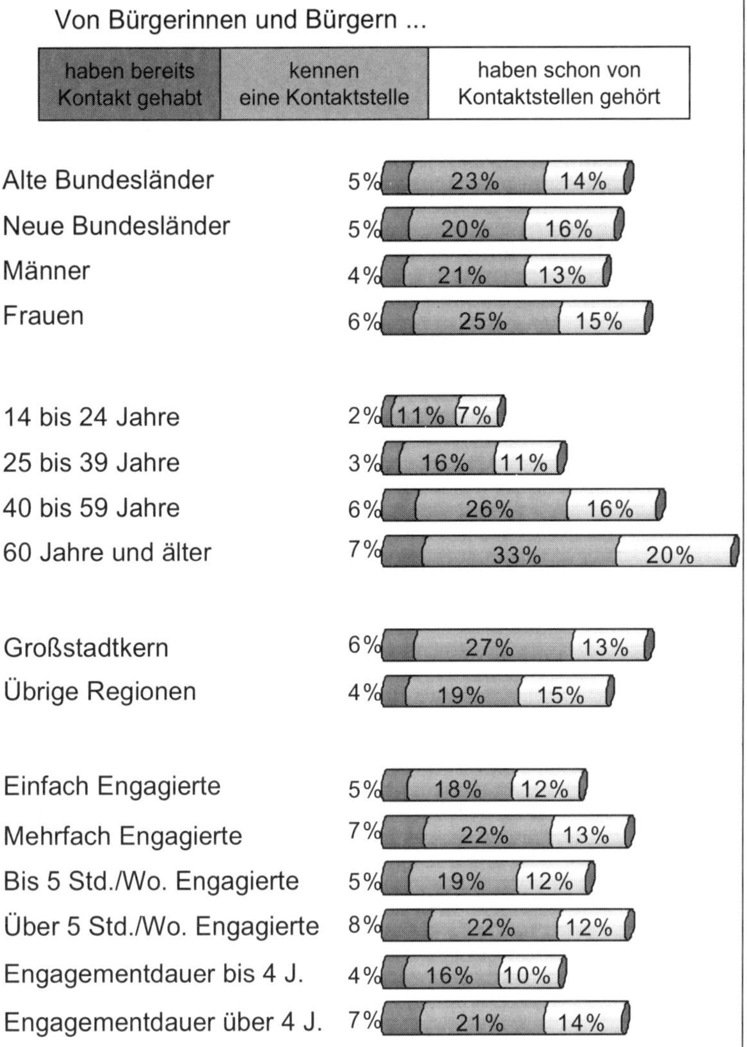

Von Bürgerinnen und Bürgern ...

haben bereits Kontakt gehabt	kennen eine Kontaktstelle	haben schon von Kontaktstellen gehört
Alte Bundesländer	5%	23%	14%
Neue Bundesländer	5%	20%	16%
Männer	4%	21%	13%
Frauen	6%	25%	15%
14 bis 24 Jahre	2%	11%	7%
25 bis 39 Jahre	3%	16%	11%
40 bis 59 Jahre	6%	26%	16%
60 Jahre und älter	7%	33%	20%
Großstadtkern	6%	27%	13%
Übrige Regionen	4%	19%	15%
Einfach Engagierte	5%	18%	12%
Mehrfach Engagierte	7%	22%	13%
Bis 5 Std./Wo. Engagierte	5%	19%	12%
Über 5 Std./Wo. Engagierte	8%	22%	12%
Engagementdauer bis 4 J.	4%	16%	10%
Engagementdauer über 4 J.	7%	21%	14%

© ISAB-Institut Köln 4/2000, Freiwilligensurvey 1999. (n = 14.922)

Unter den Engagierten selbst steigt die Zahl der Informierten mit der Zahl freiwilliger Tätigkeiten, mit dem Zeitaufwand für freiwilliges Engagement und mit der Dauer der Haupttätigkeit. Genau die gleichen Gruppen hatten auch häufiger Kontakte zu solchen Stellen. Somit fördert die Integration in den Freiwilligenbereich die Transparenz und die Inanspruchnahme solcher Stellen.

Offenbar erleichtern eigene Erfahrungen mit freiwilligem Engagement die Nutzung der entsprechenden Infrastruktureinrichtungen. Wegen häufig vorkommender Tätigkeitenwechsel bei den Engagierten ist dieses Ergebnis auch nicht als Fehlplatzierung von Ressourcen und Aktivitäten zu interpretieren. Vielmehr zeigt sich, dass diese Infrastruktureinrichtungen zur Stabilisierung des vorhandenen Engagements einen wichtigen Beitrag leisten. Die Tatsache, dass in einigen Bereichen relativ viele Bürger, die zwar aktiv, aber noch nicht weitergehend engagiert sind, zu den vermittelnden Stellen Kontakte hatten, zeigt darüber hinaus, dass solche Stellen neben der direkten Vermittlung in freiwillige Tätigkeiten auch die Vermittlung ins aktive Umfeld fördern und damit den Boden für einen späteren Übergang ins Engagement bereiten können.

Diese Ergebnisse lassen die Informations- oder Kontaktstellen als vermittelnde Instanzen teilweise in einem optimistischen Licht erscheinen. Zum einen werden sie bereits genutzt und zwar gezielt. Dafür sprechen die höheren Kontakthäufigkeiten in den problembezogenen Engagementbereichen sowie die der stärker Engagierten. Sie erreichen jedoch nicht durchgängig diejenigen Bevölkerungsgruppen, die von ihrem Informationsinteresse und ihrer Stellung im freiwilligen Engagement zu den Zielgruppen der Einrichtungen gehören könnten.

7.2 Kenntnisse der Bürgerinnen und Bürger in den verschiedenen Bundesländern

Die öffentlichen Anstrengungen zur Förderung von freiwilligem Engagement durch die Verbesserung der Zugangschancen sind in den einzelnen Bundesländern und Kommunen uneinheitlich. Da sie zu den „Kann-Leistungen" zählen, entscheiden kommunale oder Länderverwaltungen über Art und Umfang der Unterstützung. Da bisher keine Übersicht über die Verteilung der ca. 500 Informations- oder Kontaktstellen für freiwilliges Engagement und Selbsthilfe existiert, lässt sich ein länderbezogener Zusammenhang zwischen der Verbreitung der Information der Bürgerinnen und Bürger und der Existenz von Kontaktstellen nicht überprüfen.

In der Kenntnis der Informations- und Kontaktstellen bestehen deutliche regionale Unterschiede. Während in den fünf neuen Bundesländern nur jede/r vierte Bürger/in über entsprechende Informationen verfügt, ist es in den großen Stadtstaaten mehr als jede/r dritte (vgl. Abb. 7.5). Die Flächenstaaten unter den alten Bundesländern liegen zwischen 25 und 30 %. Diese Rangfolge kann von der Dichte solcher Stellen sowie von der Intensität und Wirksamkeit ihrer Öffentlichkeitsarbeit herrühren. Sie kann aber auch mit der Dauer ihrer Existenz zusammenhängen. Die Kenntnis über die Informations- oder Vermittlungsangebote breitet sich über verschiedene Kommunikationskanäle und –kreise aus. Für diese These spricht die (noch) einheitliche Rangfolge zwischen neuen und alten Bundesländern. Der hohe Bekanntheitsgrad in Hamburg und Berlin erklärt sich daraus, dass in beiden Stadtstaaten seit mehr als 15 Jahren solche Stellen bestehen.

Das Informationsinteresse ist mit 25 % in Hamburg am niedrigsten. Am unteren Ende liegt auch Bayern mit 26 %. In allen anderen Bundesländern ist das Interesse an Informationen durch Informations- und Kontaktstellen mit 28 % bis 32 % etwa durchschnittlich. Mithin ergibt sich für die neuen Bundesländer die größere Diskrepanz zwischen Informationsbedürfnissen und Informationsstand.

Informations- und Kontaktstellen haben sich somit als Engagement unterstützende Angebote bereits ein gutes Stück in der öffentlichen Wahrnehmung durchgesetzt. Wenn immer noch fast drei Viertel der Bürgerinnen und Bürger keine Einrichtung in ihrer Kommune kennen, so zeigt dies die Chancen, die sich mit einer weiteren Ausbreitung der Informations- und Kontaktstellen sowie mit einer Intensivierung der Öffentlichkeitsarbeit für freiwilliges Engagement und Selbsthilfe eröffnen.

Die Kenntnis von Einrichtungen ist natürlich nur ein erstes Ziel bei einer Förderung des freiwilligen Engagements. Die Qualität der vorhandenen Information muss noch keine konkrete Vorstellung von Aufgaben und Personen bedeuten. Anhaltspunkt für genauere Kenntnisse sind die realisierten Kontakte selbst. Zwischen 15 und 23 % der Bürger/innen, die eine solche Stelle kennen, hatten in den Bundesländern bereits Kontakte geknüpft.

Abb. 7.5: Kenntnis von Informations- und Kontaktstellen nach Bundesländern

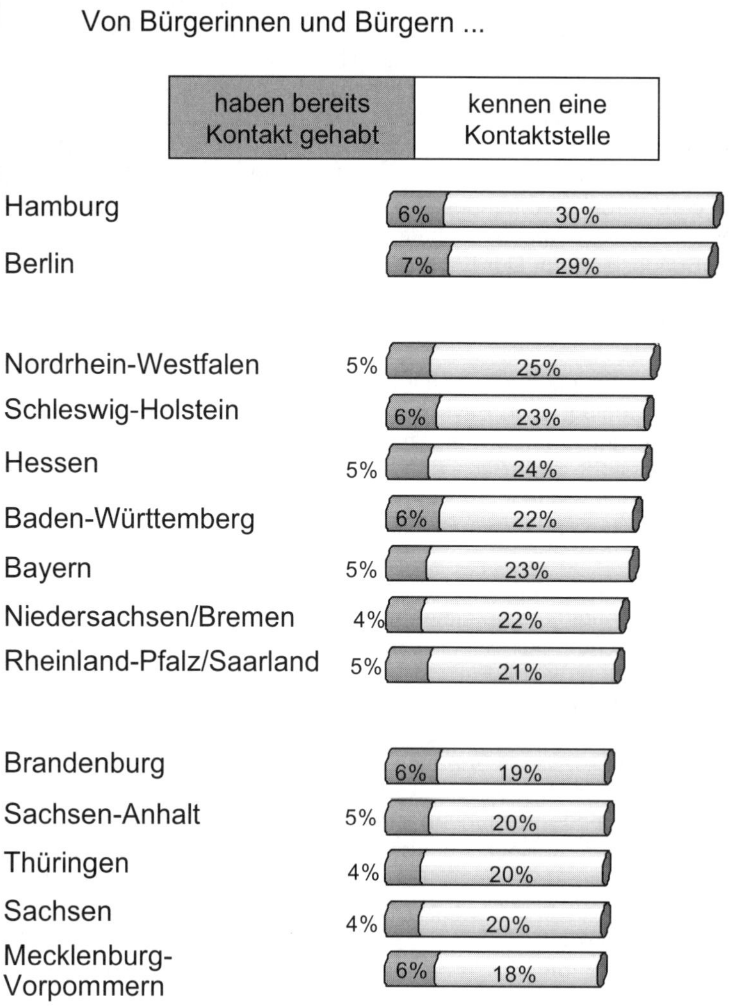

Von Bürgerinnen und Bürgern ...

	haben bereits Kontakt gehabt	kennen eine Kontaktstelle
Hamburg	6%	30%
Berlin	7%	29%
Nordrhein-Westfalen	5%	25%
Schleswig-Holstein	6%	23%
Hessen	5%	24%
Baden-Württemberg	6%	22%
Bayern	5%	23%
Niedersachsen/Bremen	4%	22%
Rheinland-Pfalz/Saarland	5%	21%
Brandenburg	6%	19%
Sachsen-Anhalt	5%	20%
Thüringen	4%	20%
Sachsen	4%	20%
Mecklenburg-Vorpommern	6%	18%

© ISAB-Institut Köln 4/2000, Freiwilligensurvey 1999. (n = 14.922)

7.3 Konsequenzen für die Förderung des freiwilligen Engagements

Die Befragungsergebnisse liefern ein Bild, nach dem das freiwillige Engagement in Deutschland aus facettenreichen Tätigkeiten engagierter Bürger/innen mit unterschiedlicher Lebenserfahrung und unterschiedlichen Bedürfnissen besteht. Aufnahme, Beendigung und Wechsel freiwilliger Tätigkeiten sind normaler Bestandteil des freiwilligen Engagements. Nebeneinander existieren langfristige oder zeitintensive freiwillige Tätigkeiten und solche, die mit geringem Zeitaufwand und befristet ausgeübt werden. Engagementveränderungen und -wechsel sind relativ häufig, so dass es sich bei freiwilligen Tätigkeiten in der Regel nicht um Lebensaufgaben handelt, sondern um eine zeitlich begrenzte Übernahme von Aufgaben. Entscheidungen für oder gegen ein freiwilliges Engagement begleiten somit viele Bürger/innen in ihrem Lebenslauf.

Daraus resultiert zum einen die Herausforderung für die Förderung des freiwilligen Engagements, Transparenz über die Möglichkeiten zum Engagement zu schaffen. Zum anderen sind den interessierten Bürgerinnen und Bürgern immer wieder Entscheidungshilfen an die Hand zu geben, welche freiwilligen Tätigkeiten ihren Wünschen am besten entsprechen. Dabei kann an vorhandene Informationsinteressen und entsprechende Erwartungen der Bürger/innen angeknüpft werden. In Informations- und Kontaktstellen mit unterschiedlicher Ausrichtung wird diese Aufgabe bereits in Ansätzen wahrgenommen. Daher erfahren auch immer mehr Bürger/innen von deren Existenz. Bisher ist jedoch festzustellen, dass Informationsbedürfnisse und Kenntnisse über Informations- und Kontaktstellen nicht immer miteinander einhergehen. Zur tatsächlichen Inanspruchnahme besteht noch eine erhebliche Lücke.

Die Entscheidung, ob freiwilliges Engagement durch Information und Beratung öffentlich gefördert werden soll, ist aus politischen und gesellschaftlichen Zielsetzungen abzuleiten. Bei den Bürgerinnen und Bürgern findet sie breite Unterstützung. Aus den vorliegenden Untersuchungsergebnissen lassen sich jedoch wichtige Hinweise für die Gestaltung von Informations- und Kontaktangeboten ableiten.

Als Zielgruppen sind junge Menschen und Senioren wichtig, aber keineswegs die einzigen in der Bevölkerung. Vielmehr richten sich Information und Beratung zweckmäßigerweise an alle Bevölkerungsgruppen. Junge Menschen werden bisher kaum erreicht und sind bei der Übernahme freiwilliger Tätigkeiten erheblich auf ihre Eigeninitiative angewiesen. Die Senioren hingegen werden besser erreicht. Die Leistungen von Engagement unterstützenden Einrichtungen werden wesentlich stärker von Frauen in Anspruch genommen als von Männern. Demnach werden sie dem höheren Interesse von bisher nicht engagierten Frauen grundsätzlich gerecht. Sie fördern gleichzeitig die Chancen von Frauen zur Übernahme freiwilliger Tätigkeiten, deren tatsächliches Engagement bisher geringer ist als das der Männer. Entgegen der Vorstellung, Information und Beratung ausschließlich den noch nicht Engagierten anzubieten, um diese beim Einstieg zu unterstützen, sprechen die Ergebnisse für die Aufnahme der bereits Engagierten unter die Zielgruppen. Diese können beim Wechsel in ein neues Engagement unterstützt werden.

Eigeninitiative ist zwar für viele Bürger/innen eine wichtige Voraussetzung, um freiwillige Tätigkeiten zu übernehmen. Die größere Bedeutung persönlicher Anstöße bei der Übernahme freiwilliger Tätigkeiten führt jedoch zu der Frage nach dem Zugang für Bürger/innen, die selbst über keine persönlichen Kontakte ins Milieu der Freiwilligen verfügen. Das Warten auf die Eigeninitiative von Interessenten lässt den größeren Teil des Potenzials unberücksichtigt. Eine aktive Ansprache kann dagegen weitere Kreise erreichen. Förderstrategien sollen berücksichtigen, dass nur ein Teil der für freiwilliges Engagement in Frage kommenden Bürgerinnen und Bürger von sich aus auf Informations- und Kontaktstellen zugehen wird. Dabei ist das zu erwartende Selbstverständnis zu berücksichtigen. Jüngeren und unerfahrenen Bürgerinnen und Bürgern liegt das Selbstverständnis der Freiwilligenarbeit näher. Sie sind deshalb darauf leichter anzusprechen als auf Ehrenämter. Wenn der Erfolg persönlicher Werbung für freiwillige Tätigkeiten bisher offensichtlich erfolgreich ist, bietet es sich an, dies auch bei neuen Förderstrategien zu nutzen. Die Ergebnisse legen nahe, die fehlenden Kontakte zu Freiwilligen nicht allein durch unpersönliche, mediale Informationstechniken zu ersetzen[45], sondern solche persönlichen Kontakte darüber hinaus auch zu vermitteln. Die persönliche Beratung über freiwilliges Engagement ist dabei ein erster Baustein, Vertrauen zu schaffen und Mut für die weitere Kontaktaufnahme zu machen.

Die Erkenntnis, dass für die Mehrheit der Engagierten dem freiwilligen Engagement die soziale Akzeptanz im vorhandenen Umfeld voraus geht, bringt ebenfalls Konsequenzen für die Förderung des Zugangs mit sich. Da die oft erforderliche soziale Akzeptanz nicht von außen ver-

---

45 Im Projekt VEREINSNETZ.DE werden zum Beispiel Organisationsnetzwerke auf Internet-Basis zur Verfügung gestellt. Außerdem steigern computergestützte Informationssysteme die Attraktivität der Informationsstelle für junge Menschen.

mittelt werden kann, sondern Zeit für gemeinsame Erfahrungen von aktiv Beteiligten und bereits freiwillig Engagierten voraussetzt, ist eine Förderstrategie von Vorteil, die Information und Beratung über Aktivitäten und über freiwillige Tätigkeiten in den verschiedenen Engagementbereichen mit einander verbindet. Das Wachstum an aktiv Beteiligten vergrößert gleichzeitig das Potenzial für freiwilliges Engagement. Daher besteht zwischen beiden Aufgaben keine Konkurrenz. Die Praxis der bereits bestehenden Einrichtungen zeigt es: Kontakt- und Informationsstellen für Selbsthilfegruppen unterscheiden nicht zwischen Betroffenen, die Hilfe suchen und denen, die Gleichbetroffenen Hilfe anbieten; Sportberatungsstellen informieren in erster Linie über Sportangebote; Seniorenbüros bedienen ebenfalls beide Gruppen, diejenigen, die aktiv werden wollen und solche, die bereits wissen, dass sie sich freiwillig engagieren wollen, mit Informationen. Die Informationen über Aktivitäten- und Engagementbereiche sollten daher möglichst in einer Hand liegen.

Die Ergebnisse geben einige Hinweise darauf, dass noch nicht Engagierte eher auf lebensnahe und erfahrungsgebundene Themen ansprechbar und leichter für die freizeitorientierten Bereiche zu gewinnen sind. In Bereichen mit großem Zulauf oder hoher Aktualität, wie es bei den Freizeitbereichen („Sport und Bewegung", „Freizeit und Geselligkeit", „Kultur und Musik") und dem Naturschutz zutrifft, ist mehr mit gezielten Anfragen zu rechnen als in weniger bekannten Bereichen. Für freiwillige Tätigkeiten im sozialen Bereich sowie in der politischen oder beruflichen Interessenvertretung sind bereits im freiwilligen Engagement Erfahrene im mittleren Lebensalter mit größeren Erfolgschancen anzusprechen.

Eine weitere Förderstrategie kann die Beratung von Organisationen bei Maßnahmen darstellen, mit denen Aktive oder Freiwillige gewonnen werden sollen. Die große Bedeutung der Ansprache seitens leitender Personen innerhalb der Organisationen bedeutet noch lange nicht, dass diese Strategie zur Gewinnung überall bekannt ist und angemessen erfolgt.

Freiwilliges Engagement, das an öffentliche oder private Einrichtungen angebunden ist, bedarf keiner besonderen Unterstützung von außen. Allerdings gilt dies nicht zwangsläufig auch für die dort Engagierten, die auch die Bereitschaft für andere freiwillige Tätigkeiten mitbringen. Für alle anderen Organisationsformen bedeuten mehr Information und Beratung nach Meinung der Bürger/innen eine angemessene Unterstützung, so dass sich hier keine selektive Vorgehensweise anbietet. Vielmehr kann die Pluralität der Organisationsformen als Chance betrachtet werden, den unterschiedlichen Bedürfnissen der Interessierten entgegen zu kommen und Alternativen zu eröffnen.

Die Förderung des freiwilligen Engagements ist zu Recht auf kommunaler Ebene angesiedelt, wo sich die weit überwiegende Mehrheit der Freiwilligen engagiert. Gerade die Vielfalt der erbrachten Leistungen lässt im Zusammenhang mit ihrem örtlichen Bezug erkennen, welche Bedeutung das freiwillige Engagement für die Lebensqualität der Bürger/innen besitzt. Es mischen sich Elemente der Freizeitgestaltung, der Bildung, der Unterstützung für bedürftige Bürger/innen mit partizipativen Aktionen und mit Organisationsleistungen, ohne die viele freiwillige Angebote nicht existieren würden.

8 Zusammenfassung

Viele Kommunen haben damit begonnen, ihre bisherigen Formen der Unterstützung für freiwilliges Engagement zu erweitern und die Zugangsmöglichkeiten zu freiwilligen Tätigkeiten zu verbessern. Kontakt- und Informationsstellen für Selbsthilfe, Seniorenbüros und Freiwilligenagenturen sind Ansätze mit unterschiedlichem Zuschnitt. Es werden Überlegungen zu einer Integration oder Vernetzung der bisherigen Förderstrategien angestellt, um mehr Transparenz zu schaffen, aber auch deren Ausweitung auf Kommunen zu erleichtern, in denen es noch keine Engagement unterstützende Infrastruktur gibt. Die Befragungsergebnisse zeigen, wie die Zugangschancen engagementbereiter Bürgerinnen und Bürger gefördert und wie die Engagierten angemessen unterstützt werden können und dass ein entsprechender Bedarf für alle Altersgruppen und Engagementbereiche besteht.

Für die Ansprache der Bürgerinnen und Bürger ist es wichtig, deren Selbstverständnis von freiwilligem Engagement zu kennen und dabei zu berücksichtigen. In der öffentlichen Darstellung wird bisher meist vom Ehrenamt gesprochen, aber nur Engagierte in Verbänden, Gewerkschaften und Kirchen verstehen sich mehrheitlich als Ehrenamtliche. Die meisten Bürger/innen finden ihr Engagement am besten mit dem Begriff der „Freiwilligenarbeit" angemessen beschrieben. Sie grenzen sich damit besonders gegenüber der Erwerbsarbeit ab. Mit Bezeichnungen wie Selbsthilfe, Initiativen- und Projektarbeit sowie Bürgerengagement charakterisiert jede sechste Person ihr Engagement. Als Freiwillige fühlen sich vor allem die Bürger/innen, die sich in freizeitorientierten Vereinen und Gruppen organisieren. Persönliche Hilfeleistungen, praktische und organisatorische Arbeiten sowie die Leitung von Gruppen sind die wichtigsten Inhalte ihrer Tätigkeit. Jüngere und weniger stark Engagierte tendieren stärker zum Selbstverständnis als Freiwillige, weswegen sich eine Ansprache von Interessenten als Freiwillige anbietet. Bei Selbsthilfegruppen, Initiativen und Projekten besteht eine hohe Übereinstimmung zwischen der Bezeichnung der Organisation und dem Selbstverständnis der Engagierten für ihre Tätigkeit.

Viele engagierte Bürger/innen beginnen mit freiwilligen Tätigkeiten meist bereits in der Jugend, setzen diese als Erwachsene fort, dann aber oft auf einem neuen Gebiet oder in einer neuen Aufgabe. Somit gibt es große Veränderungen bei den freiwilligen Tätigkeiten. Es eröffnen sich Möglichkeiten, die Aufnahme neuer Tätigkeiten durch informative und vermittelnde Angebote mehrfach und in allen Altersgruppen zu fördern. Eine einseitige Ausrichtung der Engagementförderung auf die jüngeren Jahrgänge wäre vor diesem Hintergrund unangebracht. Es bietet sich der Vergleich mit dem Arbeitsmarkt an. Auch ins Berufsleben steigt man mit einer bestimmten Tätigkeit ein, entwickelt seine Fähigkeiten und Interessen weiter und wechselt entsprechend den sich bietenden Möglichkeiten. Neben stabilen Berufsverläufen finden sich mehr oder weniger veränderliche.

Langfristige freiwillige Tätigkeiten sind dort vermehrt zu finden, wo ganz spezifische Voraussetzungen erforderlich sind, seien dies nun Kenntnisse, Fertigkeiten (z. B. Musik) oder Überzeugungen (z. B. religiöser oder politischer Art).

Mehrheitlich gehen die freiwilligen Tätigkeiten nicht auf die Eigeninitiative der Engagierten zurück, sondern auf Anstöße von außen. Engagement kann somit durch gezielte und werbende Ansprache gefördert werden. Für die Engagierten kamen die häufigsten Anstöße von engagierten Leitungspersonen in Gruppen oder Organisationen. Insbesondere für jüngere Menschen kamen wichtige Anstöße auch aus ihrem Bekanntenkreis oder der Familie. Millionen engagierter Personen entfalten somit durch werbende Ansprache in alltäglichen Kontakten mit noch nicht engagierten Bürger/innen eine enorme Wirkung. Doch nicht jede/r Bürger/in hat damit die gleiche Chance, Zugang zum freiwilligen Engagement zu finden. Nur ein Teil von ihnen verfügt über soziale Beziehungen in die Milieus der freiwillig Engagierten. Der andere Teil braucht dabei Unterstützung, etwa Hinweise durch Medien oder durch Informations- und Kontaktstellen.

Freiwilliges Engagement vollzieht sich meist in einem Netzwerk sozialer Beziehungen. Viele Engagierte sind für ihre Tätigkeit von anderen gewählt oder als Leitungspersonen zumindest akzeptiert. Drei Viertel arbeiten im Team. Es bedarf somit häufig mehr als der persönlichen Entscheidung, um freiwillig tätig sein zu können. Der Zugang zum Engagement kann nicht immer direkt erfolgen, sondern auf dem Umweg über die Teilnahme an Aktivitäten, wodurch erst soziale Einbindung und Akzeptanz erreicht werden. Weitaus mehr Männer als Frauen, vor allem zwischen 40 und 59 Jahren, engagieren sich mit offizieller Legitimation, wie sie durch Wahlen oder Leitungstätigkeit gegeben ist. Jüngere Engagierte zählen seltener zu diesem Kreis.

Berufliche Verbindungen sind für den Zugang zu fast einem Viertel der freiwilligen Tätigkeiten relevant. Es gibt Überschneidungen zwischen beruflichen und freiwilligen Aufgaben, die mit dem Bildungsgrad der

Engagierten und der Intensität des Engagements zunehmen. Berufliche Kenntnisse werden für eine Reihe von Tätigkeiten für erforderlich gehalten. Entsprechende Anforderungen sind bei der Vermittlung zwischen interessierten Bürgerinnen und Bürgern und Organisationen zu beachten.

Größere Unterschiede hinsichtlich des Engagements und der Zugangswege bestehen in den verschiedenen Engagementbereichen. Sie hängen mit den Inhalten und mit den organisatorischen Strukturen zusammen. In den freizeitorientierten Bereichen, die überwiegend vereinsmäßig organisiert sind, existieren große Kreise von aktiv Beteiligten, die auf freiwillige Tätigkeiten angesprochen werden können. Die Beteiligung junger Menschen und ihr freiwilliges Engagement ist relativ gut. Sie übernehmen ihr erstes Engagement häufig in einem der genannten Bereiche, vor allem im Sport. Daher wird hier der Bedarf an öffentlicher Information und Beratung über freiwilliges Engagement geringer angesehen. Für alle Bevölkerungsgruppen haben diese Bereiche hinsichtlich des freiwilligen Engagements die größte quantitative Bedeutung. Im Ergebnis gibt es bei den Engagierten allerdings ein Übergewicht von Männern in der zweiten Lebenshälfte. Die Verbesserung des Zugangs zu den Aktivitäten kann für diese Bereiche bereits eine wichtige Fördermaßnahme sein. Vergleichbar ist die Situation mit hohem Potenzial an aktiv Beteiligten und überdurchschnittlichem Zeiteinsatz in „Umwelt / Naturschutz / Tierschutz". Die Befunde deuten auf ein Wachstum aufgrund der hohen aktuellen Sensibilität für dieses Thema hin. Anregungen erfolgen häufig durch Medien und Kontaktstellen.

Weniger günstig stellen sich die Verhältnisse in Bereichen dar, die von geringeren Potenzialen bei Engagierten und aktiv Beteiligten sowie von einem überdurchschnittlichen Engagement älterer Menschen und Frauen geprägt sind. Dies gilt vor allem für den sozialen, den gesundheitlichen und den kirchlichen Bereich. Für den Zugang sind – mit Ausnahme des kirchlichen Bereichs - Medien und Kontaktstellen von größerer Bedeutung als in Freizeitbereichen, aber auch berufliche Verbindungen. Die Vielfalt an Organisationsformen bietet einerseits Chancen für persönliche Präferenzen, erschwert andererseits aber die Transparenz. Das freiwillige Engagement in diesen Bereichen ist teilweise von einem hohen Einsatz geprägt. Kirchliches Engagement wird meist in persönlichen Kontakten angeregt und ist weniger aufwendig und langfristig angelegt. Bei allen Unterschieden sind diese Bereiche besonders auf die Verbesserung von Zugangschancen angewiesen, wenn das Niveau der freiwilligen Tätigkeiten gehalten werden soll. Die Engagierten bestätigen diese Einschätzung durch ihre Forderung nach öffentlicher Information und Beratung über Gelegenheiten zum freiwilligen Engagement.

Freiwillige Tätigkeiten zur Interessenvertretung politischer oder beruflicher Art zeichnen sich durch besondere soziale Einbindung aus, insbesondere sind Wahlen als Zugangsweg sehr häufig. Sie werden überwiegend in traditionellen Großorganisationen ausgeübt. Wegen des meist erhöhten Aufwands und der Langfristigkeit des freiwilligen Engagements sind diese Bereiche nicht für Einsteiger typisch, sondern in der zweiten Lebenshälfte wichtiger.

Ein Sonderfall ist der Bereich „Unfall / Rettungsdienst / freiwillige Feuerwehr". Ein früher Einstieg junger Männer, auch aus Arbeiterkreisen, auf Grund persönlicher Anregungen mit nachfolgendem langem, ausschließlichem Engagement ist für diesen Bereich typisch.

Ohne großes Potenzial erneuert sich freiwilliges Engagement dort, wo es in Einrichtungen eingebunden ist, die über formalisierte Zugangswege verfügen, sei es durch Wahlen wie in Schulen und Kindergärten oder durch Berufung wie bei Gerichten. Die traditionelle Rollenverteilung der Geschlechter schlägt sich in der Zusammensetzung der Engagierten dennoch nieder. Immerhin schaffen es Einrichtungen, Personen für einen befristeten Zeitraum zum Engagement zu bewegen, die sich ansonsten von freiwilligen Tätigkeiten meist fernhalten. Für die Zugangsthematik ist von Bedeutung, dass das freiwillige Engagement in den neuen Bundesländern überall dort, wo eine institutionelle Anbindung vorhanden ist, das West-Niveau erreicht hat, während Engagierte und Aktive ansonsten zahlenmäßig geringer sind.

Von allen unterstützenden Maßnahmen betonen die engagierten Bürgerinnen und Bürger die öffentliche Information und Beratung über Möglichkeiten zum freiwilligen Engagement am häufigsten. Dies geschieht um so mehr, je stärker sich Bürgerinnen und Bürger engagieren. Je geringer die Zahl der Engagierten in einem Bereich ist und je stärker der Bezug zu sozialen und gesundheitlichen Inhalten, um so mehr sehen die Engagierten die Notwendigkeit, dass die Folgen geringer Transparenz durch vermehrte Information und Beratung nachhaltig kompensiert werden.

Das Interesse an freiwilligem Engagement ist bei den Bürgerinnen und Bürgern durchaus nicht ausgereizt. Darüber hinaus geben Informations- und Kontaktstellen den bereits Engagierten Hinweise für weitere freiwillige Tätigkeiten und stabilisieren damit das vorhandene Engagement.

Die vorliegenden Befunde liefern vielfältige Hinweise, was bei der Ansprache verschiedener Zielgruppen und der Förderung der einzelnen Engagementbereiche zu beachten ist. Das Interesse an geeigneten Informationen besteht – wenn auch mit unterschiedlicher Intensität – in allen Bereichen des freiwilligen Engagements und wird von allen Altersgruppen betont. Im Hinblick auf die konstruktive Gestaltung einer Engagement fördernden Infrastruktur in Kommunen stellt sich daher die Frage, ob die in den letzten Jahren entstandenen Einrichtungen in ihrer jetzigen Form bedarfsgerecht sind oder ob sie weiterentwickelt werden können.

Die hohe Nachfrage von 30 % der Befragten, das sind ca. 18 Mio. Personen, nach Leistungen von Informations- und Kontaktstellen rückt die Frage ins Zentrum, wie in möglichst vielen Kommunen in Deutschland solche Kontaktstellen geschaffen werden können.

Ob der Zugang zum freiwilligen Engagement tatsächlich gelingt, hängt in hohem Maße von beeinflussbaren Faktoren ab. Die gesellschaftliche Wertschätzung und Anerkennung des freiwilligen Engagements, die Rahmenbedingungen, die verfügbaren Informationen über Gelegenheiten zum Engagement sowie tatsächliche Unterstützung sind entscheidend dafür, ob Bereitschaft in konkretes Tun und Engagement umgesetzt wird. Hieraus ergibt sich das Erfordernis nach einer gesellschaftspolitischen Gestaltung engagementfreundlicher und –fördernder Rahmenbedingungen durch die verschiedenen Ebenen der Politik (Bund, Länder, Gemeinden),
- wenn das im freiwilligen Engagement manifestierte Sozialkapital der Menschen zur Entfaltung kommen soll,
- wenn Eigeninitiative und die selbstorganisierte Gestaltung verschiedener gesellschaftlicher Bereiche erreicht zunehmen sollen,
- wenn ein neues Verhältnis von Staat und Bürgern verwirklicht werden soll.

Teil 4: Anhang

1 Methodische Anlage der repräsentativen Befragung

Untersuchungsziel ist ein Gesamtüberblick zu freiwilligem Engagement in Deutschland, unter Einbeziehung verschiedener Formen wie ehrenamtlicher Tätigkeit, Freiwilligenarbeit und bürgerschaftlichem Engagement in Initiativen und Projektgruppen und Selbsthilfe. Dabei sollen Umfang, Art, Strukturbedingungen und Motivation freiwilligen Engagements dargestellt werden.

Dieses Untersuchungsziel ist nur mit einer repräsentativen Befragung zu erreichen, bei der die Bürgerinnen und Bürger selbst Auskunft darüber geben, ob sie als relevant erachtete Tätigkeiten ausüben oder nicht. Die Befragung muss daher zunächst die Gesamtbevölkerung einbeziehen; die Eingrenzung auf Personen mit freiwilligem Engagement erfolgt nicht vorab, sondern innerhalb des Interviews.

Im folgenden wird die methodische Anlage der repräsentativen Befragung kurz erläutert. Weitergehende Ausführungen zu einzelnen Aspekten finden sich im *Materialband*, a.a.O. (Fußnote in der Vorbemerkung).

Die Stichprobe

Grundgesamtheit der Befragung ist die Wohnbevölkerung Deutschlands ab 14 Jahren.[1] Diese Grundgesamtheit umfasst rd. 64 Mio. Menschen. Diese sollen durch eine Stichprobe von rd. 15.000 Personen repräsentiert werden. Die Stichprobe stellt dabei ein verkleinertes Abbild der Wohnbevölkerung dar. Wenn dies methodisch zuverlässig realisiert

---

[1] Um exakt zu sein, muss die tatsächliche Grundgesamtheit beschrieben werden als „die deutschsprachige Wohnbevölkerung in Privathaushalten mit Telefonanschluß". Personen in Anstaltshaushalten (Alten- und Pflegeheime, Wohnheime, Gefängnisse usw.) werden nicht befragt. Personen, die über keine ausreichenden Deutschkenntnisse für ein Interview verfügen, können ebenfalls nicht befragt werden. Dasselbe gilt bei telefonischen Befragungen natürlich auch für Haushalte ohne Telefonanschluss; diese machen rd. 4% aller Haushalte aus. Die wichtigste systematische Unterrepräsentation in der realisierten Stichprobe, die aus diesen und anderen Gründen entsteht, betrifft den Anteil der Personen mit ausländischer Staatsangehörigkeit. Sie sind in der Stichprobe mit 3% vertreten, während ihr Anteil in der Grundgesamtheit rd. 8% beträgt.

wird, können die Ergebnisse der Befragung verallgemeinert werden und als Aussagen über die Verhältnisse in der Bevölkerung insgesamt gelten.

Die Befragungspersonen werden nach einem Zufallsverfahren ausgewählt. Grundlage ist im vorliegenden Fall das Infratest-Telefonhaushalts-Master-Sample (ITMS). Dieses ist durch eine sehr differenzierte Schichtung nach regionalen Kriterien auf Ebene der Gemeinden, in Großstädten bis hinunter auf die Ebene der Stadtbezirke, gekennzeichnet. Durch Anwendung des sogenannten Random-Last-Digits (RLD)-Verfahrens ist die Telefonstichprobe repräsentativ für *alle* Telefonnummern, einschließlich der nicht ins Telefonverzeichnis eingetragenen Anschlüsse. Wegen der hohen Telefondichte der Privathaushalte in Deutschland (96%) werden auf diese Weise weitgehend alle Privathaushalte erfasst. Innerhalb der Haushalte wird eine Person nach einem Zufallsschlüssel als Befragungsperson bestimmt.

Das Verfahren gewährleistet, dass — mit den erwähnten Einschränkungen — alle Personen der Grundgesamtheit die gleiche Chance haben, in die Befragung einbezogen zu werden. Nicht erreichte Haushalte werden bis zu sechsmal zu verschiedenen Tageszeiten angerufen.

Da die Teilnahme an der Befragung freiwillig ist, kann nicht ausgeschlossen werden, dass aufgrund der Nichtteilnahme bestimmte Personengruppen unterrepräsentiert und andere dementsprechend überrepräsentiert sind. Dies kann in einem gewissen Umfang durch einen Vergleich der Stichprobenstruktur mit Bevölkerungsstatistiken der amtlichen Statistik festgestellt werden. Soweit Abweichungen auftreten, werden diese durch eine sogenannte „Gewichtung" rechnerisch korrigiert.

In der vorliegenden Erhebung wurde durch die vorgenommene Gewichtung sichergestellt, dass die Stichprobe im Hinblick auf die Verteilungen nach

- Bundesland
- Gemeindegrößenklassen (BIK)
- Geschlecht
- Altersgruppen

mit der amtlichen Bevölkerungsstatistik übereinstimmt. Dies gilt nicht nur für die bundesweite Stichprobe, sondern auch auf der Ebene der Bundesländer.

In Bezug auf die Bundesländer ist die Stichprobe disproportional angelegt. Die Zahl der Interviews in den kleineren Bundesländern wurde auf eine Mindestgrenze von rd. 900 Befragten angehoben. Dadurch ist die Fallzahl groß genug, um Analysen auf Länderebene zu ermöglichen.[2]

Interviewmethode

Die Befragung wurde mit computerunterstützten telefonischen Interviews (CATI) durchgeführt.

Die telefonische Befragung ist im vorliegenden Fall die Methode der Wahl, weil schwer antreffbare Personen — dazu gehören sicher auch viele freiwillig und ehrenamtlich Engagierte — über das Telefon besser zu erreichen sind als mit persönlichen Interviews in der Wohnung (face to face).

Die Computerunterstützung des Interviews ermöglicht eine automatische Steuerung der Fragenabläufe im Interview. Für die vorliegende Untersuchung war dies von großem Wert, weil das Fragenprogramm damit in der gewünschten Komplexität angelegt werden konnte. Ohne Computerunterstützung wäre das anspruchsvolle „Messkonzept" für die Erfassung freiwilligen Engagements in dieser Untersuchung kaum zu realisieren gewesen. Für eine Übersicht zum Fragenprogramm verweisen wir auf Anhang 2.

Durchführung der Befragung

Nach einem Pretest im März 1999 wurde die Haupterhebung in der Zeit von Anfang Mai bis Ende Juli 1999 durchgeführt. Für die Befragung wurden geschulte Telefoninterviewer des Infratest-Stabes in fünf Telefonstudios eingesetzt (München, Frankfurt, Bielefeld, Berlin, Parchim). Alle Studios arbeiten nach denselben Standards und sind an das zentrale System der Stichprobensteuerung angeschlossen.

Von den zufällig ausgewählten Befragungspersonen haben 55% an der Befragung teilgenommen. Die realisierte Stichprobe umfasst

---

[2] Nähere Erläuterungen und tabellarische Ergebnisse finden sich im Bericht „Bundesländer im Vergleich", a.a.O. (vgl. Fußnote in der Vorbemerkung).
Für die kleinsten zwei Bundesländer wurde auf eine Stichprobenaufstockung verzichtet. Bremen wurde mit Niedersachsen zusammengefasst, das Saarland mit Rheinland-Pfalz.

14.922 Interviews
 darunter
10.010 aus der bundesweiten Basisstichprobe
4.912 aus den Länderaufstockungen.

Die Länderaufstockungen auf mindestens 900 Befragte pro Land kommen insgesamt den neuen Ländern stärker zugute als den alten Ländern. So erhöht sich durch die Aufstockung die Zahl der Interviews

in den alten Ländern von 7.832 auf 9.517
in den neuen Ländern von 2.178 auf 5.405.

Für bundesweite Auswertungen wird die Stichprobe im Rahmen des Gewichtungsmodells „re-proportionalisiert". Durch einen rechnerischen Faktor erhält jedes Bundesland das Gewicht, das seinem Bevölkerungsanteil im Bund entspricht.

Prüfung und Hochrechnung der im Interview beschriebenen freiwilligen, ehrenamtlichen Tätigkeiten

Die befragten Personen konnten im Rahmen des Erhebungskonzepts theoretisch bis zu 30 Tätigkeiten im Bereich des freiwilligen, ehrenamtlichen Engagements nennen, die sie ausüben. Bis zu 10 Nennungen pro Person kamen tatsächlich vor. Aus diesen wurden im Interview zwei Tätigkeiten ausgewählt und genauer beschrieben: (1) die Tätigkeit, für die man am meisten Zeit aufwendet, (2) und aus den übrigen eine zufällig ausgewählte weitere Tätigkeit.

Die befragten 14.922 Personen haben im Interview insgesamt 7.769 Tätigkeiten angegeben. Ob die genannte Tätigkeit den Kriterien für die Definition freiwilligen, ehrenamtlichen Engagements entspricht, wurde im Rahmen der Datenprüfung überprüft. Die Zahl der als gültig akzeptierten Tätigkeitsangaben verringerte sich dadurch um 3,5% auf verbleibende 7.500 Tätigkeitsangaben.

Ein „unscharfer Rand" in der Abgrenzung freiwilligen Engagements ist allerdings nicht zu vermeiden. Von den 7.500 Tätigkeitsangaben wurden 630 als Angaben im Unschärfebereich gekennzeichnet. In den meisten Fällen ist hier unklar, inwieweit über die bloße Mitgliedschaft oder das Mitmachen hinaus wirklich „Aufgaben oder Arbeiten" übernommen werden. In einigen Fällen handelt es sich um Tätigkeiten im Übergangsbereich zwischen ehrenamtlicher und nebenberuflicher Tätigkeit. Letztlich schien es aber angemessen, die Einstufung der Tätigkeit durch die Befragten zu akzeptieren. Selbst wenn man hier strengere Kriterien anlegen würde, würde dies die ermittelte Quote freiwillig engagierter Personen um nicht mehr als 3 Prozentpunkte verringern.

Auch die Zuordnung der Tätigkeiten zu den 15 vorgegebenen Engagementbereichen wurde überprüft. Korrekturen wurden auch hier nur auf eindeutige Fehlzuordnungen beschränkt. Dies betraf rd. 6% der genannten Tätigkeiten. Oft kann eine Tätigkeit jedoch durchaus mit Recht verschiedenen Bereichen zugeordnet werden. Im Zweifelsfall wurde daher die Zuordnung akzeptiert, die die Befragten selbst vorgenommen haben.

Für 5.485 der 7.500 Tätigkeiten liegen im Interview erfragte genauere Merkmalsprofile vor. Die Auswertung stützt sich in weiten Teilen nur auf diese Auswahl von Tätigkeiten. Wegen der Auswahlkriterien im Interview sind dabei die weniger zeitaufwendigen Tätigkeiten unterrepräsentiert. Dieser Effekt wird in der Auswertung durch ein speziell entwickeltes Gewichtungsmodell („Tätigkeiten-Gewichtung") korrigiert. Dadurch sind unverzerrte Aussagen zu Strukturen und Verteilung *aller* freiwilligen ehrenamtlichen Tätigkeiten möglich.

Die einzelne Person kann mehrere Tätigkeiten im Bereich des freiwilligen Engagements ausüben. In der Analyse ist daher zu unterscheiden, ob Aussagen sich auf Merkmale der *Person* beziehen oder auf Merkmale einer von ihr ausgeübten *Tätigkeit*. Der Datenbestand ist so aufbereitet, dass er wahlweise — je nach Fragestellung — entweder personenbezogen oder tätigkeitsbezogen ausgewertet werden kann.

2 Das Fragenprogramm der Erhebung

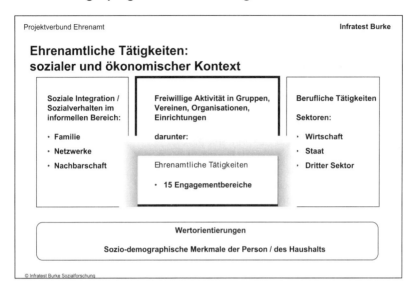

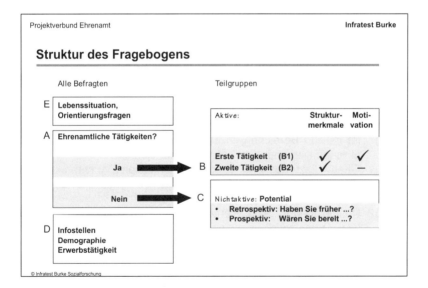

Übersicht über das Fragenprogramm

Teil E: Einführungsfragen

E1	Geschlecht
E2	Geburtsjahr
E3	Erwerbsstatus
E4	Falls Schüler/in Ausbildung: Art der Ausbildung
E5	Seit wann lebt man am Wohnort?
E6	Wie gern?
E7	Freundes- und Bekanntenkreis
E8/E9	Zahl der Personen im Haushalt
E10	Mit wem lebt man zusammen?
E10a	Alter des jüngsten Kindes
E11	Betreuungsperson des Kindes
E12	Gibt es eine pflegebedürftige Person?
E12a	Falls ja: Wer ist die pflegebedürftige Person?
E12b	Wer ist die Hauptpflegeperson?
E13	Unterstützungsleistungen/Nachbarschaftshilfe, die man erhält
E14	Unterstützungsleistungen/Nachbarschaftshilfe, die man selbst leistet
E15	Zugehörigkeit zu einer Konfession/Religionsgemeinschaft
E15a	Falls ja: Konfession
E15b	Kirchenbindung
E16	Politisches Interesse

Teil A: Erfassung ehrenamtlicher Tätigkeiten

A1	Aktive Beteiligung in 15 möglichen Aktivitäts- bzw. Engagementbereichen
A2	Definition „ehrenamtliches Engagement"
A3(X)	Ist man in Bereichen, in denen man sich aktiv beteiligt, auch ehrenamtlich engagiert? (Abfrage pro Bereich)
A3(X)1	Offene Texterfassung: Gruppe/Organisation/Einrichtung, in der man tätig ist; Aufgabe/Funktion oder Arbeit, die man dort ausübt
A3(X)2	Desgleichen für eine eventuelle zweite ehrenamtliche Tätigkeit bzw. Organisation im gleichen Engagementbereich
A4	Auflistung aller genannten ehrenamtlichen Tätigkeiten (bis zu 30 mögliche Nennungen); Überprüfung der Nennungen auf eventuelle Doppelnennungen, die im folgenden dann nicht berücksichtigt werden
A5	Falls mehr als eine ehrenamtliche Tätigkeit ausgeübt wird:

	Für welche wendet man am meisten Zeit auf? (Diese Tätigkeit wird in Teil B1 näher beschrieben)
A6	Zeitaufwand pro Woche für das gesamte ehrenamtliche Engagement
A7	Bereitschaft, weitere ehrenamtliche Aufgaben zu übernehmen
A8	Alter, in dem man sich erstmals ehrenamtlich engagiert hat
A9	Bedeutsamkeit ehrenamtlichen Engagements im eigenen Leben
A10	An Arbeitslose, die ehrenamtlich engagiert sind: Seit wann arbeitslos?
A11	Ehrenamtliches Engagement schon vorher oder danach?
A12	Wenn vorher: Seit Beginn der Arbeitslosigkeit ausgeweitet oder verringert?

Teil B1: Strukturmerkmale und Motivationsfaktoren der ehrenamtlichen Tätigkeit, für die man am meisten Zeit aufwendet

B1-0	Begriff, der das Engagement am besten beschreibt
B1-1	Personenkreis, um den es geht
B1-2	Organisatorischer Rahmen
B1-3	Lokale oder überregionale Orientierung der Gruppierung/Organisation
B1-4	Wenn überregional: Ist man selbst auch überregional tätig?
B1-5	Hauptinhalt der eigenen Tätigkeit
B1-6	Wenn Unfall- oder Rettungsdienst/freiwillige Feuerwehr: Ersatz für Wehrdienst oder Zivildienst?
B1-7	Wahlamt
B1-8	Leitungs- oder Vorstandsfunktion
B1-9	Ausübung allein oder im Team
B1-10	Qualifikatorische Voraussetzungen
B1-11	Anforderungen der Tätigkeit
B1-12	Fühlt man sich den Anforderungen gewachsen?
B1-13	Gibt es Weiterbildungsangebote?
B1-13a	Falls ja: Selbst schon teilgenommen?
B1-14	Interesse an einem „Tätigkeitsnachweis"
B1-15	Ist die Tätigkeit mit regelmäßigen zeitlichen Verpflichtungen verbunden?
B1-15a	Zeitliche Lage der Tätigkeit
B1-16	Zeitaufwand für die Tätigkeit: Häufigkeit
B1-17	Stunden pro Monat
B1-18	Erstattung von Auslagen

B1-19   Vergütung für die Tätigkeit
B1-20   Falls ja: Regelmäßig oder gelegentlich?
B1-21   Ist Vergütung angemessen?
B1-22   Höhe der Vergütung
B1-23   Wird die Tätigkeit von anderen Personen gegen Bezahlung ausgeübt?
B1-23a Falls ja: Wäre man persönlich daran interessiert?
B1-24   Zusammenhang ehrenamtliche Tätigkeit mit beruflicher Tätigkeit
B1-25   Erwartungen, die man mit der ehrenamtlichen Tätigkeit verbindet
B1-26   Erfüllung dieser Erwartungen
B1-27   (entfällt, ist jetzt B1-1)
B1-28   Seit wann übt man die Tätigkeit schon aus?
B1-29   Anstoß, die Tätigkeit zu übernehmen
B1-30   Initiative dafür
B1-31   Zeitliche Begrenzung der Tätigkeit
B1-32   Schwierigkeit, die Aufgabe abzugeben
B1-33   Eigene Präferenz für Ausweitung/Einschränkung/Aufgeben der Tätigkeit
B1-34/35 Bewertung von Vorschlägen zur Verbesserung der Rahmenbedingungen ehrenamtlichen Engagements
B1-36   Überleitungstext zur zweiten Tätigkeit oder zum Schlussteil

Teil B2: Strukturmerkmale der zweiten ehrenamtlichen Tätigkeit [3]

Identisch wie Fragenblock B1,
jedoch ohne die Fragen 25 — 26, 29 — 30 und 34 — 35.

Teil C: Engagementpotenzial bei Nichtengagierten

C1   Früher ehrenamtlich engagiert?
C2   Falls ja: In welchen Bereichen?
C3   Wann beendet?
C4   Bewertung aus heutiger Sicht
C5   Eventuelle persönliche Gründe für Beendigung
C6   Andere Gründe für die Beendigung
C7   Interesse, sich künftig ehrenamtlich zu engagieren
C8   Falls ja: Schon genauere Vorstellungen?
C9   Bereich/Bereiche, für die man sich interessiert

---

[3] Falls mehr als zwei ausgeübt werden, wird eine davon zufällig ausgewählt.

C10/11	Informationsstellen, an die man sich ggf. wenden würde
C12	Erwartungen an ein mögliches ehrenamtliches Engagement (Motive)
C13	Gründe, die gegen ehrenamtliches Engagement sprechen

Teil D: Schlussteil (wieder an alle Befragte)

D1	Bekanntheit von Informations- und Kontaktstellen
D2	Falls ja: In der Region vorhanden?
D3	Selbst schon Kontakt gehabt?
D4	Persönlich interessiert an Informationen?

Fragen zu beruflichen Tätigkeiten:

D5a	Falls derzeit nicht erwerbstätig: Übt man irgendeine bezahlte Tätigkeit aus? (Falls ja, beziehen sich die berufsbezogenen Fragen auf diese bezahlte Tätigkeit)
D6	Wöchentliche Arbeitszeit
D7	Geringfügige Beschäftigung?
D8	Wenn derzeit ohne bezahlte Tätigkeit: Früher erwerbstätig? (Falls ja, beziehen sich die folgenden berufsbezogenen Fragen auf die frühere berufliche Tätigkeit)
D9	Entsprechender Überleitungstext
D10/11	Berufliche Stellung
D12	Berufliche Tätigkeit (Berufsbezeichnung als Text)
D13	Wirtschaftsbereich
D13a	Falls gemeinnützig/nicht gewinnorientiert: Art der Einrichtung/ des Verbands
D14	Funktion als Betriebsrat/Personalrat
D15	Bewertung der eigenen finanziellen Situation
D16	Haushaltsnettoeinkommen
D17/18	Geldspenden in den letzten 12 Monaten
D19	Staatsangehörigkeit
D20	Ableistung von Wehrdienst oder Zivildienst
D21	Ableistung eines freiwilligen sozialen Jahres
D22	Höchster Bildungsabschluss
D23	Wertorientierungen

3 Mitglieder des Projektbeirats

Frau Gabriele Albrecht-Lohmar	Bundesministerium für Bildung und Forschung
Herr J. R. Hoppe	Deutscher Verein für öffentliche und private Fürsorge
Herr Heinz Janning	Arbeitsgemeinschaft der Freiwilligenagenturen
	c/o Freiwilligenagentur Bremen
Herr Prof. Dr. Peter Mohler	ZUMA Zentrum für Umfragen, Methoden und Analysen
Frau Dr. Neubauer	Bundesarbeitsgemeinschaft der Seniorenorganisationen
Herr Dr. Martin Nörber	Hessischer Jugendring als Vertreter des Deutschen Bundesjugendrings
Frau Dr. Gisela Notz	Friedrich-Ebert-Stiftung
	Forschungsabt. Zeitgeschichte
Herr Prof. Dr. Thomas Olk	Martin-Luther-Universität Halle-Wittenberg
Frau Prof. Dr. Irmtraut Paulwitz	Evangelische Fachhochschule für Soziale Arbeit Reutlingen – Ludwigsburg
Herr Ludwig Pott	Bundesverband Arbeiterwohlfahrt, als Vertreter der Bundesarbeitsgemeinschaft der Freien Wohlfahrtspflege
Herr Dr. Eckhard Priller	Wissenschaftszentrum Berlin
	für Sozialforschung
Herr Prof. Dr. Thomas Rauschenbach	Universität Dortmund
Frau Regina Riedel	DAG Selbsthilfegruppen e.V.
Frau Gabriele Schulz	Deutscher Kulturrat
Frau Viola Seeger	Robert Bosch Stiftung
Frau Dr. Ursula Sottong	Deutscher Frauenrat
Herr Manfred Spangenberg	Deutscher Sportbund

4 Literaturverzeichnis

Agricola, Sigurd / Deutsche Gesellschaft für Freizeit (1997): Vereinswesen in Deutschland. Schriftenreihe des Bundesministeriums für Familie, Senioren, Frauen und Jugend, Bd. 149. Stuttgart, Berlin, Köln.

AWA 1998 (1998): Allensbacher Marktanalyse, Werbeträgeanalyse. Berichtsband 1: Marktstrukturen, Allensbach.

Beher, Karin / Liebig, Reinhard / Rauschenbach, Thomas (1998): Das Ehrenamt in empirischen Studien – ein sekundäranalytischer Vergleich. Schriftenreihe des Bundesministeriums für Familie, Senioren, Frauen und Jugend, Bd. 163. Stuttgart, Berlin, Köln.

Beher, Karin / Liebig, Reinhard / Rauschenbach, Thomas (2000): Strukturwandel des Ehrenamts. Weinheim, München.

Braun, Joachim / Becker, Ingo (1998): Engagementförderung als neuer Weg der Kommunalen Altenpolitik. Dokumentation der Fachtagung vom 22. bis 23. September 1997 in Bonn. Schriftenreihe des BMFSFJ Bd. 160. Kohlhammer.

Braun, Joachim / Bischoff, Stefan (1999): Bürgerschaftliches Engagement älterer Menschen: Motive und Aktivitäten. Engagementförderung in Kommunen – Paradigmenwechsel in der offenen Altenarbeit. Schriftenreihe des BMFSFJ Bd. 184. Kohlhammer.

Braun, Joachim / Claussen, Frauke (1997): Freiwilliges Engagement im Alter. Nutzer und Leistungen von Seniorenbüros. Schriftenreihe des Bundesministeriums für Familie, Senioren, Frauen und Jugend, Bd. 142. Stuttgart, Berlin, Köln.

Braun, Joachim / Kettler, Ulrich / Becker, Ingo (1996): Selbsthilfe und Selbsthilfeunterstützung in der Bundesrepublik Deutschland. Aufgaben und Leistungen der Selbsthilfekontaktstellen in den neuen und alten Bundesländern. Schriftenreihe des Bundesministeriums für Familie, Senioren, Frauen und Jugend, Band 136. Stuttgart, Berlin, Köln.

Braun, Joachim / Klemmert, Oskar (1998): Selbsthilfeförderung und bürgerschaftliches Engagement in Städten und Kreisen. Fachtagung des Bundesministeriums für Familie, Senioren, Frauen und Jugend am 16./17. Februar 1998 in Bonn. ISAB-Schriftenreihe Nr. 54. Köln.

Brendgens, Ulrich / Braun, Joachim (2000): Freiwilliges Engagement älterer Menschen. In: Sibylle Picot: Freiwilliges Engagement in Deutschland: Frauen und Männer, Jugend, Senioren, Sport. Bd. 3. Freiwilligensurvey 1999. Schriftenreihe des BMFSFJ.

Datenreport 1999 (2000): Zahlen und Fakten über die Bundesrepublik Deutschland, Bonn, Bundeszentrale für politische Bildung.

Engels, Dietrich (1991): Soziales, kulturelles und politisches Engagement. Sekundäranalyse einer Befragung zu ehrenamtlicher Mitarbeit und Selbsthilfe. ISAB-Verlag Köln.

Gaskin, Katharine, Smith Justin D., Paulwitz Irmtraut u.a. (1996): Ein neues bürgerschaftliches Europa. Eine Untersuchung zur Verbreitung und Rolle von Volunteering in zehn Ländern. Freiburg i. Breisgau.

Thomas Gensicke (1998): Die neuen Bundesbürger. Eine Transformation ohne Integration, Westdeutscher Verlag: Opladen/Wiesbaden.

KGSt-Bericht Nr. 6/1999: Bürgerengagement – Chance für Kommunen. Köln.

Klages, Helmut / Gensicke, Thomas (1999): Wertewandel und bürgerschaftliches Engagement an der Schwelle zum 21. Jahrhundert. Speyerer Forschungsberichte Nr. 193. Speyer.

Picot, Sibylle (2000): Jugend und freiwilliges Engagement. In: Sibylle Picot: Freiwilliges Engagement in Deutschland: Frauen und Männer, Jugend, Senioren, Sport. Bd. 3. Freiwilligensurvey 1999. Schriftenreihe des BMFSFJ.

Poldrack, H. (1993): Soziales Engagement im Umbruch. Zur Situation in den neuen Bundesländern. ISAB-Verlag Köln.

Eckhart Priller (1999): Demokratieentwicklung und gesellschaftliche Mitwirkung in Ostdeutschland. Kontinuitäten und Veränderungen. Wissenschaftszentrum Berlin für Sozialforschung, Arbeitspapier FS III 99-410.

Ueltzhöffer, Jörg, Ascheberg Carsten (1996): Engagement in der Bürgergesellschaft. Die Geislingen-Studie. Mannheim.

von Rosenbladt, Bernhard / Blanke, Karen (2000): Ehrenamt und Freiwilligenarbeit im Sport. In: Sibylle Picot: Freiwilliges Engagement in Deutschland: Frauen und Männer, Jugend, Senioren, Sport. Bd. 3. Freiwilligensurvey 1999. Schriftenreihe des BMFSFJ.

Wagner, Bernd (2000): Ehrenamt, Freiwilligenarbeit und bürgerschaftliches Engagement in der Kultur. Bonn.

Zierau, Johanna (2000): Genderperspektive. In: Sibylle Picot: Freiwilliges Engagement in Deutschland: Frauen und Männer, Jugend, Senioren, Sport. Bd. 3. Freiwilligensurvey 1999. Schriftenreihe des BMFSFJ.